당송 예악지 역주 총서 07

신당서
예악지

1

이 책은 2018년 대한민국 교육부와 한국연구재단의 지원을 받아 수행된 연구임
(NRF-2018S1A5B8070200)

당송 예악지 역주 총서 07

신당서
예악지
1

연세대학교 중국연구원
당송 예악지 연구회 편

學古房

  연세대학교 중국연구원은 부상하는 중국에 대한 전문적인 연구의 필요성에 부응하고자 설립되었다. 본 연구원은 학술 방면뿐만 아니라 세미나, 공개강좌 등 대중과의 소통으로 연구 성과를 사회적으로 확산하는 데 노력해왔다. 그 일환으로 현재의 중국뿐만 아니라 오늘을 만든 과거의 중국도 중요하다고 판단하고 학술연구의 토대가 되는 방대한 중국의 고적古籍에 관심을 기울였다. 중국 고적을 번역하여 우리의 것으로 자기화하고 현재화하려는 중장기적 목표를 세우고, 이를 단계적으로 추진하고자 '중국 예악禮樂문화 프로젝트'를 기획하였다. 그 결과 '당송 예악지 연구회'는 2018년 한국연구재단의 중점연구소 지원 사업에 선정되어 출범하였다.

  중국 전통문화의 중요한 특성을 대변하는 것이 바로 예악이다. 예악은 전통시대 중국을 포함한 동아시아 국가 체제, 사회 질서, 개인 간의 관계를 설명할 수 있는 중요한 개념이다. 국가는 제사를 비롯한 의례를 통해 정통성을 확보하였고, 사회는 예악의 실천적 확인을 통해 신분제 사회의 위계질서를 확인하였다. 개개인이 일정한 규범 속에서 행위를 절제할 수 있었던 것 역시 법률과 형벌에 우선하여 인간관계의 바탕에 예악이 작동했기 때문이다.

  이렇게 예악으로 작동되는 전통사회의 양상이 정사 예악지에 반영되어 있다. 본 연구원이 '중국 예악문화 프로젝트'로 정사 예악지에 주목한 이유도 이것이다. '당송 예악지 역주 총서'는 당송시대 정사 예악지를 번역 주해한 것이다. 구체적으로 『구당서』(예의지·음악지·여복지), 『신당서』(예악지·의위지·거복지), 『구오대사』(예지·악지), 『송사』(예지·악지·의위지·여복지)가 그 대상이다. 여복지(거복지)와 의위지를 포함한 이유는 수레와 의복 및 의장 행렬에 관한 내용 역시 예악의 중요한 부분이기 때문이다.

'당송 예악지 역주 총서'는 옛 자료에 생명력을 부여하는 작업이다. 인류가 자연을 개조하고 문명을 건설한 이래 그 성과를 보존하고 전승하는 중요한 수단 중의 하나는 문자였다. 문자는 기억과 전문傳聞에 의한 문명 전승의 한계를 극복해준다. 예악 관련 한자 자료는 그동안 접근하기 어려워서 생명력이 없는 박물관의 박제물과 같았다. 이번에 이를 우리말로 풀어냄으로써 동아시아 전통문화를 보다 정확히 이해하는 데 토대가 되길 기대한다. 이 총서가 우리 학계를 포함하여 사회 전반에 중요한 자산이 되길 바란다.

연세대학교 중국연구원 원장 김현철

목차

일러두기

1. 본 총서는 『구당서』 『신당서』 『구오대사』 『송사』의 예악禮樂, 거복車服, 의위儀衛
   관련 지志에 대한 역주이다.

2. 중화서국中華書局 표점교감본標點校勘本을 저본으로 사용하였다.

3. 각주에 [교감기]라고 표시된 것은 중화서국 표점교감본의 교감기를 번역한 것이다.

4. 『신당서』 [교감기]가 참조한 판본은 구체적으로 다음과 같다.

   殘宋本(南宋 小興 越州刻本)

   聞本(明 嘉靖 聞人詮刻本)

   殿本(清 乾隆 武英殿刻本)

   局本(清 同治 浙江書局刻本)

   廣本(清 同治 廣東 陳氏 葄古堂刻本)

5. 번역문의 문단과 표점은 저본을 따르는 것을 원칙으로 하되, 원문이 너무 긴 경
   우에는 가독성을 위해 문단을 적절히 나누어 번역하였다.

6. 인명·지명·국명·서명 등 고유명사는 한자를 병기하되, 주석문은 국한문을 혼용
   하였다.

7. 번역문에서 서명은 『 』, 편명은 「 」, 악무명은 〈 〉로 표기하였다.

8. 원문의 주는 【 】 안에 내용을 넣고 글자 크기를 작게 표기하였다.

9. 인물의 생졸년, 재위 기간, 연호 등은 ( )에 표기하였다.

신당서 「예악지」 해제

1. 신구 『당서』 「지」의 비교와 「예악지」

북송 경력慶歷 4년(1044)에 인종仁宗은 기존 후진後晉의 유후劉昫 · 장소원張昭遠 등이 편찬했던 이른바 『당서』에 불만을 갖고, 『당서』의 중수편찬重修編纂을 명했다. 『당서』의 중수는 송대 신사학의 기풍하에 사대부 사회에서 관심의 대상이 되었던 일이었다. 왕연王沿의 『당지唐志』 21권, 석개石介의 『당감唐鑑』 3권, 매요신梅堯臣의 『당재唐載』 26권, 손보孫甫의 『당사기唐史記』 75권 등이 이미 저술되어 있었다. 여하튼 인종의 명에 따라 송기宋祁 구양수歐陽修 등이 주도하여 17년 후인 가우嘉佑 5년(1060)에 총 225권의 새로운 『당서』가 완성되었다. 새로 완성된 『당서』는 다른 정사와는 달리 기이하게도 두 명의 편찬자가 등장하는데, 송기가 열전 부분을 담당하고 구양수가 본기와 지 부분을 찬수했기 때문이다. 이런 경우 원칙적으로 관직이 높은 사람이 대표자로 서명하는 것이 관행이었다. 그러나 당시 추밀부사樞密副史, 참정지사參政知事로 한림학사翰林學士 송기보다 관직이 높았던 구양수가 송기의 노력과 공헌이 자신보다 적지 않다고 생각하여 송기의 이름을 남기기로 했던 것이다.

새로운 『당서』가 완성된 후, 사가들은 기존 후진대 편찬된 유후의 『당서』를 『구당서』로 부르고, 송 인종대 완성된 구양수 송기의 『당서』를 『신당서』라고 부르게 되었다. 『구당서』는 당 고조高祖에서 마지막 황제 애제哀帝까지 290여 년의 당대 역사를 본기 20권, 지 30권, 열전 150권 등 총 200권으로 구성하고 있었지만, 다시 편찬된 『신당서』는 본기 10권, 지 50권, 표 15권, 열전 150권으로 총 225권으로 구성되었다. 비교해보자면 『신당서』는 『구당서』에 비해 본기는 10권이 줄었고, 지는 의위지儀衛志 선거지選擧志 병지兵志 등 3종목이 신설되어 20권이 늘었다. 표表는 재상宰相 방진方鎭 종실세계宗室世系 재상세계宰相世系 4종 15권이 신설되었고, 열전은 포함된 인물은 늘었지만 권수는 똑같아졌다. (표 〈『구당서』 지와 『신당서』 지의 비교〉 참조)

『구당서』 지志	『신당서』 지志
예의지 7권	예악지 12권
음악지 4권	
역지 3권	역지 6권
천문지 2권	천문지 3권
오행지 1권	오행지 3권
지리지 4권	지리지 7권
직관지 3권	백관지 4권
여복지 1권	거복지 1권
경적지 2권	예문지 4권
식화지 2권	식화지 5권
형법지 1권	형법지 1권
	선거지 2권
	의위지 1권
	병지 1권
총 11지 30권	총 13지 50권

『신당서』의 출현 이후 청대까지 『신당서』는 『구당서』에 비해 크게 중시되었고 일반적으로 당서라고 칭하면 『신당서』를 말하는 것이었다. 그러나 『사고전서총목』에서 이 신구 두 『당서』에 대해 각기 우열을 평가하고, 『구당서』도 24사로 편입되면서 『구당서』 역시 점차 주목되기 시작했다. 청대 이후 24사를 논했던 학자들이 종종 이 두 『당서』를 비교하는 논술을 남겼는데, 그중에서도 왕명성王鳴盛은 『십칠사상각十七史商榷』에서 "두 당서의 우열을 가리기 쉽지 않고 또한 각기 장단점이 있지만, 『신당서』는 지와 표가 뛰어나고 열전이 그 다음이고 본기가 최하라면, 『구당서』는 본기 지 열전의 차이가 두드러지지 않는다."라고 평한 바 있다. 또한 『신당서』를 편찬했던 구양수 스스로 "사실 부분에서는 이전보다 늘어났지만, 문장은 이전보다 간략해졌다."라고 자평하기도 했던 것처럼, 대체적으로 『신당서』가 역사적 사실을 크게 보완하면서, 『구당서』의 번잡함을 상당히 해소했던 것으로 인정되고 있다. 특히 『구당서』가 당唐의 역사에 대한 깊은 고민 없이 이전 사서의 전통을 계승했다면, 『신당서』는 뚜렷한 중수 목적이 있었던 것처럼 당대의 제도와 시대적 변화 및 역사의 흥망성쇠 등에 관심을 갖고 편찬한 것으로 보인다. 『신당서』의 전체적인 체제를 『구당서』와의 비교를 통해 살펴보면 이러한 측면을 분명하게 확인할 수 있다.[1] 오늘날의 분야사와 유사한 지志 부문에서는 다소의 출입이 엿보이는데, 앞서 언급한 의위지 선거지 병지 등의 세 부류의 지가 신설된 것은 확실히 시대적 변화와 필요성 및

---

1) 志 부문 외에 表에서도 이러한 측면이 확인되는데, 宰相이나 方鎭 등의 표를 신설한 것은 唐代 역사에서의 이들의 역사적 의미를 인정한 것으로 평가할 수 있겠다.

제도적 관심에 의한 것으로 생각된다. 「직관지職官志」가 「백관지百官志」로, 「경적지經籍志」가 「예문지藝文志」로 바뀐 것은 일부 서술내용 상의 변동이 포함되었다고 해도 단순한 명칭의 변화일 뿐이라고 보아도 좋을 것이다.

그러나 「예악지」는 『구당서』의 「예의지」와 「음악지」가 아예 합쳐져 하나의 지로 재탄생하였다. 곧 『사기史記』의 「예서」와 「악서」가 『한서漢書』에서 「예악지」로 재편된 사실을 연상시키는 것이다. 전통시대에 예악禮樂이라고 하여 예와 악을 병칭한 것은 자주 인용하듯 "악은 화합하고 예는 구별한다. 화합한즉 서로 친하고, 구별한즉 서로 공경한다."(『순자荀子』「악론樂論」)라고 하여 예와 악이 각기 사회의 수직적 질서유지와 수평적 통합의 기능이 있다는 점을 주목한 것이다. 예와 악이 상호보완적으로 사회질서를 유지하면서 교화의 주요한 역할을 수행한다고 본 것이다. 중국 고전 문화를 예악 문화라고 칭하는 것이 예악형정禮樂刑政이 사방으로 미치되 어그러지지 않으면서 왕도가 갖추어진 사회를 의미한다면, 『한서』가 예와 악의 분리가 아닌 전통 예악의 결합을 통해 「예악지」를 편찬한 것은 이러한 고전문화의 틀이 완성되었음을 처음으로 당대當代에 보고한 것이다. 따라서 『신당서』「예악지」 역시 『한서』「예악지」의 연속선상에서 이해할 필요가 있을 것이다. 구양수가 "삼대三代 이후 통치가 두 방면에서 나옴으로써 예악이 허명虛名이 되었다.三代以後 治出於二 禮樂爲虛名."라고 주장한 것은 삼대 이후 예악이 폐해지고 본래의 예악의 뜻이 전해지지 않은 지 오래되었다는 탄식이다. 그러나 송의 사대부들은 태종 때부터 도를 강론하고 학문을 흥성시켜 예악이 완비되었던 삼대와 같은 기풍을 유지하고 있다는 인식하에 송왕조를 한漢 및 당唐과 병칭하여 '후삼대後三代'라고 자부했었다. 이러한 인식이 물론 송의 실제 역사현실과는 상당한 차이가 있기는 하지만, 송은 삼대의 예악을 재건한 왕조라는 이상과 자신감을 표현한 것임은 분명하다. 따라서 구양수가 『신당서』에서 「예악지」를 편성한 것은 예악이 완비된 한왕조의 계승과 연속이라는 측면으로 당왕조의 성격을 부여하고자 한 의도가 하나의 동기였다고 보아도 좋을 것 같다. 다만 『신당서』 「예악지」는 12권 중 후반부 마지막 2권에 음악에 관한 내용을 모두 포함시키면서,2) 『구당서』 「음악지」에 붙어있던 장황한 악장樂章을 전부 삭제하였다. 『한서』 「예악지」가 〈안세방중가安世房中歌〉나 〈교사가郊祀歌〉의 가사를 싣고 있다는 사실을 고려하면 악장을 포함하는 것은 아주 자연스러운 일이었을 것이다. 그럼에도 불구하고 악장을 누락시킨 것은 적지 않은 분량의 똑같은 악장을 다시 게재함으로 인한 사료의 중첩성과 번잡함을 피하고자 하는 의도가 있었을 것으로 추측할 수 있다.

2. 「예악지」의 근원 자료들

예의는 본래 인간을 금수와 구별되게 하는 문화적 의미를 갖고 있다. "성인이 일어나서 예를 만들어서 사람들을 가르쳐서 사람들로 하여금 예를 알게 하여 사람들이 짐승과 다르다는 것을 스스로 알게 했다."(『예기』 「곡례상」) 라는 구절은 바로 이 점을 언급한 것이다.

---

2) 『신당서』에서 음악에 관한 내용은 「예악지」 외에도 「의위지」에 기록된 고취악과 「驃國傳」에 기록된 표국악 등의 내용이 상세하여 참고할 만하다.

예의의 실행자는 금수와 차별화되는 동시에 이적夷狄 등과도 구별되는 문화적 존재라는 의미로 이해된다. 이러한 관점에서 예의는 "친소親疏를 정하고, 혐의嫌疑를 결정하고, 동이同異를 구별하며, 시비是非를 명확히 하기 때문이다."(『예기』)라고 정의하기도 했다. 그러나 예의禮儀의 보다 중요한 의미는 국가를 경영하고 사직을 안정시키며 백성에게 질서를 부여하는 원리와 규범이었다는 점이다. 『사기』이래로 25사의 정사에서 항상 「예지」내지 「예악지」를 설정한 것은 바로 이 때문인데, 이들 예관련 지들은 권력의 근원이 천지와 조상과 연결되며 황제가 그 적통의 계승자라는 점을 강조하는 것이다. 이러한 관점에서 예는 넓게 지배층의 특정한 지위나 신분에 걸맞는 행동규범과 제사의식을 말하는 것이다. 지배층은 예를 통해 민에게 권위와 위엄을 과시하고 복종심리를 유도하며 신분적 질서를 실천적으로 확인하는 것이다. 「예악지」는 바로 지배층의 예의 실천의 모범을 분명하게 보여주는 자료인 것이다. 이 「예악지」편찬을 위해 계통을 달리하는 다양한 자료들이 동원되었을 것이다.

『신당서』「예악지」편찬에 활용된 기초자료로 가장 중요한 것은 이미 편찬 반포된 『대당개원례大唐開元禮』이다. 『대당개원례』는 당 개원 14년(726) 편찬을 시작하여 개원 20년에 완성되었는데, 소숭蕭嵩 외에 시경본施敬本, 왕중구王仲丘 등 7인이 편찬에 참여하였다. 이 자료는 『정관례貞觀禮』와 『현경례顯慶禮』등 이전의 예전禮典을 합치고 남북조시대의 예 자료를 집대성한 것이다. 당 태종이 번잡한 예의를 싫어하여 『정관례』는 간략함을 특징으로 했지만, 상세하지 않은 단점이 있었고, 『현경례』는 옛 의례를 증가시켰지만, 황제의 뜻에 영합하느라 옛 학설을 존중하지 않는 경향을 보였다. 『현경례』의 반포 이후에도 『정관례』가 폐지되지 않은 것은 바로 이 때문이다. 『대당개원례』는 이러한 예의의 정제定制가 없는 국면을 극복하기 위한 노력이며, 『예기』를 다시 편찬한다는 목표 아래 이전 예전류에 등장하는 『예기』 인식에 대한 모순과 이동異同을 절충하고 현종 이전의 당대 예제를 전반적으로 반영하였다. 즉 『대당개원례』의 간행은 서주西周 이래로 이어져 온 예의제도가 당대에 완비되었음을 과시하고, 이른바 대당제국의 위세를 펼쳐 보임으로써 사실상 예천하禮天下라 할만한 태평성세가 도래되었음을 선언한 것이라 볼 수 있다. 군신君臣 부자父子간의 질서가 바로잡히고 부부夫婦 장유長幼간의 구별이 분명해져 사회가 장기간 안정되었음을 확인하는 자신감의 표현이었다. 따라서 이러한 『대당개원례』가 『구당서』 「예의지」 뿐만 아니라, 『신당서』 「예악지」 편찬에도 가장 기본적인 자료가 된 것은 당연하였다. 『신당서』 「예악지」를 『대당개원례』의 축소판이라고 평가하는 것도 이 때문이다.

『신당서』 「예악지」의 기초자료로 거론하지 않으면 안 되는 또 다른 자료는 당 15대 황제 무종武宗 이후의 실록實錄이다. 『구당서』가 당 후기의 실록 자료가 미비하여 잡다한 여러 자료를 두서없이 인용하였기에 산만함을 극복할 수 없었다면, 『신당서』는 실록의 기초하에 비교적 일관성을 유지할 수 있었다. 당 무종에서 애제까지의 6대의 실록은 송 경력慶曆 5년(1047) 왕요신王堯臣 등의 상주를 거쳐 송민구宋敏求에 의해 완성된다.3) 이들 자료는 『구당서』 편찬이후에

---

3) 『숭문총목』에 저록된 당실록으로는 『武宗實錄』 30권(1권만 존재), 『宣宗實錄』 30권, 『懿宗實錄』 30권, 『僖宗實錄』 30권, 『昭宗實錄』 30권, 『哀帝實錄』 8권 등 128권이 송민구가 보충 편찬한 것으로 되어 있다.

완성되었기에 『신당서』에만 활용할 수 있었던 자료이다.

이외 「예악지」의 사료로 언급할 수 있는 것들은 『신당서』 편찬에 관여했던 구양수 등이 별도로 편찬했던 『숭문총목崇文總目』에 들어 있는 예서禮書에 관한 도서목록이다. 물론 이들 도서의 구체적인 내용은 확인할 수 없지만, 이것들이 북송시기 당시 존재하던 자료로 『신당서』 편찬자들이 인식하고 있었던 예서였기 때문에 주목할 필요가 있다. 이들 도서 중 중요한 것들은 『대당개원례』 부류에 속하는 편찬자 불상의 『개원례경조의라開元禮京兆義羅』(10권) 및 『개원례류석開元禮類釋』(20권), 소숭의 『개원례의감開元禮義鑒』(100권), 『개원례백문開元禮百問』(2권) 및 위동韋彤의 『오례정의五禮精義』(10권), 왕언위王彦威의 『속곡대례續曲臺禮』(30권), 두숙杜肅의 『예략禮略』(10권), 장빈張頻의 『예수禮粹』(20권) 등을 거론할 수 있다.

한편 악 부분에서는 『구당서』 「음악지」에서도 주로 활용되었던 유황劉貺의 『대악령벽기大樂令壁記』와 단안절段安節의 『악부잡록樂府雜錄』이외에도, 서경안徐景安의 『역대악의歷代樂儀』, 남탁南卓의 『갈고록羯鼓錄』 및 두엄竇儼의 『대주정악大周正樂』 등이 기초자료로 이용되었을 것이다. 악 부분에는 이들 자료의 원문을 직접 인용한 부분도 적지 않고, 이들 자료 중에는 『구당서』에서는 언급하지 않았던 조효손祖孝孫의 84조이론 등이 언급되어 있기도 하기 때문이다. 특히 『신당서』의 악부분이 『구당서』 「음악지」와 다르게 당대 음악을 아악과 속악으로 구분한 부분은 확실히 서경안의 또 다른 저서인 『악서』를 참고한 것으로 판단된다.

3. 「예악지」의 주요 내용

「예악지」는 이전 정사의 「예지」들과 달리 역대 예의제도의 변천 등 연혁에 관한 내용은 없고, 길례·빈례·군례·가례·흉례 등의 오례 형식으로 구성되어 있다. 오례체계는 이미 『주례』에서 등장하는 전통적인 분류법으로 새삼스러운 것은 아니지만, 흥미로운 것은 오례의 차서次序가 기존 길례·흉례·빈례·군례·가례의 순서에서 길례·빈례·군례·가례·흉례로 바뀌었다는 점이다. 후술하겠지만, 이 순서의 변동은 당대唐代에 불변의 유교 경전에 대한 일련의 태도 변화를 의미한다고 할 수 있을 것이다. 여하튼 오례 형식으로 서술된 『신당서』「예악지」 각 권의 주요 내용은 다음과 같다.

길례(권11~권15)에는 교사와 종묘제사, 봉선과 순수巡狩, 황제의 시학례視學禮, 선농先農, 국릉제國陵制, 황후의 선잠례, 태자속수례太子束脩禮, 주공과 공자 및 역대 명장과 명재상의 입묘立廟, 무묘武廟, 오악사진五嶽四鎭 등이 서술되어 있다. 『구당서』에 비해 명당 부분의 기사가 많이 축소되어 있고, 측천무후시기의 기록도 소략해졌다는 점을 주목할 만하다.

빈례와 군례(권16)에는 빈례는 번왕을 접대하는 예가 주로 서술되어 있고, 군례로는 황제의 친정례親征禮, 강무講武, 수전례狩田禮, 사례射禮 및 합삭벌고合朔伐鼓, 대나례大儺禮 등이 서술되어 있다.

가례(권17~19)에는 전반부는 황제 및 황태자의 가원복례嘉元服禮, 황자皇子의 관례冠禮가 서술되어 있고, 황제와 황자의 납후례納后禮, 친왕의 납비례納妃禮 등 혼례, 황후 및 황태자의 책봉의례, 공주의 출가례 등이 서술된다. 후반부는 황제의 조하례朝賀禮, 입황태자례立皇太子禮, 황제가 명당에서 시령을 읽는 독시령례讀時令禮, 태학에서 거행하는 양로養老의례, 각 주州에서 거행하는 향음주례鄕飮酒禮 등에 대해 서술하고 있다. 특히 각종 의례를 거행한 후에 이루어지는 연회에서 연주되는 다양한 악무樂舞가 소개되는 점이 특징이다. 〈녹명鹿鳴〉〈남해南陔〉〈남유가어南有嘉魚〉 등의 명칭과 함께 이들 악무에 수반되는 다양한 악기에 대한 규정도 기술되어 예의와 음악의 결부를 실증적으로 볼 수 있다.

흉례(권20)는 오복례, 대신들의 장례를 중심으로 구성되어 있다. 전반부는 이의부·허경종 등에 의해서 당대에 흉례에서 「국휼國恤」편을 없애어 천자의 흉례가 빠지게 된 경위와 거애擧哀의 의절을 간단하게 기술한 후, 오복五服 제도의 여러 규정에 관한 서술로 이어진다. 오복에서의 강복降服·정복正服·의복義服의 분류가 기본적으로 『대당개원례』에 바탕을 두면서도 시대의 변화에 따라 새로운 분류가 시도되고 변화된 모습을 보이는 것이 흥미롭다. 이어 '형수와 시동생 사이에는 복이 없음[嫂叔無服]', '외삼촌과 이모에 대한 복제服制' 등의 개정과 관련한 논쟁을 수록하고 있는데, 이는 대체로 『구당서』의 내용과 동일하다. 이밖에 상례 의절과 상례 시의 물품의 진설 등을 마지막 부분에 언급하고 있다.

권21과 권22는 악지에 해당한다. 권21은 율律과 도량형에 관한 내용으로 시작한다. 이는 악기의 제작이 이것들과 관련된다고 보기 때문이다. 이어 조효손祖孝孫이 수대 황종일궁黃鍾一宮의 이론을 폐지하고 고대의 선궁법旋宮法을 채택한 상황, 수월용율법隨月用律法, 84조 이론 등을 만들었던 것들을 소개하고 있다. 이 밖에도 『구당서』에서는 언급되지 않았던 황제의 궁현제도, 등가, 고취악에 소용되는 악기 수량 등도 서술되어 있다. 또한 악무명으로 고정된 〈12화和〉의 명칭과 내용이 『구당서』에 비해 소상하게 언급되고 있으며, 문무와 무무의 차이도 자세하다. 이어 구부악九部樂을 소개하면서 그중에서도 연악기燕樂伎의 4대 악무인 〈경운무〉〈경선무〉〈파진무〉〈승천무〉에 대해 설명하고 있다. 고종이 만든 〈금가琴歌〉와 〈백설가白雪歌〉 및 〈일융대정악一戎大定樂〉〈팔굉동궤악八宏同軌樂〉〈이미빈곡夷美賓曲〉 등이 만들어진 경위를 소개하고 있는데, 이들 악무가 고구려 정벌과도 관련된다는 점에서 흥미롭다.

권22는 당대 속악에 대한 서술이 두드러진다. 수문제 이후 음악이 아악과 속악 2부로 분리되면서 당대에는 속악이 크게 발전한다. 속악은 민간음악뿐만 아니라 서역 등 외래음악, 산악散樂 등을 포함하는 개념인데, 권22는 당대 속악의 곡명과 유래, 음악적 특징, 악기 및 가무의 연출 모습, 호악의 유입 등에 관해 서술하고 있다. 이를 통해 속악 28조, 입부기立部伎와 좌부기坐部伎, 법곡法曲, 〈예상우의곡霓裳羽衣曲〉 등 당시 성행한 가무, 악곡의 내용에서부터 음악을 담당하던 기관으로 교방敎坊과 이원梨園, 공연 담당자와 연출상황, 외래음악의 유입과정, 황제의 역할 등까지 구체적으로 파악할 수 있다. 속악의 발전과정 중에서 특히 현종 때의 상황에 대해 상세한데, 당시의 악곡명과 그 내용, 내외교방의 설치, 입부기立部伎 8곡, 좌부기坐部伎 6곡의 악곡명에 대해 상세히 소개했으며 〈야반악夜半樂〉〈환경악還京樂〉〈문성곡文成曲〉〈예상우의곡〉 등을 수록하고 있다.

4. 당대唐代 예악의 특징

『신당서』가 『구당서』에 비해 확실히 당대 역사에 대한 성찰과 서술 방향에 대한 명확한 신념을 갖고 있었다는 점은 이미 널리 인정되고 있다. 수집한 사료도 다양해지고, 기재 사실 역시 확대되었다. 『신당서』「예악지」 역시 이러한 점에서 그 장점을 인정할 수 있다. 「예악지」를 통해서 볼 수 있는 당대 의례의 몇 가지 특징은 다음과 같다.

첫째, 『신당서』「예악지」는 전통 황제의례를 완성한 자료라고 평가할 수 있다. 행례의 주체가 황제·황후·황태자 등의 황실 구성원을 중심으로 관료와 그 가족 성원 및 일부 사대부와 서인들의 의례가 포함되어 있지만, 기본적으로 황실의례와 황제가 행하는 의례에 중점이 주어졌음이 사실이다. 국가 제사를 대·중·소로 3등급하여 등급화한 것도 역시 전통의례의 완비화의 한 과정이라고 보아도 좋을 것이다. 예악을 통해 황제의 권위를 재확인하는 것이 주요한 서술목적임을 알 수 있게 한다. 특히 주목할 만한 사실은 의례를 오례 체제로 서술하면서 『주례』 이래의 전통적인 오례 순서에서 벗어나고 있다는 점이다. 당대 편찬된 문헌에서의 오례의 순서를 살펴보면, 당 태종 때의 『수서』「예의지」나 「경적지」 및 『진서』「예지」는 길·흉·빈·군·가례로 전통적 순서를 답습하고 있다. 그러나 『정관례』에서는 태종이 흉사를 말하는 것을 꺼려한다는 이유로 흉례가 두 번째에서 마지막 다섯 번째로 밀리게 된다. 그리하여 길·빈·군·가·흉례의 순서가 시작되었는데, 이후 『신당서』「예악지」를 포함하여 당 고종 때의 『현경례』 및 당 현종 시기의 『대당개원례』, 『당육전』 등에서도 이 순서가 이어졌다. 『신당서』「예악지」는 아마도 『대당개원례』의 체례를 그대로 받았기 때문에 이 순서에 의해 서술된 것으로 판단된다. 그러나 당 덕종 이후 『개원례찬류開元禮纂類』와 『통전

通典』및 당 헌종 시기의『곡대신례曲臺新禮』에서는 길·가·빈·군·흉례의 순서로 다시 변화하게 된다. 이는 길례와 가례가 유사하고, 흉살凶殺이라는 관점에서는 군례와 흉례가 유사하여 같이 모아 분류한 것으로 이해된다. 이른바 유사한 것을 서로 모아 놓은 것이다. 이러한 관점에서 전통적인 순서를 고집할 이유가 없었을 것이다. 그러나 이러한 오례 배열순서의 변화는『주례』의 속박에서 벗어나고 경전의 형식에 얽매이지 않는 자유로움을 의미하였다. 더이상 성현의 심오한 사상과 그 숨은 뜻에 대해 고민할 필요 없이 경전해석에 대한 이전 시대의 낡은 규칙을 돌파한 것을 의미하였다. 따라서 당시 오례를 전문으로 관장하는 예의사禮儀使의 설치,『예기』의 개찬 등과 맞물려 황제권이 전통 예제의 해석과 통제에서 벗어남으로 '예제의 당조화' 혹은 '당조 예의의 경전화'를 촉진하는 것으로 이해하기도 하였다.

둘째, 통치방법에서 예와 법의 구분하에 존재하던 전통적인 '예불하서인禮不下庶人'의 원칙이 파괴되고, 예의가 서인에까지 확대되는 경향성을 찾을 수 있다. 물론「예악지」자체는 여전히 황제 제사와 지배층 의례가 중심이지만, 상례 중에 서인에 대한 의례가 포함되기 시작하였다. 흉례나 상례가 이미 특수한 의례라기보다는 보편적인 의례로서의 성격이 강하였기에 관료 및 평민에까지 확대되는 의례의 절차와 형식 등에 관한 규정이 요구되는 사회적 상황이 존재했다고 볼 수 있다. 또한 사서 편찬자가 처한 송대라는 역사와 사회환경의 변화가 예의에 관한 서술에 반영되어 있다고 보아야 하는 것도 당연하다. 역사상 서민의례가 기록되기 시작한 것은 후한대 조포曹褒가 천자에서 서민까지의 관혼冠婚 길흉종시吉凶終始 제도를 150편

으로 서술했다는 사실에서 확인된다. 그러나 이 의례는 그 구체적
내용을 확인하기도 어렵고, 궁극적으로 시행되지도 않았다. 이후
『대당개원례』에 이르러 극히 간단하기는 하지만, '6품이하'라는 항
목에 서민의례가 포함될 수 있었고, 가례와 흉례는 서민의 일상생활
과도 관련되어 서민에 관한 내용이 서술될 여지가 있었다. 실제로
가례에서 '6품이하 서자관庶子冠 ' 흉례에서 '6품이하 상喪' 등의 항
목이 존재한다. 규정 자체가 처음에는 극히 소략했지만, 헌종 이후
서인명기庶人明器 15사事 등에 관한 하령下令, 무종 때 경성 문무백
관 서인의 상장喪葬에 대한 상주 등이 등장하면서 서민에 대한 의례
조항이 점차 세밀화해지기 시작하였다. 즉 예의가 기본적으로 인정
人情과 친소親疏 관계에 의해 형성되는 것이라는 점을 확인할 수 있
고, 인륜 관계에 따른 흉상례의 복잡다단한 규정과 논쟁이 형성 정
리되기 시작하면서 예의가 서민에게까지 확산되는 추세가 형성되는
것이다. 또한, 당대 이래 양형楊炯의 『가례家禮』(10권), 맹선孟詵의
『가제례家祭禮』(1권), 가욱賈頊의 『가천의家荐儀』(1권) 등의 가례家
禮 전문서들이 등장하는 것도 이러한 시대적 추세를 반영하는 것임
에 틀림없다.

　셋째, 예학 이론의 절충성이다. 천인상응설이나 음양오행설 등에
기초한 전통사상과 신념 하에 경전으로서 삼례 자구의 원래 의미가
무엇인지에 대한 정현설鄭玄說과 왕숙설王肅說 등 다양한 의견들이
제시되었고, 이들을 둘러싼 오래된 논쟁들이 존재했다. 『대당개원
례』의 편찬은 이러한 다양한 학설과 주장들을 절충시켜 종합하는
역할을 한 것이 분명하다. 정현의 호천상제와 오방제 등의 이른바
육천설六天說에 의한 교사제도가 여전히 남아있었고, 삼년상에서의

27개월 복상 기간도 정현설을 채용하였지만, 천자구묘제天子九廟制나 호천昊天에 제사지내는 원구圜丘와 상제上帝에 제사지내는 남교南郊를 합일하여 하나로 본 것 등은 왕숙의 입장을 받아들인 것이었다. 즉 「예악지」에 기록된 대로 무덕武德 연간 원구와 남교, 방구와 북교를 나눠 각기 두 개의 단으로 했던 것을 현경顯慶 2년 원구와 교사단을 합하여 원구에서 제사하게 한 것은 왕숙설을 따른 것으로 볼 수 있다. 이러한 상황 하에 남북조시기 북조가 주로 정현설을 취하고 남조는 왕숙설을 취했다고 본다면, 당대 예악제도는 남북조 예악을 겸용 종합한 의의를 갖는다고 보아야 할 것이다.

마지막으로 지적하고 싶은 것은 예제 조항과 법령이 상호 영향을 주고받는 상황 하에서 '사령祀令' '의복령衣服令', '상장령喪葬令' 등의 조문과 예제의 비교 문제, 예제가 강제화되는 일련의 역사적 과정, 점차 법보다 예를 중시하는 사회풍조의 형성 등의 주제를 「예악지」를 통해 확인해보는 일이다. 불효不孝 등 예제 위반을 형벌로 대응하고자 했던 것은 완미한 예교국가를 지향했던 당제국의 성격을 이해하는 중요한 한 측면일 수 있는 것이다.

禮樂一
예악 1

문정희 역주

由三代而上, 治出於一, 而禮樂達于天下；由三代而下, 治出於
二, 而禮樂爲虛名. 古者, 宮室車輿以爲居, 衣裳冕弁以爲服, 尊
爵俎豆以爲器, 金石絲竹以爲樂, 以適郊廟, 以臨朝廷, 以事神而
治民. 其歲時聚會以爲朝覲·聘問, 懽欣交接以爲射鄕·食饗, 合
衆興事以爲師田·學校, 下至里閭田畝, 吉凶哀樂, 凡民之事, 莫
不一出於禮. 由之以敎其民爲孝慈·友悌·忠信·仁義者, 常不出
於居處·動作·衣服·飮食之間. 蓋其朝夕從事者, 無非乎此也. 此
所謂治出於一, 而禮樂達天下, 使天下安習而行之, 不知所以遷善
遠罪而成俗也.

삼대 이전에 다스림은 하나에서 나와서 예악이 천하에 행해졌으
나 삼대 이후에는 다스림이 둘에서 나와서 예악이 헛된 이름이 되었
다. 고대에는 궁실과 수레로 거처를 삼고 의상衣裳과 면변冕弁을 착
용하여 복식으로 삼으며 준작尊爵과 조두俎豆를 기물로 사용하고 금
석金石과 사죽絲竹으로 음악을 연주하여 천지 교사와 종묘 제사에
사용하고, 조정의 정사에 임하며, 신령을 섬기고 백성을 다스렸다.
세시歲時에 다 같이 모여 조근朝覲과 빙문聘問의 예를 행하고, 기쁜
마음으로 교제하여 향사례鄕射禮와 향연례饗宴禮를 행하며, 대중을
모아 역사役事를 일으켜 사냥하고[師田][1] 학교學校[2]를 세웠다. 아래

---

1) 사냥[師田] : '師田'의 사전적 의미는 정벌과 전렵을 말한다. 출처는 『周禮』
   「地官·州長」의 "만약 나라에 백성들을 동원하여 정벌과 사냥으로 역을
   행할 일이 있을 경우 백성들을 인솔하여 바치고 (백성에게 내리는) 명령
   과 상벌을 관장한다.若國作民而師田行役之事, 則帥而致之, 掌其戒令
   與其賞罰."에 대한 賈公彦의 疏에, "사는 정벌을 말하고, 전은 전렵을
   말한다.師謂征伐, 田謂田獵."라고 하였다. 일반적으로 사냥을 통해 군사
   훈련의 효과를 거두는 것을 의미한다.

로는 향리와 농촌의 길흉애락을 포함한 모든 일에 이르기까지 예에
서 나오지 않은 것이 없었다. 예로 백성을 가르쳐 효성스럽고 우애
있으며 신의가 있고 인의가 있는 사람이 되도록 하는 것은 언제나
거처와 행동과 의복과 음식에서 벗어나지 않았다. 대개 정사를 담당
한 사람[朝夕從事]3)도 여기에 예외가 없었다. 이것이 이른바 다스림이
하나에서 나와 예악이 천하에 행해져 천하 사람들이 배우고 익혀 실
천하여 부지불식간에 개과천선하여 미풍양속을 이루었다는 말이다.

及三代已亡, 遭秦變古, 後之有天下者, 自天子百官名號位序·
國家制度·宮車服器一切用秦, 其間雖有欲治之主, 思所改作, 不
能超然遠復三代之上, 而牽其時俗, 稍卽以損益, 大抵安於苟簡而

----

2) 학교學校 : 여기에서 '學校'는 고대 교육기관인 庠·序·學·校를 통칭하
여 이른 말이다. 그러므로 여기에서는 교육과 학습을 의미한다. 『孟子』
「滕文公」上에 "設爲庠序學校以敎之. 庠者養也, 校者敎也, 序者射也.
夏曰校, 殷曰序, 周曰庠. 學則三代共之, 皆所以明人倫也"라고 하여 하
나라는 교, 은나라는 서, 주나라는 서 그리고 학은 삼대가 공통이었다고
말하였다. 또한 『禮記』「學記」에는 "古之敎者, 家有塾, 黨有庠, 術有序,
國有學"라고 하여 家-黨-術[遂의 오자]－國의 행정구역마다 설치한 교
육기관을 말하고 있다. 漢代 董仲舒가 교화의 필요성을 강조하며 "중앙
에는 태학을, 지방에는 상서를 설치할立大學以敎於國, 設庠序以化於
邑"(『漢書』 권56「董仲舒傳」) 것을 주장한 것은 바로 여기에서 비롯되었
다. 이후 太學, 鄕校, 序序(읍)로 행정 단위의 등급에 따라 교육기관을
설치하여 養老禮를 비롯하여 교화를 행하는 장소로 인식되었다.
3) 정사를 담당한 사람[朝夕從事] : 원래 원문의 '朝夕從事' 출처는 『詩』「小
雅·谷風·北山」 "偕偕士子, 朝夕從事"이다. 관리가 되어 밤낮으로 열심
히 일해 부모와 자식을 봉양한다는 의미이다.

己. 其朝夕從事, 則以簿書·獄訟·兵食爲急, 曰:「此爲政也, 所以治民.」至於三代禮樂, 具其名物而藏於有司, 時出而用之郊廟·朝廷, 曰:「此爲禮也, 所以敎民.」此所謂治出於二, 而禮樂爲虛名. 故自漢以來, 史官所記事物名數·降登揖讓·拜俛伏興之節, 皆有司之事爾, 所謂禮之末節也. 然用之郊廟·朝廷, 自搢紳·大夫從事其間者, 皆莫能曉習, 而天下之人至於老死未嘗見也, 況欲識禮樂之盛, 曉然諭其意而被其敎化以成俗乎? 嗚呼! 習其器而不知其意, 忘其本而存其末, 又不能備具, 所謂朝覲·聘問·射鄕·食饗·師田·學校·冠婚·喪葬之禮在者幾何? 自梁以來, 始以其當時所行傳於周官五禮之名, 各立一家之學.

(하·은·주) 삼대가 이미 멸망한데다가 진나라가 옛 것을 바꿔버려 그 후 천하를 호령하는 자는 천자·백관의 명호·차서, 국가 제도, 궁실·수레·복식·기물 일체를 진나라 제도에서 채용하였다. 그 사이 치국에 뜻을 둔 군주가 있어 개혁하고자 하였으나 (진나라 제도를) 넘어서서 삼대 이전의 법도로 되돌아가지 못하고 당시 풍속에 구애되어 단지 (기존 제도를) 덜고 보탤 뿐 대체로 임시방편[苟簡]4)

---

4) 임시방편[苟簡] : '苟簡'은 구차하고 간략함을 말하는데, 정식의 제대로 된 예가 아닌 임시방편의 소략한 예를 뜻한다. 출처는『莊子』「天運」의 "옛날 지인은 仁에서 길을 빌리고 義의 여관에 의탁하여 소요의 터전에서 놀고, 먹을 만큼의 양식의 땅[苟簡之田]을 갈고, 남에게 베푸는 것을 의식하지 않을 정도의 채소밭을 경작하였다. 소요는 인위적으로 함이 없는 것이고, 먹을 만큼의 양식은 쉽게 몸을 보양함이고, 베푸는 것을 의식하지 않는 채소 경작은 남에게 내놓지 않는다는 말이니, 옛날에 이것을 참된 도를 얻는 놀이라고 하였다.古之至人, 假道於仁, 託宿於義, 以遊逍遙之墟, 食於苟簡之田, 立於不貸之圃. 逍遙, 無爲也. 苟簡, 易養也. 不

에 안주할 뿐이었다. 정사를 담당한 자들은 공문서[簿書], 옥송, 군사 문제[兵食]를 시급하게 여겨 "이것이 정사이며 이로써 백성을 다스린다"라고 말한다. 삼대의 예악에 이르러서는 그 명칭과 사물은 갖추되 담당관에게 맡겨놓고 필요할 때마다 교묘의 제사와 조정(의 연회)에 사용하면서 "이것이 바로 예이며 이로써 백성을 교화한다"라고 말한다. 이것이 이른바 '다스림이 둘에서 나와서 예악이 헛된 이름이 되었다'는 것이다. 그러므로 한나라 이래 사관이 기록한 사물의 명수名數, 읍양의 예나 절하는 의절은 모두 담당관의 소관으로,5) 이른바 예의 소소한 의절일 뿐이다. 더군다나 그것을 교묘와 조정에서 사용하는 데 있어서는 진신 사대부나 관리들조차 제대로 알고 있지 못하고 천하 사람들은 늙어 죽을 때까지 볼 수도 없으니, 예악의 성대함을 인식하여 그 본뜻을 깨우쳐 백성들을 교화하여 미풍양속을 어찌 이룰 수가 있겠는가? 오호라! 기물을 사용하는 데 익숙하면서도 그 의미를 알지 못하니, (예의) 근본을 잊고 소소한 의절만 남아 있고, 또 그조차 다 갖출 수 없으면서도 이른바 조근례·빙례·향사례·연향·전렵·학교·상장례가 존재하는 것은 어찌된 일인가? 양

貸, 無出也, 古者謂是采眞之遊."이다.

5) 한나라 이래 … 사물의 명수名數, 읍양의 예나 절하는 의절은 모두 담당관의 소관: 司馬遷은 일찍이 『사기』 「封禪書」 말미에서 조두와 규폐의 상세한 규정과 헌수의 례는 유사의 담당이라 언급한 적이 있다.("若至俎豆珪幣之詳, 獻酬之禮, 則有司存") 그러므로 여기에서 말하는 '사물의 名數'란 제사에 사용되는 기물[조두와 규폐]의 명칭과 등급에 따른 차등 규정을 말하고 읍양의 예나 절하는 의절은 '獻酬之禮'에 해당한다. 구양수는 사마천의 이 구절을 염두에 두고 사물의 명수나 읍양의 예 등은 바로 예의 소소한 의절로 담당관의 소관이라 한 것이다.

대梁代 이후에야 당시 시행되던 것을 『주관周官』의 오례6)의 명칭에 부회하여 각각 일가의 학문을 두게 되었다.7)

唐初, 卽用隋禮, 至太宗時, 中書令房玄齡·祕書監魏徵, 與禮官·學士等因隋之禮, 增以天子上陵·朝廟·養老·大射·講武·讀時令·納皇后·皇太子入學·太常行陵·合朔·陳兵太社等, 爲吉禮六十一篇, 賓禮四篇, 軍禮二十篇, 嘉禮四十二篇, 凶禮十一篇, 是爲貞觀禮.

당나라 초기에는 수대 예의를 채용하였고 태종 때 이르러 중서령 방현령房玄齡, 비서감祕書監 위징魏徵, 예관禮官과 학사學士 등이 수대의 예의제도를 기초로 천자상릉天子上陵·알묘[朝廟]·양노養老·대사大射·강무講武·독시령讀時令·납황후納皇后·황태자입학皇太子入學·태상행릉太常行陵·합삭合朔·태사에서의 병기 진열[陳兵太社]

---

6) 『주관周官』의 오례 : 『주례』에 '오례'의 명칭은 「地官·保氏」에 "而養國子以道, 乃教之六藝, 一曰五禮"에 보인다. 정현의 주에 "五禮, 吉凶賓軍嘉也"라고 하여 오례의 명칭이 길·흉·빈·군·가례임을 밝히고 있다.

7) 일반적으로 오례로 예제를 구성한 것은 『晉書』「禮志」로 보고 있다. 다만 『晉書』는 당대 편찬되었기 때문에 구양수는 양대에 처음으로 五禮에 맞춰 예의 제도를 재편한 것으로 본 것이다. 『隋書』 권6 「禮儀志」1에 의하면, 梁武帝가 처음으로 길례(명산빈), 흉례(엄식지), 군례(육련), 빈례(하창), 가례(사마경)로 책임 담당자를 안배해서 大典을 만들었다고 하고 수대 들어와 우홍과 신언지 등에게 명하여 양과 북제의 의주를 채집하여 오례라고 하였다고 전하고 있다.("梁武始命羣儒, 裁成大典. 吉禮則明山賓, 凶禮則嚴植之, 軍禮則陸璡, 賓禮則賀瑒, 嘉禮則司馬褧. 帝又命沈約·周捨·徐勉·何佟之等, 咸在參詳. … 高祖命牛弘·辛彦之等採梁及北齊儀注, 以爲五禮云.")

등을 추가하여 길례吉禮 61편, 빈례賓禮 4편, 군례軍禮 20편, 가례嘉
禮 42편, 흉례凶禮 11편을 만들었는데, 이것이 「정관례貞觀禮」이다.[8]

高宗又詔太尉長孫無忌・中書令杜正倫李義府・中書侍郎李友
益・黃門侍郎劉祥道許圉師・太子賓客許敬宗・太常卿韋琨等增
之爲一百三十卷, 是爲顯慶禮. 其文雜以式令, 而義府・敬宗方得
幸, 多希旨傅會. 事旣施行, 議者皆以爲非, 上元三年, 詔復用貞
觀禮. 由是終高宗世, 貞觀・顯慶二禮兼行. 而有司臨事, 遠引古
義, 與二禮參考增損之, 無復定制. 武氏・中宗繼以亂敗, 無可言
者, 博士掌禮, 備官而已.

고종高宗은 또 태위太尉 장손무기長孫無忌,[9] 중서령 두정륜杜正倫

---

8) 이것이 「정관례貞觀禮」… : 『舊唐書』 「禮儀志」1에서는 「국휼」 5편까지
합하여 총 138편이며 100권으로 나누어 편성하였다고 하였는데("國恤五
篇, 總一百三十八篇, 分爲一百卷") 『신당서』에서는 이 구절을 생략하고
추가된 29편의 일부를 설명하는 것으로 태종 시기 편찬된 「정관례」를 마
무리하고 있다.

9) 장손무기長孫無忌(?~659) : 唐 洛陽 사람이며, 자는 輔機이다. 당 고조
李淵이 太原에서 기병하였을 때 渭北行軍典籤에 임명하였다. 그 뒤 태
종인 李世民을 보좌하여 당 건국에 큰 공을 세워 齊國公, 趙國公에 봉해
졌다. 高宗 李治가 황제가 되는 데 큰 역할을 하여 고종이 즉위한 뒤
顧命大臣으로 太尉 同中書門下3品에 제수되었다. 永徽 연간에 『貞觀
律』에 기초하여 『唐律疏議』를 편찬 책임을 맡았으며, 태종의 정비인 장
손왕후의 오빠이며 고종의 외삼촌이기도 그는 顯慶 4년에 武后를 세우는
데 반대하다가 허경종의 무고를 받아 제거되었다. 현경 연간인 이때에는
여전히 실질적인 실권자였던 만큼 율령의 수찬과 더불어 예전의 편찬 책
임을 맡았을 것으로 추정된다.

과 이의부李義府,[10] 중서시랑中書侍郎 이우익李友益, 황문시랑黃門侍
郎 유상도劉祥道와 허어사許圉師, 태자빈객太子賓客 허경종許敬宗,[11]
태상경太常卿 위곤韋琨 등에게 조를 내려 130권으로 늘려 편성케 하
였는데, 이것이 「현경례顯慶禮」이다. 그 문장이 식령式令과 섞여 있
었으나 이의부와 허경종이 황제의 총애를 받던 때라 황제의 뜻에 영
합하고자 하였다. 시행 이후 논의자들이 모두 잘못되었다고 하니,
(고종) 상원上元 3년(676)에 조를 내려 다시 「정관례」를 사용하도록
하였다. 이 때문에 고종 대까지 「정관례」와 「현경례」 둘 다 함께 시
행하였다. 담당관이 예를 행할 때마다 고례의 취지를 끌어다가 두
예를 참고하여 가감하였을 뿐, 다시 예의제도를 확정하지 못했다.
측천무후와 중종이 연이어 국정을 어지럽혀 엉망으로 만들었으니

---

10) 이의부李義府(614~666) : 唐 瀛州 饒陽(현재 河北省 饒陽縣) 사람이다.
이른 나이에 입사하여 문하전의를 역임하고 감찰어사가 되었다가 중서사
인에 임명되었다. 고종의 동궁 시절 太子舍人이 되어 왕황후를 폐하고
무후를 황후로 세우는 데 앞장서 중서시랑에까지 승진하였고, 측천무후가
황제가 되었을 때에는 심복으로서 재상의 자리까지 올랐다. 그러나 출신
이 미천하여 士類에 끼지 못하자 여러 차례 『氏族志』 개편을 주청하기도
하였다. 龍朔 3년(663) 術士의 望氣로 인하여 巂州로 유배되었고 乾封
원년(666)에 시름 속에 분사하였다. 향년 53세였다.

11) 허경종許敬宗(592~672) : 唐 杭州 新城 사람. 隋煬帝 大業 연간에 秀才
로 천거되었으며, 李密 휘하에서 記室이 되기도 하였다. 당 초에 秦王府
18學士의 한 사람으로 활동했다. 貞觀 연간에는 著作郎에서 中書舍人까
지 오르고 誥命을 전담했다. 高宗 때 禮部尙書가 되어 李義府 등과 함께
高宗이 武則天을 황후로 세우는 것을 도와 侍中에 발탁되었다. 또 무측
천을 도와 褚遂良을 축출하고 長孫無忌와 上官儀 등을 압박해 살해했
다. 고종 顯慶 연간에 中書令이 되고, 이의부 등과 함께 조정을 관장했다.
일찍이 監修國史를 지냈다.

더 언급할 만한 것은 없고 박사들이 예를 관장하였지만 단지 관리를
갖추었을 뿐이었다.

玄宗開元十年, 以國子司業韋縚爲禮儀使, 以掌五禮. 十四年,
通事舍人王嵒上疏, 請刪去禮記舊文而益以今事, 詔付集賢院議.
學士張說以爲禮記不刊之書, 去聖久遠, 不可改易, 而唐貞觀顯慶
禮, 儀注前後不同, 宜加折衷, 以爲唐禮. 乃詔集賢院學士右散騎
常侍徐堅·左拾遺李銳及太常博士施敬本撰述, 歷年未就而銳卒,
蕭嵩代銳爲學士, 奏起居舍人王仲丘撰定, 爲一百五十卷, 是爲大
唐開元禮. 由是, 唐之五禮之文始備, 而後世用之, 雖時小有損益,
不能過也.

현종 개원 10년(722) 국자사업國子司業 위도韋縚12)를 예의사禮儀
使13)에 임명하여 오례五禮를 관장하도록 하였다. (개원) 14년(726),

---

12) 위도韋縚(미상) : 『舊唐書』 권189하 「儒學下·韋叔夏列傳」에는 韋叔夏
의 아들로 太常卿을 지냈다는 구절만 보이지만, 唐代 宗廟制, 封禪, 喪
服禮 등 당대 예전에 관한 논의에 빠지지 않고 등장한다. 장열과 함께
개원 연간 당대 禮典을 상정하는 데 큰 역할을 담당하였다.

13) 예의사禮儀使 : (현종) 開元 11년(722)에 관직에 몸담고 있으면서 禮儀와
관련된 업무를 담당하는 자를 禮儀使라고 하여 五禮를 담당하도록 하였
다. 天寶 9년(750)에 정식 관으로 설치하면서 禮儀祠祭使라고도 하였다.
대개 太常卿, 六部尙書 혹은 侍郎이 임명되었다. (덕종) 建中 원년(780)
이후에는 설치하지 않고 大禮가 있을 때마다 임시로 임명하였다가 大禮
가 끝난 뒤 그만두게 하였다. 宋代에도 설치하였는데, 大禮五使 중 하나
로 초기에는 太常卿이 임명되었다가 결원일 경우 學士, 尙書丞, 尙書郎
등이 임명되었다. 元豊 연간의 改制 후에는 禮部尙書, 禮部侍郎으로 충

통사사인通事舍人 왕엽王曄이 상소하여 『예기禮記』에 적힌 문장을 삭제하고 현재 시행하고 있는 사안을 추가할 것을 청하니, 조를 내려 집현원集賢院에 논의토록 하였다. 학사學士 장열張說[14]은 『예기』는 고칠 수 없는 책이며 (지금은) 성현의 시대에서 멀리 떨어져 있기에 바꿀 수 없다고 하였고 다만 당의 「정관례」와 「현경례」의 의주가 서로 달라 마땅히 절충해서 당례唐禮를 만들어야 한다고 하였다. 그리하여 집현원 학사[15] 우산기상시右散騎常侍 서견徐堅[16]과 좌습

임되었다.

14) 장열張說(667~730) : 唐 范陽 方城(현재 河北省 固安縣) 사람. 자는 道濟이다. 당대 명재상 중 하나로 西晉 司空 張華의 후손이다. 장열은 일찍 과거에 응시해 벼슬길에 올랐는데, 太子校書郞·左補闕·右史·內供奉·鳳閣舍人을 두루 거쳤고, 재상에 임명된 뒤 太平公主의 눈 밖에 나 尙書左丞으로 좌천되었고 中書令에 제수되어 燕國公에 봉해지기도 하였다. 集賢院大學士로 玄宗의 泰山 封禪 논의에 참가하였으며, 개원 18년 (730)에 병으로 사망하였다. 전후 3차례 재상에 임명되었고 許國公 蘇頲과 함께 문필로 이름을 날렸다.

15) 집현원 학사 : 5품 이상의 관리가 학사가 되며 매번 재상으로서 학사로 된 자가 (집현)원의 일을 주관하였다. 일찍이 장열이 중서령으로 (집현)원을 주관하였고, (황제의 명령인) 제로써 우(산기)상시 서견으로 하여금 그 차관이 되게 하였다. 이로부터 항상 (황제와) 친밀한 관원을 차관으로 삼고 (집현)원의 (실무를) 판정하였다.(『唐六典』 권64, "五品已上爲學士, 每以宰相爲學士者知院事. 初, 說說爲中書令知院, 制以右常侍徐堅副之, 自爾常以近密官爲副, 兼判院.")

16) 서견徐堅(659~729) : 唐 湖州 長城(현재 浙江省 長興) 사람. 대대로 馮翊에 살았고, 자는 元固다. 秀才로 벼슬길에 올라 汾州參軍이 되었다가 萬年主簿로 옮겼다. 측천무후 聖歷 연간에 楊再思가 判官으로 삼았다. 지은 글이 전아하고 풍부해 양재사가 항상 鳳閣舍人인 것 같다고 말했다.

유左拾遺 이예李銳 그리고 태상박사 시경본施敬本17)에게 당례를 찬술토록 하였는데, 여러 해가 지나도록 완성하지 못한 채 이예가 죽어 소숭蕭嵩이 이예를 대신하여 학사가 되었고 기거사인起居舍人 왕중구王仲丘18)가 찬정하여 150권으로 완성한 것을 상주하니, 이것이 「대당개원례大唐開元禮」이다. 이로써 당대 오례의 문장이 비로소 갖춰졌으며, 후대에 이것을 사용하였는데, 비록 시대마다 가감이 있었으나 이것을 능가하지는 못하였다.

貞元中, 太常禮院脩撰王涇考次歷代郊廟沿革之制及其工歌祝號, 而圖其壇屋陟降之序, 爲郊祀錄十卷. 元和十一年, 祕書郎・

張說 등과 함께 『三敎珠英』을 편찬하여 給事中과 禮部侍郎으로 옮겼다. 睿宗이 즉위하자 黃門侍郎이 되었다가 絳州刺史로 나갔다. 오랜 뒤 祕書監에 임명되었다. 玄宗 때 集賢院學士가 되어 장열을 도와 院事를 맡았다. 典故에 해박하여 格式이나 씨족 및 국사 등을 편찬하는 일에 참여하여 많은 저작을 남겼다. 무릇 일곱 번 書府에 들어갔는데, 당시 칭찬하는 논의가 있었다. 韋述 등과 함께 『初學記』를 지었다.

17) 시경본施敬本(미상) : 唐 潤州 丹陽(현재 江蘇省 鎭江) 사람. 현종 개원 연간에 四門助敎를 지냈고, 봉선 전례상 신구 제도의 이동에 관해 토론하였다. 集賢院修撰을 역임하였고, 본문에서 말했듯이 태상박사를 지냈으며 右補闕, 祕書郎으로 옮겼다가 사망하였다.

18) 왕중구王仲丘(미상) : 당대 예악제도 제정에 주도적 역할을 했던 인물이다. 琅琊 사람이다. 開元 연간에 左補闕內供奉・集賢修撰・起居舍人 등을 역임하였다. 당시 전장제도가 미처 정비되지 않은 상태에서 그는 「정관례」와 「현경례」를 절충하여 『大唐開元禮』를 편찬하였다고 전한다. 『新唐書』 권200 「王仲丘傳」에 「개원례」와 「현경례」의 호천상제와 오방상제 제사 규정에 관한 그의 논의가 상세히 실려 있다. 후에 그 공로를 인정받아 禮部員外郎으로 승진하였고 죽은 뒤에 祕書少監으로 추증되었다.

脩撰韋公肅又錄開元已後禮文, 損益爲禮閤新儀三十卷. 十三年,
太常博士王彦威爲曲臺新禮三十卷, 又採元和以來王公士民昏祭
喪葬之禮爲續曲臺禮三十卷. 嗚呼, 考其文記, 可謂備矣, 以之施
于貞觀·開元之間, 亦可謂盛矣, 而不能至三代之隆者, 具其文而
意不在焉, 此所謂「禮樂爲虛名」也哉!

(덕종) 정원貞元 연간(785~805)에 태상예원太常禮院 수찬脩撰[19]
왕경王涇이 역대 교묘 연혁의 제도 및 악공의 가사와 축관의 축문을
차례로 고찰하고 제단과 제실에서 행하는 행례의 차서를 그림으로
그려 『교사록郊祀錄』 10권[20]을 지었다. (헌종) 원화元和 11년(816),
비서랑祕書郎·수찬脩撰 위공숙韋公肅[21]이 개원開元 연간 이후의 예

---

19) 태상예원太常禮院 수찬脩撰 : 태상예원은 德宗 貞元 7년(791)에 처음 설
   치되었다. 태상예원은 태상시 소속으로 貞元 7년에 처음 설치하면서 禮
   院直 2인을 두었고 9년(793)에 修撰·檢討 각각 1인을 두었다. 예의를
   관장하는 역할을 하였다. 脩撰은 원래 集賢殿書院 소속으로 6품관 直學
   士와 같이 정원이 없으며, 다른 관직을 가지고 이를 겸하였다.

20) 『교사록郊祀祿』 10권 : 王涇의 출신과 학력은 사서에 자세히 나와 있지
   않아 불분명하다. 그가 편찬한 『교사록』(『대당교사록』)은 당대 편찬된
   『唐六典』과 『通典』과 함께 회통 형식을 공통분모로 하여 역대 교묘제도
   의 연혁에 대해 서술하고 있다. 『대당개원례』를 기본으로 하면서도 개원
   연간 이후의 교사 제도에 대해서도 서술하고 있어 당대 후반 교사 제도
   연구에 중요한 사료이다. 그뿐만 아니라 오대십국과 송대 예제 개혁에
   있어서도 『교사록』이 많이 인용되고 있어 그 영향이 컸음을 알 수 있다.
   『대당교사록』이 후세에 끼친 영향에 대해서는 張文昌, 『制禮以敎天下』,
   제2장, 91~92쪽 참조.

21) 비서랑祕書郎·수찬脩撰 위공숙韋公肅 : 唐 京兆 사람. 憲宗 元和 연간
   초에 太常博士兼修撰이 되었다고 하였고(『新唐書』 권200 「儒學傳」下,

문례文을 기록하고 덜고 보태『예각신의禮閣新儀』30권22)을 지었다.
(원화) 13년(818)에 태상박사 왕언위王彦威23)가『곡대신례曲臺新禮』

"韋公肅, 隋儀同觀城公約七世孫. 元和初爲太常博士兼脩撰. 憲宗將耕
藉, 詔公肅草具儀典, 容家善之"에서는 '태상박사겸수찬'으로 되어 있고,
『新唐書』권14「禮樂志」4, "憲宗元和五年, 詔以來歲正月藉田. 太常脩
撰韋公肅言"에는 '태상수찬'으로 되어 있다.) 경종 보력 2년에는 '비서성
저작랑'으로 되어 있어(『舊唐書』권17上「敬宗本紀」'寶曆 2년'조에, "秘
書省著作郎韋公肅注太宗所撰帝範十二篇進, 特賜錦綵百匹") 본문의
'비서랑 수찬'은 이 두 사례를 합쳐 일컫은 말로 보인다. 위공숙은 憲宗이
耕藉의 禮를 행하려고 할 때 그에게 의례 초안을 마련토록 하였다. 이전
睿宗 때 祥月에 음악을 금지하도록 한 것이 일상이 되었는데, 이때 이르
러 위공숙이 날짜를 금지하는 것은 있어도 달을 금지하는 예는 없다며
경전의 취지에 입각하여 조정하도록 건의하였다. 저서에『帝範注』12편
이 있고 개원례 이후 변례를 모아 편성한『禮閣新儀』30권이 있다.『新唐
書』권200「儒學傳」下에 입전되어 있다.

22) 『예각신의禮閣新儀』30권 : 韋公肅이 憲宗 元和 11년(816)에「開元禮」
이후 예문, 구체적으로는 變禮를 모아 30권으로 편성한 책이다. 본문(『新
唐書』「禮樂志」1)과 (남송) 陳振孫『直齋書錄解題』권6「禮儀類」'禮閣
新儀'조, 王應鱗의『玉海』권69「禮儀·禮制下」'唐禮閣新儀'조에 책에
관한 기사가 보인다. 宋代까지 책이 현존한 것으로 보이지만 현재에는
전해지지 않는다. 당 후반과 오대십국 그리고 북송대에 예론 중에 주요
근거로 많이 인용되고 있다. 이 책에 관한 판본 및 내용 그리고 유전 상황
은 張文昌,『制禮以教天下』, 제2장, 97~106쪽 참조.

23) 왕언위王彦威 : 唐 太原 사람. 자는 子美이다. 당대 유명한 유가로 특히
『삼례』에 정통했다. 원화 연간에 檢討官에 보충되어『曲臺新禮』를 편찬
하였다. 太常博士에 임명되어 당시 憲宗의 諡號를 둘러싼 논의를 주도하
기도 하였다. 開成 연간에는『唐典』편찬을 주도하기도 하였다. 武宗 即
位 후에 兵部侍郎이 되었다가 檢校兵部尙書·宣武軍節度使에 부임하
게 되었는데, 도중에 사망하였다.

30권을 지었고, 이어 원화 이래 왕공王公과 사민士民의 혼례婚禮·제례祭禮·상례喪禮·장례葬禮를 수집하여 『속곡대례續曲臺禮』 30권을 지었다. 오호라! 그 예문과 기록을 살펴보니 (예의 제도가) 완비되었다고 할 만하며, (이러한 규정을) 정관 연간부터 개원 연간 사이에 실시한 것도 태평성대라 할 만하지만 삼대의 융성함에는 미치지 못하며, 예에 관한 규정[文]은 갖췄으되 (예를 행하는 실제적인) 의미[意]는 부재하다. 이것이야말로 이른바 "예악은 헛된 이름이 되었다"고 한 것이 아니겠는가!

五禮

오례[24]

一曰吉禮.

첫 번째 길례吉禮.

大祀: 天·地·宗廟·五帝及追尊之帝·后. 中祀: 社·稷·日·
月·星·辰·岳·鎭·海·瀆·帝社·先蠶·七祀·文宣·武成王及古
帝王·贈太子. 小祀: 司中·司命·司人·司祿·風伯·雨師·靈星·
山林·川澤·司寒·馬祖·先牧·馬社·馬步, 州縣之社稷·釋奠.
而天子親祠者二十有四. 三歲一祫, 五歲一禘, 當其歲則擧. 其餘
二十有二, 一歲之間不能遍擧, 則有司攝事. 其非常祀者, 有時而
行之. 而皇后·皇太子歲行事者各一, 其餘皆有司行事.

대사大祀 : 천天·지地·종묘宗廟·오제 및 추존 황제·황후.[25]

---

24) 오례五禮 : 예를 다섯 가지 범주로 나눈 것으로 吉禮·凶禮·軍禮·賓禮
·嘉禮를 가리킨다. 『周禮』「春官·小宗伯」에 "오례의 금령과 희생에 사
용되는 기물의 차등을 관장한다.掌五禮之禁令與其用等."고 한 것에 대
해 鄭玄은 鄭司農의 말을 인용하여 "오례는 길례·흉례·군례·빈례·가
례를 말한다.五禮, 吉·凶·軍·賓·嘉"고 하였다. 오례의 기능에 대해서
는『周禮』「春官·大宗伯」에 "길례로 방국의 귀신을 제사하고", "흉례로
나라의 흉사를 애도하고", "빈례로 방국과 친애하고", "군례로 방국과 회
동하며", "가례로 만민과 친애한다.以吉禮祀邦國之鬼示, 以凶禮哀邦國
之憂, 以賓禮親邦國, 以軍禮同邦國, 以嘉禮親萬民."고 하였다. 錢玄,
『三禮辭典』, 172쪽 참조.

중사中祀 : 사社 · 직稷 · 일日 · 월月 · 성星 · 신辰 · 악岳 · 진鎮 · 해海 · 독瀆 · 제사帝社26) · 선잠先蠶 · 칠사七祀27) · 문선왕文宣王28) · 무성왕武

---

25) 추존 황제 · 황후 : 생전에는 황제나 황후가 아니었는데, 사후 후손에 의해 추존된 경우이다. 당대 추존 황제와 황후는 다음과 같다.

당 추존 황제 · 황후

추존 황제	본명	추존 황후	성씨
先天太上皇	李敬	先天太后	益壽氏
獻祖	李熙	宣獻皇后	張氏
懿祖	李天賜	光懿皇后	賈氏
太祖	李虎	景烈皇后	梁氏
世祖	李昞	元貞皇后	獨孤氏
孝敬帝	李弘	哀皇后	裴氏
讓帝	李憲	恭皇后	元氏
奉天帝	李琮	恭應皇后	竇氏
承天帝	李倓	恭順皇后	張氏

26) 제사帝社 : 앞에 열거된 社稷의 社와는 또 다른 사를 말한다. 『白虎通』에 의하면, 王者는 社를 2개, 즉 太社와 王社를 둔다고 하였다. 이 구분에 의하면, 앞의 사는 太社, 帝社는 王社에 해당된다. 그 이유에 대해서 『禮三正記』를 인용하여 "왕자는 2개의 사를 두니 천하를 위해 세운 사가 太社이며 스스로를 위해 세운 사가 王社이다. 제후가 백성들을 위해 세운 사가 國社이며 스스로를 위해 세운 사가 侯社이다. 태사는 천하를 위해 (사가 베푼) 공에 보답하기 위한 것이며 왕사는 京師를 위해 (사가 베푼) 공에 보답하기 위한 것이다"라고 말하였다. 後漢 광무제 建武 2년에 낙양에 太社稷을 종묘 오른쪽에 세운 이래 역대 대대로 설치하였다. 孔龜에 의하면, 위 明帝 景初 연간(237~239) 때 帝社를 세워서 社가 두 개가 되었다고 하니, 태사 외에 제사를 둔 것은 위나라 때임을 알 수 있다. 당초에는 隋나라 제도를 답습하여 含光門 안쪽의 오른쪽에 사직을 설치하였고 仲春과 仲秋 戊日에 太社와 太稷에 제사하였다. 측천무후 天授 3년에 祝欽明의 건의로 先農壇을 帝社로 명칭을 바꿔 경전의 '王社'에 대응

成王²⁹⁾과 고제왕古帝王 · 증태자贈太子.³⁰⁾

시키고 孟春 吉亥에 后土를 제사하고 句龍을 배사하도록 하였다. 玄宗
天寶 3載에는 中祀에 속한 사직 제사를 대사로 승격하기도 하였다.

27) 칠사七祀 : 거주지 부근의 7가지 종류의 신에게 지내는 제사이다. 원래는
五祀에서 출발하여 뒤에 천자는 七祀가 되었다. 주나라 제도로 7사는 司
命, 中霤, 國門, 國行, 泰厲, 戶, 竈가 그 대상이다. 漢代에는 五祀를 지냈
는데, 『白虎通』에 의하면, 戶, 竈, 門, 井, 中霤였다. 한 이후 위진 남북조
를 거쳐 隋代에 7사로 바뀌었고 唐 초에 들어서 7사를 폐지하고 季夏에
중류에만 제사를 지냈다. 그러다가 개원 연간에 7사를 복원하여 각각 계
절마다 묘정에서 제사를 지냈다. 사명과 호는 봄에, 조는 여름, 문과 려는
가을, 행은 동에, 중류는 계하에 지냈다. (『通典』「禮」11 '天子七祀'조
"周制, 王爲群姓立七祀 : 曰司命, 曰中霤, 曰國門, 曰國行, 曰泰厲, 曰
戶, 曰灶. 漢立五祀. 白虎通云 :「戶一祀, 春萬物觸戶而出, 亦爲陽氣之
生, 欲留之, 即祭戶. 戶者, 人所出入者. 灶二祀, 夏火主長養萬物, 即祭
灶. 灶者火之主, 人所以自養也. 門三祀, 秋萬物成熟, 將內之, 從外而
入內自守而祭門. 門者所以閉藏. 井四祀, 冬水主萬物伏藏而祭井. 井者
水主, 藏在冬. 中霤五祀. 六月土王, 而祭中霤者, 象土位在中也. 歲一
遍, 有司行事, 禮頗輕於社稷.」大唐初, 廢七祀, 唯季夏祀祭中霤. 開元
中制禮, 祭七祀, 各因時享, 祭之於廟庭. 司命 · 戶以春, 灶以夏, 門 · 厲
以秋, 行以冬, 中霤以季夏.")

28) 문선왕文宣王 : 공자를 말한다. 玄宗 開元 27년에 문선왕에 추봉되었다.
공자를 기리는 제사는 漢代부터 있었으나 고정된 날짜에 정기적으로 지
낸 정식 제사는 아니었다. 漢代에는 褒成宣尼公, 隋代에는 先師尼父,
당대에 들어와 고조 때에는 先師, 태종 때에는 先聖, 先師, 고종 때에는
처음엔 宣父, 나중에 太師, 측천무후 때에는 隆道公으로 추봉되었고 현
종 때 문선왕으로 승격되어 중사에 포함되었다.

29) 무성왕武成王 : 姜太公을 말한다. 玄宗 개원 연간에 처음으로 太公廟가
건립되어 강태공을 비롯하여 역대 명장을 제사하였고, 肅宗 上元 원년에
태공망을 무성왕에 추봉하였다.

소사小祀 : 사중司中·사명司命·사인司人·사록司祿·풍백風伯·우사雨師·영성靈星·산림山林·천택川澤·사한司寒·마조馬祖·선목先牧·마사馬社·마보馬步, 주현州縣의 사직社稷과 석전釋奠.

천자가 직접 제사하는 경우[天子親祠] 24종류이다. 3년에 1번 협제사하고 5년에 1번 체 제사하는데, (체제와 협제를 지내야 하는) 해가 되면 거행한다.[31] 나머지 22종류의 제사는 1년 동안 두루 거행할

---

30) 증태자贈太子 : 생전에 태자로 책립되지 않았다가 사후 태자 또는 시호를 추증받은 경우를 말한다. 『唐會要』권4에서는 '追諡太子' 항목이 있는데, 11명의 이름이 나열되어 있다. "懿德太子 重潤, 惠莊太子 撝, 惠文太子 範, 惠宣太子 業, 靖恭太子 琬, 恭懿太子 侶, 昭靖太子 邈, 敬太子 諲, 懷懿太子 湊, 悼懷太子 普, 靖懷太子 漢." 이외에도 玄宗의 長子인 李琮은 병사 후 처음엔 靖德太子로 추증되었다가 뒤에 황제의 시호를 받은 매우 드문 사례가 있고, 懿宗의 아들 李侗는 劉季述에게 살해당한 뒤 수년이 지난 뒤에야 태자로 추증된 사례도 있다. 이렇게 하여 당대 황자나 황손 중에서 사후 태자로 추증된 자는 모두 13명이다. 추증된 시호에 담긴 함축된 의미에 대한 분석은 喬鳳岐, 「唐朝追贈之太子諡號及其釋義」, 『江漢論壇』, 2019-12-15 참조.

31) 『통전』「五禮篇目」에는 "一曰吉禮, 其儀五十有五. 一, 冬至祀昊天於圓丘. 二, 正月上辛祈穀於圓丘. 三, 孟夏雩祀於圓丘. 四, 季秋大享於明堂. 五, 立春祀青帝於東郊. 六, 立夏祀赤帝於南郊. 七, 季夏祀黃帝於南郊. 八, 立秋祀白帝於西郊. 九, 立冬祀黑帝於北郊. 十, 臘日蜡百神於南郊. 十一, 春分祀朝日於東郊. 十二, 秋分祀夕月於西郊. 十三, 祀風師·雨師·靈星·司中·司命·司人·司祿. 十四, 夏至祭皇地祇於方丘, 后土同. 十五, 孟冬祭神州於北郊. 十六, 仲春上戊祭太社·太稷. 十七, 祭五嶽·四鎮. 十八, 祭四海·四瀆. 十九, 時享太廟. 二十, 祫享太廟. 二十一, 禘享太廟. 二十二, 拜陵. 二十三, 太常卿行諸陵. 二十四, 孟春吉亥享先農·耕籍"라고 하여 길례 전체 禮目은 55종류의 儀로 구성되지만 크게 24종류 예의 항목을 제시하고 있다.

수 없으면 담당관이 대행한다[有司攝事].32) 상사常祀가 아닌 경우는 해당되는 때에 거행한다. 황후皇后와 황태자皇太子가 매년 행하는 제사는 각각 1종류이며 나머지는 모두 담당관이 대행한다[有司行事].33)

凡歲之常祀二十有二：冬至・正月上辛, 祈穀；孟夏, 雩祀昊天上帝于圓丘34)；季秋, 大享于明堂；臘, 蜡百神于南郊；春分, 朝日于東郊；秋分, 夕月于西郊；夏至, 祭地祇于方丘；孟冬, 祭神州・地祇于北郊；仲春・仲秋上戊, 祭于太社；立春・立夏・季夏之

---

32) 유사섭사有司攝事 : 천자 혹은 황태자 등이 원래 직접 제사를 지내야 하는데, 제사가 복잡다기하니 유사가 대행토록 하는 관행이 생겼다. 이후 예문에도 천자의 親祀와 '有司攝事'를 명문화하게 되었으며, 제사의 종류에 따라 같은 대사일지라도 친사인가 유사섭사인가에 따라 비중을 달리하였다. 예문에 '유사섭사'로 명시되어 있으니 이 역시 고유명사로 처리하여 이후에는 유사섭사라고 표기한다.

33) 유사행사有司行事 : 유사섭사와 같은 의미이다. 유사로 하여금 대행한다는 뜻으로, 여기에서는 천자의 행사를 대행할 경우 '유사섭사'로, 황후나 황태자의 대행일 경우 '유사행사'로 바꾸어 표현하여 대행하는 주체에 따라 달리 표현하였다.

34) "冬至・正月上辛, 祈穀；孟夏, 雩祀昊天上帝于圓丘" : 中華書局 표점대로 하면 동지와 정월의 제사가 모두 기곡 제사가 되므로「開元禮」의 규정과 다르다. 이 표점은 "冬至, 正月上辛 祈穀, 孟夏雩祀昊天上帝于圓丘"가 되어야 한다. 즉 "昊天上帝于圓丘"가 공통이 되어야 한다. 동지에 원구에서 호천상제에 제사하고, 정월 상신일에 원구에서 호천상제에 기곡 제사하며, 맹하 원구에서 호천상제에게 우사를 지낸다고 해야 한다. 그 근거로『通典』「五禮篇目」에는 "一, 冬至祀昊天於圓丘. 二, 正月上辛祈穀於圓丘. 三, 孟夏雩祀於圓丘"로 되어 있다.

土王·立秋·立冬, 祀五帝于四郊 ; 孟春·孟夏·孟秋·孟冬·臘, 享
于太廟 ; 孟春吉亥, 享先農, 遂以耕籍.

매년 지내는 상사常祀에는 22종류가 있다. 동지冬至(에 원구에서
호천상제를 제사하고), 정월 상신일正月上辛일에 원구에서 호천상
제에 기곡祈穀 제사하며 맹하孟夏에 원구에서 호천상제에게 우사를
지낸다. 계추季秋에 명당에서 대향大享을 올린다. 납월臘(12월)에
남교에서 백신에게 납향[사蜡]을 지낸다. 춘분春分에 동교東郊에서
조일朝日하고 추분秋分에 서교西郊에서 석월夕月한다. 하지夏至에
방구方丘에서 지기地祇에 제사하고 맹동孟冬에 북교에서 신주神州
와 지기에 제사한다. 중춘仲春과 중추仲秋 상무일上戊에 태사太社에
서 제사하고,35) 입춘立春·입하立夏·계하季夏의 토왕土王일·입추立
秋·입동立冬에 사교四郊에서 오제五帝에 제사한다. 맹춘孟春·맹하
孟夏·맹추孟秋·맹동孟冬·납臘(월)에 태묘太廟에서 제사를 지내고,
맹춘孟春 길해吉亥일에 선농先農에 제사를 올리며 적전籍田의 예를
행한다.

凡祭祀之節有六 : 一曰卜日, 二曰齋戒, 三曰陳設, 四曰省牲
器, 五曰奠玉帛·宗廟之晨祼, 六曰進熟·饋食.

모든 제사의 절차에는 여섯 단계가 있다. 첫 번째, 복일卜日(제사

---

35) 『通典』 「五禮篇目」에는 "十六, 仲春上戊祭太社·太稷"라고 하여 중춘
상무일에 태사와 태직을 제사한다고 되어 있다. 여기에서는 태사만을 언
급하였고 제사 날짜는 중춘과 중추 상무일 2번이니, 한 해에 2번 제사를
지내는 셈이다.

날짜 점치기), 두 번째, 재계齋戒(제사 전 재계하기), 세 번째, 진설陳設(희생과 제기 진열하기), 네 번째, 성생기省牲器(행사 전 희생과 제기 점검하기), 다섯 번째, 전옥백奠玉帛(옥백 바치기)과 종묘에서의 신관晨祼(종묘에서 새벽에 강신례하기), 여섯 번째, 진숙進熟(준비한 제사 음식 차리기)과 궤식饋食(제사 후 제사 음식을 나눠 먹기).36)

一曰卜日. 凡大祀·中祀無常日者卜, 小祀則筮, 皆于太廟.

첫 번째는 복일卜日(제사 날짜 점치기)이다. 대사와 중사에 일정한 제사 날짜가 없는 경우는 거북점을 치고[卜] 소사의 경우는 시초점[筮]37)을 치며, 모두 태묘에서 거행한다.

卜日, 前祀四十有五日, 卜于廟南門之外, 布卜席闑西閾外. 太常卿立門東, 太卜正占者立門西, 卜正奠龜於席西首, 灼龜之具在龜北, 乃執龜立席東, 北向. 太卜令進受龜, 詣卿示高, 卿受視已,

---

36) 『通典』「禮」66「開元禮纂類」목록에서는 제사의 절차에 '복일'이 들어 있지 않고 「개원례찬류」의 '序'에서 '卜禮'와 '筮禮'를 분리해서 설명하고 있다. 또한 '鑾駕出宮'과 '鑾駕還宮' 항목이 '省牲器'와 '進熟' 절차 다음에 들어 있어 『신당서』와 차이가 난다.

37) 시초점[筮] : 시초로 점을 쳐 길흉을 판단하는 것을 '筮'라고 한다. 시초[蓍]는 엉겅퀴과에 속하는 다년생풀로 이것을 가지고 점을 친다. 거북점이 등껍질을 불로 지져 그 균열을 보고 판단한다면 시초점은 개수를 가지고 길흉을 판단한다. 그리하여 筮로 數를 취하고 卜으로 象을 취한다고 하였다. 일반적으로 大事(征伐·出師·巡狩)에는 거북점을 치고, 작은 일에는 시초점을 친다. 『禮記』「曲禮」上 鄭玄의 주, "大事卜, 小事筮."

令受龜, 少退俟命. 卿曰:「皇帝以某日祗祀於某.」令曰:「諾.」
遂還席, 西向坐. 命龜曰:「假爾太龜, 有常.」興, 授卜正龜. 卜正
負東扉坐, 作龜, 興. 令進, 受龜, 示卿. 卿受, 反之. 令復位, 東向,
占之, 不釋龜, 進告於卿曰:「某日從.」乃以龜還卜正. 凡卜日必
擧初旬 ; 不吉, 卽繇中及下, 如初儀.

　복일卜日(거북점으로 제사 날짜 점치기)은 제사 지내기 45일 전에
태묘 남문 밖에서 거북점을 치는데, 복석卜席(거북점 치는 자리)을
얼闑(문 말뚝) 서쪽 역閾(문지방) 바깥에 편다.[38] 태상경太常卿은 문
동쪽에 서고 태복太卜(서)의 점복을 담당한 자[39]는 문 서쪽에 선다.
복정卜正은 복석 서쪽 머리에 거북을 차려놓고 거북점 치는 도구[40]

---

38) 복석卜席(점치는 자리)을 … 편다 : 복석에 관한 위치 규정은 『儀禮』「士
冠禮」 "布席于門中, 闑西閾外, 西面"의 규정을 따른 것으로 보인다. '얼
闑'은 두 문짝이 맞닿는 곳에 세운 2개의 말뚝을 말하며, 문짝이 문지방
안으로 들어오는 것을 막아 준다. 말뚝과 말뚝 사이를 '中門'이라고 하며,
君과 賓이 드나든다. 말뚝 동쪽은 闑東, 서쪽은 闑西라고 하고, 大夫·
士·擯·介가 드나든다.

39) 태복서의 점복을 담당한 자 : 太卜署의 관직은 정8품하 太卜令 1인, 정9
품하 太卜丞 2인, 유외관 府(1인), 史(2인)와 종9품하 卜正(2인), 卜師(20
인), 巫師(15인), 종9품하 卜博士(2인), 助敎(2인) 卜筮生(45인), 掌固(2
인)가 있다.(『唐六典』 권14 '太卜署') 여기에서 관직명이 아니라 포괄적
으로 '점복을 담당한 자'라고 한 것은 '태상경'과 짝을 이룬 '태복령'의
職掌을 나타낸 것으로 보인다.

40) 거북점 치는 도구 : 초선焦燋(귀갑을 태우는 데 쓰는 나무)와 초돈楚焞을 말한
다. 섭숭의의 『삼례도』 권8 「弓矢圖08 : 燋·楚焞」에 그림이 실려 있다.
이 규정의 출처는 『儀禮』「士喪禮」의 "(장례) 날짜에 대해 거북점을 친다
(卜日). 아침의 哭하는 절차를 마치면 主人·衆主人·外兄弟, 衆賓들은

는 거북의 북쪽에 둔다. 그리고 나서 거북을 잡고 복석 동쪽에 서서 북쪽을 향한다. 태복령太卜令이 나아가 거북을 받아 태상경에게 가서 (거북의) 불룩 솟은 부분(점칠 부분)을 보여주면[41] 태상경은 그 것을 받아 확인한다. 태복령이 다시 거북을 받아 조금 뒤로 물러나 명을 기다린다. 태상경은 "황제는 모일某日에 경건히 모모에게 제사를 지내려 한다"라고 말한다. 태복령은 "네"라고 말하고 (거북을)

모두 묘문 밖의 제자리로 돌아간다. 卜人(거북점을 치는 사람)은 먼저 거 북을 묘문 밖의 서쪽 당[西塾] 위에 놓는데, 거북의 머리가 남쪽을 향하게 하고, 거북의 아래에 자리를 깔아 놓는다. 楚焞을 燋와 함께 거북 동쪽에 놓는다.卜日, 既朝哭, 皆復外位. 卜人先奠龜于西塾上, 南首, 有席. 楚 焞置于燋, 在龜東."이다. 이에 대해 정현의 주는 "초楚는 가시나무이다. '가시나무를 묶어서 태운 불[荊焞]'은 거북에 구멍을 내어 불사르기 위한 것이다. 燋는 횃불이니, 불을 점화시키기 위한 것이다"라고 하였다.

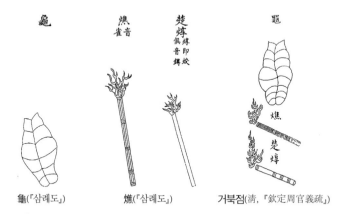

龜(『삼례도』)　　　燋(『삼례도』)　　　거북점(淸, 『欽定周官義疏』)

41) 『儀禮』「士喪禮」에 "종인이 복인으로부터 거북을 받아 거북 등의 볼록 솟은 부분을 족장에게 보여준다.宗人受卜人龜, 示高."라고 하였다. 정현 의 주에 "거북의 복갑의 불룩 솟아 있어 (불로) 구울 만한 곳을 족장에게 보여준다.以龜腹甲高起所當灼處, 示菹卜也."라고 하였다.

복석에 다시 돌려놓고 서쪽을 향하고 앉는다. 그리고 거북에게 명령하여 "너 태구(훌륭한 거북)의 (신령함에) 힘입어 한 치 어긋남이 없기를 바란다(假爾太龜, 有常)"⁴²⁾라고 말한다. 자리에서 일어나 복정에게 거북을 준다. 복정은 동쪽 문짝을 등지고 앉아 거북점을 치고 일어난다. 태복령이 나아가 거북을 받아 태상경에게 보인다. 태상경이 받아 다시 돌려준다. 태복령은 다시 자리에 돌아가 동쪽을 향하고 거북을 가지고 점을 치는데, 거북을 손에서 놓지 않고 태상경에게 나아가 고하기를, "모일이 (길일로) 나왔습니다"라고 한다. 그런 후에 거북을 복정에게 돌려준다. 복일은 반드시 초순에 거행해야 하며 길일이 나오지 않을 경우 중순과 하순에 따르는데, 초순에 거행하는 의식과 같게 한다.

若筮日, 則卜正啓牘出策, 兼執之, 受命還席, 以牘擊策, 述命曰:「假爾太筮, 有常.」乃釋牘坐策, 執卦以示, 如卜儀. 小祀筮日, 則太卜令莅之, 日吉乃用, 遇廢務皆勿避.

서일筮日(시초점으로 제사 날짜를 점치기)의 경우 복정이 점대통[牘]⁴³⁾을 열어 점대[책策]⁴⁴⁾를 꺼내 두 손으로 잡는다. 명을 받은 뒤

---

42) 거북에게 명령하여 … 라고 말한다. : "假爾太龜, 有常"의 이 규정은 『禮記』「曲禮上」의 "날짜를 정할 때 너 위대한 거북의 항상됨에 의지하고 너 위대한 시초의 항상됨에 의지한다.爲日, 假爾泰龜有常, 假爾泰筮有常."라고 한 데 보인다.

43) 서독筮牘 : 시초점을 치는 점대를 넣어두는 통이기 때문에 보통 시독蓍牘이라고도 한다. 『儀禮』「士冠禮」 "筮人執筴, 抽上牘"의 정현의 주에는 "牘은 시초를 넣어 두는 기구이다. 오늘날 활과 화살을 넣어 두는 기구를

제자리로 돌아가 앉는다. 이어 점대통을 흔들어 점대를 부딪치며
(태상경의) 명을 복명하여[述命][45) "너 훌륭한 점대야, 한 치 어긋남

櫝丸이라고 한다.櫝, 藏筴之器. 今時藏弓矢者, 謂之櫝丸也."고 하였다.
'筴', '著', '筮' 서로 호용된다.(『儀禮』「士冠禮」鄭玄注 "筴或爲著") 점
대는 점대를 넣어 두는 통인 독에 들어 있다. 원래 '독'은 활을 넣는 전통
箭筒인데, 보통 가죽으로 만들며 그림과 같이 아래통과 위통 두 부분으로
되어 있어 위통을 열고 닫는다.

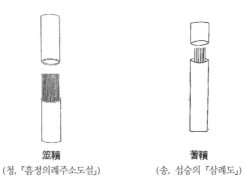

筮櫝
(청, 『흠정의례주소도설』)

著櫝
(송, 섭숭의 『삼례도』)

44) 책策 : 시초점을 칠 때 숫자를 세는 데 사용하는 점
대를 말한다. 시초점은 원래 시초를 사용하였는데,
보통 '점대[筴]'로 대신한다. 모양이 죽간처럼 생겼
다.(錢玄, 『三禮辭典』, 932쪽). 모양은 숫자를 세는
데 사용하는 산가지[算]와 비슷하되 크기만 다른 것
으로 보인다.

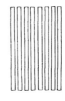

算
(청, 『흠정의례주소도설』)

45) 술명述命 : 술명은 시초점을 칠 때 예관(태상경 혹은 태복령)에게 명을 받
아 그것을 복명하는 것을 말하다. 『儀禮』「士喪禮」 "점치는 사람이 응답
하고 명령을 반복하여 말하지 않고(筮人許諾, 不述命…)"에 대해 정현의
주는 "述은 따른다는 뜻이다. 명령을 받은 뒤에 반복하여 말하는 것을
述이라 한다. 반복하여 말하지 않는 것은 士禮는 간략하게 하기 때문이
다. 무릇 시초점을 칠 때 점치는 내용을 합하는 것이 술명이다.述, 循也.

없음을 보여다오"라고 말한다.46) 그런 후 점대통을 내려놓고 (흔들어 섞은) 점대를 고정시키고 (그중 하나를) 집어 점괘를 (예의 담당자에게) 보여주는데, 거북점과 같은 형식으로 한다. 소사小祀에 시초점으로 날짜를 점치는 경우 태복령이 자리에 임하고 길일이 나오면 그대로 사용하고 휴무일[廢務]47)이 걸리더라도 회피하지 않는다.48)

既受命而申言之曰述. 不述者, 士禮略. 凡筮, 因會命筮爲述命."라고 하였다.

46) 복명하여 … 라고 말한다 : 이 의절은 『儀禮』 「小牢饋食禮」에 "이어서 史는 주인이 점치고자 하는 내용을 복명하여 말한다. '그대 위대한 점대의 어긋남이 없는 신령함을 빌리노니', 효손 모는 다가오는 정해일에 황조백모께 세시의 제사를 올리고, 모비를 모씨께 배향하고자 하나이다. 흠향하소서!遂述命曰, '假爾大筮有常.' 孝孫某, 來日丁亥, 用薦歲事于皇祖伯某, 以某妃配某氏, 尚饗!"라고 하는 데에서도 보인다.

47) 휴무일[廢務] : 唐나라의 경우 역대 先帝 · 先妣가 서거한 날인 '國忌'일에 정무를 보지 않는 날을 말한다. 『唐六典』권4 「尚書禮部」에 의하면, 高祖 李淵은 5월 6일, 太宗 李世民은 5월 26일, 高宗 李治는 12월 4일, 中宗 李顯은 6월 2일, 睿宗 李旦은 6월 10일 등 서거한 날에는 일체의 일상 정무를 정지하고 애도를 표하였다.(『唐六典』권4 「尚書禮部」 "高祖神堯皇帝, 五月六日. 文穆皇后, 五月一日. 太宗文武聖皇帝, 五月二十六日. 文德聖皇后, 六月二十一日. 高宗天皇大帝, 十二月四日. 大聖天后, 十一月二十六日. 中宗孝和皇帝, 六月二日. 和思皇后, 四月七日. 睿宗大聖眞皇帝, 六月十日. 昭成皇后, 正月二日. 皆廢務. 凡廢務之忌.")

48) 휴무일이라도 회피하지 않는다 : 이 규정은 『禮記』 「王制」의 "상을 치루는 3년 동안 제사를 지내지 않는다. 다만 천지와 사직에 제사를 지내는데, 춘거軸車의 끈[紼]을 넘어 일을 행하는 것이다.喪三年不祭, 唯祭天地社稷, 爲越紼而行事."를 근거로 하고 있다. 초상이 났을 때에는 여타 제사는 생략하지만 교사와 사직 제사와 같은 대사는 喪事와 무관하게 진행된

二曰齋戒. 其別有三 : 曰散齋, 曰致齋, 曰清齋. 大祀, 散齋四日,
致齋三日 ; 中祀, 散齋三日, 致齋二日 ; 小祀, 散齋二日, 致齋一日.

두 번째는 재계齋戒이다.[49) 재계는 세 가지로 구별된다. 산재散齋,

다는 규정을 근거로 한 것으로 보인다.

49) 재계齋戒 : 제사지내기 전에 몸과 마음을 정갈히 다듬는 것을 총칭하여
    재계라고 한다. '齊(가지런히 하다)'와 '齋(삼가다)'는 같은 의미로 통용한
    다. 재계 기간과 재계 시 금지하는 정도에 따라 산재와 치재로 구분하는
    데, 경전에서는 산재는 7일이며 외출은 할 수 있되 말을 타지 않고 음악을
    연주하지 않고 조문을 가지 않는다.(『禮記』「祭義」 "致齊於內, 散齊於
    外"에 대한 정현의 주에 "散齊七日, 不御, 不樂, 不弔耳") 산재와 치재의
    의미에 대해서는 『禮記』「祭統」에 "때가 되어 장차 제사를 지내려 할
    때, 군자는 곧 재계를 한다. 재계라고 하는 말은 가지런히 한다는 것이다.
    가지런하지 못한 것들을 가지런하게 함으로써 정돈된 상태[齊]를 이루는
    것이다. 이런 까닭에 군자는 대사(제사)가 아니거나 공경할 일이 아니면,
    재계하지 않는다. 재계하지 않으면 일에 대해 방지하지 못하고, 욕망이
    하고자 하는 바를 멈출 수 없다. 장차 재계함에 미쳐서는 사악한 일들을
    막고, 욕망이 하고자 하는 바를 그치게 하고, 귀로는 음악을 듣지 않는다.
    그러므로 『기記』에서 '재계하는 사람은 음악을 연주하지 않는다'고 하였
    는데, 감히 그 뜻을 분산시키지 않는다는 말이다. 마음은 구차한 생각을
    하지 않고 반드시 도에 의거하며, 손발은 구차하게 움직이지 않고 반드시
    예의에 의거한다. 이런 까닭에 군자가 재계하면 자기의 순수하고 밝은
    덕을 전일하게 이루는 것이다. 그러므로 7일 동안 산재하여 뜻을 안정시
    키고 3일 동안 치재하여 뜻을 가지런하게 한다. 뜻을 안정시키는 것을
    재계라고 하니, 재계란 순수하고 밝음이 지극해지는 것이다. 그런 뒤에
    신명과 교감할 수 있다.及時將祭, 君子乃齊. 齊之爲言齊也. 齊不齊以致
    齊者也. 是以君子非有大事也, 非有恭敬也, 則不齊. 不齊則於物無防
    也, 嗜欲無止也. 及其將齊也, 防其邪物, 訖其嗜欲, 耳不聽樂. 故『記』
    曰, '齊者不樂', 言不敢散其志也. 心不苟慮, 必依於道. 手足不苟動, 必

치재致齋, 청재淸齋[50]이다. 대사는 산재 4일, 치재 3일이다. 중사는 산재 3일, 치재 2일이다. 소사는 산재 2일, 치재 1일이다.[51]

依於禮. 是故君子之齊也, 專致其精明之德也. 故散齊七日以定之, 致齊三日以齊之. 定之之謂齊, 齊者精明之至也, 然後可以交於神明也."라고 하여, '散齋'의 '散'은 '의지를 분산하다'는 의미이고, '致齋'의 '재'는 '가지런히 하여 정돈된 상태'를 의미한다. 또한 산재는 7일, 치재는 3일로 규정하고 있는데,『禮記』「坊記」에 "7일 동안 산재하고 3일 동안 치재를 하며, 한 사람을 받들어 시동으로 삼고, 시동 앞을 지날 때는 잰걸음으로 지나가는 것은 공경함을 가르치는 것이다.七日戒, 三日齊, 承一人焉以爲尸, 過之者趨走, 以敎敬也."라고 하였고, 정현은 '戒(재계하다)'를 달리 이른 말이 '산재'라고 해석하고 있다. 이와 같이 재계란 말은 산재와 치재를 합쳐 부른 말임을 알 수 있다. 경전의 정의는 이와 같은데,「개원례」에서는 여기에 '淸齋'를 더하여 재계를 3단계로 구분하고 있다. 청재에 대해서는 주 50) 참조.

50) 청재淸齋 : 제사 하루 전 육식을 금하고 색욕 등 인간의 욕망을 억제하며 몸과 마음을 엄격하게 단속하는 재계를 말한다. 경전에는 근거가 없으며 당대 불교의 의식이「개원례」에 끼친 영향으로 보인다. 불교에서는 "一日一夜淸齋不食"라고 하루 밤낮을 금식하며 재계하는 것을 의미하는데,「개원례」에서도 마찬가지인지는 알 수 없으나,『구당서』「예의지」4에 의하면 淸齋所가 별도로 설치되어 있어 일정한 장소에서 외부로부터 차단되어 몸과 마음을 재계하였음을 알 수 있다. 또한『宋會要輯稿』에 의하면 송대에는 '淸齋一宿'이란 기술이 보이는데, 眞宗이 봉선을 앞두고 채식으로 청재하여 지극정성을 다한 일과 하루 동안 묵으며 청재를 올린 일을「개원례」와 같았다고 규정하고 있다. 앞의 주에서 설명하였듯이 재계에 대해 경전에서는 산재와 치재 두 가지로 설명하였다.

51) 대사는 … 치재 2일, 소사는 … 치재 1일이다 : 재계 기간에 대해 경전에서는 산재 7일, 치재 3일로 규정하였는데,「개원례」에서는 제사의 3등급에 따라 산재를 4일, 3일, 2일로 규정하고 치재도 산재에 따라 3일, 2일, 1일로 안배하였다. 그리하여 대사를 기준으로 보면 산재와 치재를 합친 날이

大祀, 前期七日, 太尉誓百官於尙書省曰 :「某日祀某神祇于某所, 各揚其職. 不供其事, 國有常刑.」於是乃齋. 皇帝散齋于別殿 ; 致齋, 其二日于太極殿, 一日于行宮. 前致齋一日, 尙舍奉御設御幄於太極殿西序及室內, 皆東向. 尙舍直長張帷於前楹下. 致齋之日, 質明, 諸衛勒所部屯門列仗. 晝漏上水一刻, 侍中版奏「請中嚴」. 諸衛之屬各督其隊入陳於殿庭, 通事舍人引文武五品已上褲褶陪位, 諸侍衛之官服其器服, 諸侍臣齋者結佩, 詣閤奉迎. 二刻, 侍中版奏「外辦」. 三刻, 皇帝服袞冕, 結佩, 乘輿出自西房, 曲直華蓋, 警蹕侍衛, 卽御座, 東向, 侍臣夾侍. 一刻頃, 侍中前跪奏稱 :「侍中臣某言, 請就齋室.」皇帝降座入室, 文武侍臣還本司, 陪位者以次出.

대사大祀의 경우, 7일 전에 태위太尉가 상서성尙書省에서 백관에게 훈계하여 "모일某日 모 신기神祇에게 모 처에서 제사를 지내는데 각자 맡은 바 직임을 다하라. (맡은 바) 직분을 다하지 못한다면 국법으로 다스리리라"라고 말한 뒤 재계에 들어간다. 황제는 별전別殿에서 산재를 행한다. 치재致齋는 태극전太極殿52)에서 2일을 행하며

7일이 되고 소사를 기준으로 하면 산재와 치재를 합친 날이 3일이 되어 경전에서 말한 산재와 치재의 7일, 3일 규정과 같게 된다.

52) 태극전太極殿 :『唐六典』卷第七 尙書工部에 의하면, "(승천문) 북쪽은 태극문太極門이고, 그 안쪽은 太極殿인데 초하루와 보름이면 (황제가) 앉아서 조회를 하는 곳이다. 대개 옛날의 中朝이다. 隋代 大興殿이라 하였다. 당 高祖 武德 원년(618)에 太極殿으로 개칭하였다"라고 하여, 황제가 일상적으로 조회를 받는 곳으로 정월 원일에 원일의례가 행해지는 곳이기도 하다. 또한 (태극문 양쪽에) "東上閤門과 西上閤門이 있고, 東廊과 西廊이 있으며, 左延明과 右延明 두개의 문이 있다."

행궁行宮에서 1일 행한다. 치재를 올리기 하루 전에 상사尚舍(국) 봉어奉御53)는 태극전 서서西序54)와 실내室內에 휘장[御幄]55)을 설치하

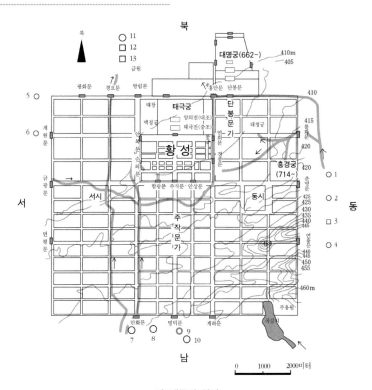

당 태극전 위치

(세오 다쓰히코, 『장안은 어떻게 세계의 수도가 되었나』, 황금가지, 2005에서 인용)

53) 상사 봉어尚舍 奉御 : 尚舍局은 隋代 煬帝가 설치하였는데, 奉御 2인 正五品이며, 直長 8인 正七品을 두어 전정과 출행시 천막 설치를 담당하도록 하였다. 당대에는 殿中省 소속으로 종5품상인 奉御 2인, 정7품하인 直長 6인, 書令史 3인, 書吏 7인, 掌固 10인, 幕士 8천인을 두었다. 상사국은 행사 때나 황제가 행행할 때 천막 설치를 전담한다.

54) 서서西序 : 堂上의 서쪽 벽을 말한다. 堂의 동쪽과 서쪽의 벽을 '序'라고 한다(堂東西牆謂之序).

는데, 모두 동쪽을 향하게 한다. 상사 직장直長은 태극전 기둥 아래
에 유帷(장막)을 설치한다. 치재 당일 해가 밝아올 때[質明]56), 시위

---

55) 휘장[御幄] : 여기서 말한 '御幄'은 제사나 조회 등 행사 때 옷을 갈아입거
나 휴식을 취하기 위해 임시로 설치한 휘장을 말한다.『주례』「天官‧幕
人」에는 "幕人은 帷‧幕‧幄‧帟‧綬의 일을 관장한다.幕人, 掌帷‧幕‧
幄‧帟‧綬之事."고 하였다. 정현에 따르면 '帷'와 '幕'은 모두 布로 만들
며, 주위에 둘러쳐 펼치는 것을 '帷'라고 하고, '帷'의 위에 펼치는 것을
'幕'이라고 하는데 '幕'은 때로 땅에 깔아서 그 위에 물건을 진설한다고
하였으며, '幄'은 帷와 幕 안에 다시 비단을 둘러쳐서 머무는 방을 만든
것이라고 하였다. 또한 '帟帟'은 幄 안에서 왕이 앉는 자리 위에 펼치는
비단이라고 하였다. 한편 정현은『주례』「天官‧掌次」에 "(춘분에) 해를
맞이하는 예를 행하거나 五帝 제사에 (장차는) 大次와 小次를 펼쳐놓는
다.朝日, 祀五帝則張大次‧小次."라고 한 데 대해 "次는 幄이다. 大幄은
처음 멈추어 머무르는 곳이고, 小幄은 제사를 지낸 후에 물러나 일을 기
다리는 곳이다.次謂幄也, 大幄, 初往所止居也, 小幄, 旣接祭退俟之處."
라고 하였다. 즉 '次'는 곧 '幄'이라고 하고 행례의 순서에 따라 대차와
소차로 구분하고 '大次'를 '大幄', '小次'를 '小幄'이라 하였다. 그런데
『신당서』본문에서는 재계 때 태극전 내에는 '어악'과 '유'를 설치하고 성
문 밖에는 대차와 소차를 설치하여 '악'과 '차'를 구분하고 있다.

次
(송, 섭숭의『삼례도』)

次
(청, 『흠정주관의소』)

56) 질명質明 : '旦明'이라고도 한다. 해가 막 밝아오기 시작하는 때를 말한다.

들이 속관들을 이끌고 문 옆에 의장을 갖추고 대열하여 선다. 주루
상수晝漏上水 1각刻[57]에 시중侍中은 "중엄中嚴을 청합니다"[58]라고
(홀을 들고) 아뢴다[版奏].[59] (그러면) 여러 소속 시위들이 각자 자
기 대원을 이끌고 전정에 들어와 사열하고 통사사인通事舍人[60]이
문무 5품 이상으로 예복[고습褲褶][61]을 입은 갖춘 관원들을 이끌고
배열한다. 여러 시위 관들은 각자 규정된 복장과 의장을 갖추고, 시
신侍臣으로 재계에 참여하는 자들은 옥패를 묶고[結佩][62] 합문閤
門[63]에 나아가 황제를 맞이한다. (주루상수) 2각에 시중이 (홀을 쥐

---

57) 주루상수晝漏上水 1각刻 : 고대부터 당대까지 시간을 측정하는 기구는 해
시계(일구)와 물시계(주루)가 있다. 진한대 이후 1일을 100각으로 구분하여
사용하였고 동지와 하지를 기준으로 주야의 길이를 달리 표기하였다. 이에
관해 이성규의 다음 논문은 상세히 설명하고 있다. "晝夜와 刻을 결합한
독특한 紀時法이 사용되었는데, 1) 晝漏上(水)~刻 2) 晝漏未盡~刻 3) 夜
漏上(水)~刻 4) 夜漏下~刻 5) 夜漏未盡~刻 등이다. 이것은 시간의 측정
대상을 일단 晝와 夜로 나누고 각각 '上水'와 '下水' 또는 '未盡'을 표기한
후 '~刻'을 기록하는 방식이다. '上'은 晝와 夜의 기점, 즉 일출 전 2.5刻과
일몰 후 2.5刻이다. 그러므로 예컨대 '晝漏上(水)10刻'은 일출 후
2.5+10=12.5刻(180 minutes)이고, '夜漏上(水) 10刻'은 일몰 후 10-2.5=7.5
刻(108 minutes)을 의미한다. 이에 비해 '下'와 '未盡'은 각기 상대의 기점
까지 남은 시간을 의미한다. 예컨대 '晝漏未盡 3刻'은 夜漏가 시작되기까
지 晝는 3刻 남았고, '夜漏未盡 3刻'은 晝漏가 시작되기까지 夜의 시간
이 3刻 남은 시점이라는 것이다. '下'는 '未盡'과 동일한 의미였다. 漏壺
에 삽입하여 水高에 따른 刻을 측정하는 것이 바로 箭인데, 箭에는 기점
0각에서 晝 또는 夜에 해당하는 刻이 눈금으로 표시되었다. 漏刻 48箭은
바로 이와 같이 晝夜의 장단에 따라 각각 刻數가 다른 箭이 사용된 것을
의미한다"(이성규, 「秦漢 帝國의 計時 行政」, 『歷史學報』222, 2014, 06).
이 계산법에 의하면 주루상수 1각은 일출 후 2.5+1=3.5각이 된다.

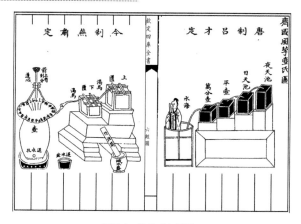

畫漏(송, 楊甲 『六經圖』)

58) "중엄을 청합니다請中嚴" : 당대 황제가 원회 의례나 천지 교사와 같은
대사를 행할 때 의식의 순서에 따라 북을 두드려 의식을 행할 시각과 경
계할 것을 알렸는데, 보통 三嚴이라 하였다. 보통 첫 번째 경계 알림을
'初嚴', 두 번째 알림을 '二嚴' 또는 '중엄'이라고 하며, 세 번째 마지막
알림을 三嚴이라고 하였다. 『舊唐書』 권43 「職官志」2 '門下省·侍中'에
의하면 "대조회나 대제사 때 (시중은) 중엄과 외판을 판주하여 출입의
의절로 삼는다. 어가가 환궁할 때에는 '해엄'을 청하여 예를 마쳤음을 고
하였다. 大朝會·大祭祀, 則板奏中嚴外辦, 以爲出入之節. 輿駕還宮, 則
請解嚴, 所以告禮成也."라고 하였다. 이것을 보면 시중은 중엄-외판-해
엄의 순서대로 의식의 절차를 알리는 임무를 담당하였다. 일반적으로 '中
嚴'이란 中庭을 戒備한다는 뜻이고 '外辦'이란 宮禁을 警衛한다는 뜻이
며, '解嚴'은 앞의 중엄과 외판 경계를 解除한다는 뜻이다. 그런데 '중엄'
의 경우는 상세히 들여다보면 일엄, 이엄(중엄), 삼엄 3단계로 구분되고
각 단계는 북을 두드려 알리고 있다. 이중 중엄에 "請中嚴"이라고 하여
황제 또는 황후, 황태자 등 의례의 주체에게 판주함에 따라 삼엄을 다
언급하지 않고 "請中嚴"으로 삼엄이 진행되었음을 대신하고 있다.(예를
들어 『通典』 「禮」 69 '皇帝冬至圓丘·車駕出宮'조에 "其日, 晝漏上水四

刻, 車駕出宮. 發引前七刻, 搥一鼓爲一嚴. 三嚴時刻, 前一日內侍中奏
裁. 發引前五刻, 搥二鼓爲再嚴. 尙儀版奏：「請中嚴.」司贊設內命婦版
位於皇后所御殿閤外道東, 重行, 西向北上. 內命婦各服其服. 所司陳小
駕鹵簿. 發引前二刻, 搥三鼓爲三嚴. 司贊引內命婦各就位. 六尙以下各
服其服, 俱詣室奉迎. 尙服負璽如式. 內僕進重翟於閤外.」；「禮」76 '皇
帝拜陵' 외 다수)

59) 판주版奏 : 서면으로 상주하는 것을 말한다. 일반적으로 홀에 간단한 메모
를 적어 상주하기 때문에 판주라고 한다.

60) 통사사인通事舍人 : 당대 통사사인은 16인으로 종6품상이다. 원래 통사사
인은 곧 秦代의 謁者에 해당되는 관직이다. 수 초에 알자라는 관직을 없
애고 통사사인 16인을 두었는데 종6품상이었다. 개황 3년(583) (통사사인
의) 예전 (정원)을 늘려 24인으로 하였다. (양제 때) 謁者臺를 다시 두어
통사사인을 通事謁者로 고쳤고, 건국문 밖에 四方館을 만들어 鴻臚寺에
속하게 하여 사방에서 온 사자를 접대하게 하였다. 당에서는 謁者臺를
폐지하고, (통사)알자를 通事舍人으로 고쳐 사방관에 속하게 하고 (또 이
사방관을) 中書省에 속하게 하였다.(『譯註唐六典』, 卷第9 참조) 그러므
로 중서통사사인이라고 한다. 태자 右春坊에도 8인을 두어 정7품하에 제
수하니 이들을 太子通事舍人이라고 하였다. 이처럼 황제와 태자의 朝見
과 上奏의 업무를 각각 관장하였다.

61) 고습褲褶 : '褲'와 '袴'는 통용자이다. 고袴와 褶衣를
조합하여 만든 의복으로, 본래 북방 유목민족의 복식
이었다. '袴'는 바지로서 발꿈치까지 내려오는 긴 옷이
다. '褶'은 추울 때에 위에 덧입는 겹옷이다. 전국시대
에 趙나라 武靈王이 胡服騎射의 군제 및 복제 개혁을
실시할 때 중원 지역에 들어왔다고 한다. 위진남북조
시대에는 광범위하게 유행하여 황제·왕·관리에서 일
반 백성들까지 평상복으로 입었으며, 여자들도 대부분
착용했으며, 또한 朝服으로도 사용되었다. 수나라 때
부터 관리의 공복이 되었으며, 당대에는 平巾幘을 쓸

당대고습(출토도용)

고) "외판外辦"64)이라고 상주한다. 3각에 황제가 곤면袞冕 복장을
하고65) 패옥을 찬다[結佩]. 황제가 탄 가마[乘輿]는 서쪽 방에서 나

때 이 옷을 입었다. '고습'이라는 명칭은 후한 말년에 시작되었다고 한다.
(『중국고대복식사전』, 409쪽 '袴褶' 참조)

62) 『禮記』「玉藻」에 "세자는 군주가 계시면 패옥 소리를 내지 않으니, 왼쪽
은 패옥을 묶어서 소리 나지 않게 하고 오른쪽은 事佩를 차며, 평소 거할
적에는 패옥을 차고 조현할 적에는 패옥을 묶는다.君在不佩玉, 左結佩,
右設佩; 居則設佩, 朝則結佩."라고 하였다. 『예기유편』에는 "右設佩는
패옥을 차는 것을 이른다. 左結佩는, 진호의 주를 따르면 '朝則結佩'는
또한 오른쪽은 事佩를 차고 왼쪽은 패옥을 묶어서 소리 나지 않게 함을
이른다"라고 하였다. 그러므로 여기에서 '結佩'란 찬 패옥을 군왕 앞에서
는 묶어서 소리가 나지 않도록 했음을 의미하니, '패옥을 묶다'로 해석하
였다.

63) 합문閤門 : 閤이란 군주가 거처하는 殿으로 통하는 殿門의 더 안쪽, 즉
황제의 거처 가장 가까이에 설치된 문으로 上閤門이라고도 한다. 신하들
은 이 문을 통해 들어가 군주를 알현하였다. 唐代의 상합문은 보통 황제
가 정무를 보는 태극전의 殿門인 태극문 안쪽 좌우 上閤門을 말한다.
『唐律疏議』권7, 衛禁2, 闌入宮門, 율문3, 2023쪽 "入上閤內者, 絞"의
疏議를 보면 "'上閤의 안'이라는 것은…. 그 문에는 門籍을 두고 금하지
는 않으나, 들어가야 할 경우 勅에 따라 인도되어 들어가야 하며, 함부로
난입한 자는 絞首刑에 처한다.上閤之內, 謂太極殿東爲左上閤, 殿西爲
右上閤, 其門無籍, 應入者準勅引入, 闌入者絞."고 되어 있다.

64) 외판外辦 : 宮禁을 警衛한다는 뜻으로, '중엄'이 의례를 행하는 제실을 포
함한 공간을 경계를 의미한다면 제실 밖의 경계를 의미한다. 황제 이하
공경대신들이 참석한 의례에서 의식의 절차마다 집례자가 절차를 알리는
데, 외판은 중엄 다음의 순서이며, 외판 이후 의식을 마친 뒤에는 '해엄'을
외친다.

65) 곤면袞冕 복장 : 곤면복 일습을 말한다. 6가지 면복 중 '袞冕'을 쓰고 곤면
에 해당되는 상의[玄衣], 하상[纁裳], 중단, 바지, 버선, 신, 大帶, 혁대,

오고 (수레는) 곡직화개曲直華蓋66)를 하며, 경필警蹕하는67) 시위侍

폐슬, 綬, 패옥, 劍, 圭를 갖춘다. 곤면은 12旒에 日·月·星辰을 제외한 나머지 9종류의 무늬를 쓰는데 龍[袞龍=卷龍]이 首章이 되므로 '袞冕'이 라 한다.

면복 일습 구성품

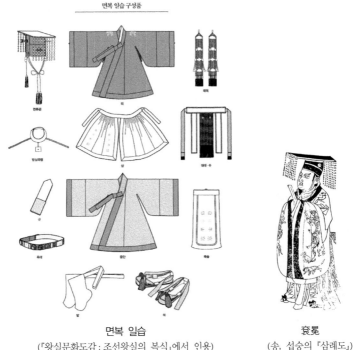

면복 일습
(『왕실문화도감:조선왕실의 복식』에서 인용)

袞冕
(송, 섭숭의 『삼례도』)

66) 곡직화개曲直華蓋 : 曲蓋라고도 한다. 곡개는 두 가지인데, 하나는 곡직 화개 또 하나는 靑曲柄大傘이다. 그 모양은 6각이고, 각기 流蘇(깃발이 나 가마 등에 달던 술)가 있고, 絳羅로 장식하고, 위에 明珠와 금은을 섞어 장식하고 그 자루는 조금 굽었다. 왕이 출입할 때 그것을 받치지 않고 다만 衛軍에게 이것을 잡고 수십 보 앞에 가게 하여 위의를 갖춘다. 그 만듦새는 높이 12척, 너비 6척이다.(『선화봉사고려도경』 제9권 「儀物」 '曲蓋' 참조) 그 기원에 관해서는 晉 崔豹의 『古今注·興服』에 "화개는

衛는 황제의 어좌에 나아가 동쪽을 향해 서고 시신侍臣은 (좌우로) 협시夾侍한다. 1각이 지난 뒤[一刻頃] 시중이 무릎을 꿇고 "시중 신 모, 재실로 나아가길 청합니다"라고 아뢴다. (그러면) 황제는 어좌에서 내려와 재실로 들어가고 문무 시신들은 본청으로 돌아가고 배위 陪位한 자들은 차례로 나온다.

凡豫祀之官, 散齋理事如舊, 唯不弔喪問疾, 不作樂, 不判署刑殺文書, 不行刑罰, 不預穢惡. 致齋, 唯行祀事, 其祀官已齋而闕者攝. 其餘清齋一日.

제사에 참여하는 관리는 산재를 할 때 예전대로 업무를 처리하되 조문이나 병문안하지 않고 풍악을 울리지 않으며 사형과 같은 일에 판서하지 않고 형을 집행하지 않으며[68] 거리낄만한 일에 관여하지 않는다. 치재에는 오직 제사와 관련된 일만 행하며, 제사관이 이미 산재를 지냈는데 결석을 하게 된 경우에는 대행한다. 그 나머지는 청재 1일을 지낸다.

황제가 만들었다. 치우와 탁록에서 전투할 때 항상 오색의 운기가 머물고 금지옥엽이 황제 위에 머물러 마치 꽃이 만개한 모양이었기 때문에 화개를 만든 것이다.華蓋, 黃帝所作也, 與蚩尤戰於涿鹿之野, 常有五色雲氣, 金枝玉葉, 止於帝上, 有花葩之象, 故因而作華蓋也."라고 하였다. 최표의 『고금주』에서는 수레 장식으로 설명하였고 『송회요집고』와 『고려도경』에는 곡개를 의장행렬 노부 중 의장대가 잡고 가는 의장으로 보았다.

67) 경필警蹕 : 帝王이 출행할 적에 경계하고 사람들을 辟除함을 말한다.
68) 『역주당육전』 권제4 「尙書禮部」에는 "죄인을 처벌하지 않는다.不決罰罪人."로 되어 있다.

三曰陳設. 其別有五 : 有待事之次, 有卽事之位, 有門外之位, 有牲器之位, 有席神之位.

세 번째는 진설陳設이다. 진설에는 다섯 가지가 있다. 행사를 기다리며 대기하는 장막[次](의 진설), 행사하는 자리(의 진설), 문 밖의 자리(의 진설), 희생과 제기의 자리(의 진설), 신위를 둘 자리(의 진설)이다.

前祀三日, 尚舍直長施大次於外壇東門之內道北, 南向. 衛尉設文武侍臣之次於其前, 左右相向. 設祀官次於東壇之外道南, 從祀文官九品於其東, 東方·南方朝集使又於其東, 蕃客又於其東, 重行異位, 北向西上. 介公·鄘公於西壇之外道南, 武官九品於其西, 西方·北方朝集使又於其西, 蕃客又於其西, 東上. 【其褒聖侯若在朝, 位於文官三品下.】 設陳饌慢於內壇東西門之外道北, 南向 ; 北門之外道東, 西向.

제사 3일 전, 상사(국)尚舍의 직장直長[69]이 (황제의) 대차大次를

---

69) 상사(국) 직장 : 『역주당육전』 권제11 「殿中省·尚舍局」에 의하면, "봉어는 2인으로 종5품상이다. 『주례』에 장사가 있어 황제가 행행하다가 머무는 곳에서 유·막·역의 일을 관장하였다. … 수 양제가 전내성을 설치하고 전내국을 상사국으로 바꾸었으며 봉어 2인을 두고 정5품으로 하였다. 당은 이를 따랐다. 용삭 2년(662) 봉의대부로 바꾸었다가 함형 원년에 복구하였다. 직장은 6인으로 정7품이며, 수 양제 때 8인을 두었고, 당은 2인을 줄였다. 막사는 8천 인이다. 당에서 설치하였고 공어 및 궁전 안에서 여러 가지 차리고 설치하는 일을 맡았다.尚舍局 : 奉御二人, 從五品上; 周禮有掌舍, 掌行所解止之處帷·幕·幄·帟之事. … 隋煬帝置殿內省, 改殿內局爲尚舍局, 置奉御二人, 正五品. 皇朝因之. 龍朔二年改爲奉扆大

외유外壝 동문東門의 내도內道 북쪽에 설치하는데, 남쪽을 향하게
한다. 위위衛尉(시)[70]는 문무 시신의 (소)차를 그 앞에 설치하고 좌
우 서로 마주보게 한다. 사관祀官의 (소)차는 동유東壝의 외도外道
남쪽에 설치하는데, 제사에 참여하는 문관 9품(의 소차)은 그 동쪽
에, 동방과 남방에서 온 조집사朝集使[71]는 다시 그 동쪽에, 번객蕃客

夫, 咸亨元年復舊. 直長六人, 正七品下; 隋煬帝置八人, 皇朝減二人.
幕士八千人. 皇朝置, 掌供御及殿中雜張設之事."

70) 위위衛尉(시):『역주당육전』권제16「衛尉宗卿寺」에 의하면, "위위는
『한서』「백관표」에 진(秦)의 관으로 궁문에서 경위하고 주둔하는 병사를
관장하였다. … 隋의 위위는 군기·의장·장막을 관장하였기 때문에, 감문
위가 궁문의 주둔 병사를 관장하였다. 양제는 위위경을 종3품으로 내렸고
당은 이를 따랐다. 용삭 2년 사위시정경으로 고쳤다가 함형 연간 복구하
였다. 광택 원년 다시 사위시경으로 했다가 신룡 원년에 복고하였다"라고
하여 원래 궁문을 지키고 주둔 병사를 관장하는 역할을 담당하다가 후대
에는 방국의 기계와 문물에 관한 정령을 담당하게 되어 "위위경의 직무는
방국의 기계, 문물에 관한 정령을 관장하며, 무고·무기·수궁의 세 관서
의 관속을 총괄한다.… 무릇 대제사와 대조회의 경우에는 우의·절월·금
고·유역·인석과 같은 것을 공급한다.衛尉卿之職, 掌邦國器械·文物之
政令, 總武庫·武器·守宮三署之官屬; …凡大祭祀·大朝會, 則供其羽
儀·節鉞·金鼓·帷帟·茵席之屬."라고 한 것과 같이 제사와 조회 때 의
례에 필요한 의장 기물과 천막 등의 공급을 담당하였다.

71) 조집사朝集使:원래 漢代 매년 각 군에서 사신을 경사에 파견하여 1년
동안의 郡政과 財政 상황을 보고한 上計吏가 있었다. 隋唐代에는 이것
을 조집사라고 명칭을 바꾸었다. 이들의 업무는 주로 군정의 보고와 황제
의 원회의례와 봉선례와 같은 예의활동에 지방을 대표하여 참가하는 역
할을 담당하였다.『개원례』에서 조집사가 참가한 의례는 祭天, 太廟·陵
寢 제사, 籍田禮 등 大祀에 속한 것으로 특히 황제가 친제를 행할 때
등장한다. 그중 원회의례에서 조집사가 헌상한 공물과 수반한 공사들의

은 다시 그 동쪽에 설치한다. 2열로 서로 교차하여 설치하는데, 북쪽을 향하게 하되 서쪽을 상석으로 한다. 개(국)공介公과 휴(국)공酅公72)(의 소차)은 서유西壝의 외도外道 남쪽에 설치하는데, 무관武官 9품(의 소차)은 그 서쪽에, 서방과 북방에서 온 조집사는 또 그(무관 9품) 서쪽에, 번객은 다시 그(서방과 북방의 조집사) 서쪽에 설치하고 동쪽을 상석으로 한다.【포성후褒聖侯73)가 만약 조정에 있을 경우는 문관 3품의 아래에 자리한다.】제물과 천막은 내유內壝 동문과 서문의 외도 북쪽에 남쪽을 향하게 하고, (내유) 북문의 외도 동쪽에 서쪽을 향하게 하여 진설한다.

위차 배열은 경관, 조집사, 번사의 순서에 따라 배열하여 조정과 속지의 공납종속 관계를 드러내 천하질서를 은연중에 내포하고 있다.

72) 개(국)공介公과 휴(국)공酅公 : 이전 왕조의 후예를 가리키는 二王後에게 수여한 작위를 말한다. 武周 天授 元年에 측천무후는 介國公 제도를 폐지하고 다시 周와 漢의 후예를 二王後로 삼고 舜, 禹, 湯의 후예를 三恪으로 삼았다. 神龍 元年에 中宗은 武周의 二王三恪제도를 폐지하고 다시 北周와 隋의 후손을 二王後로 삼았다. 天寶 七載 五月에 玄宗은 北魏의 후예 元伯明을 韓國公에, 北周의 후손을 介國公에, 隋의 후손을 酅國公에 봉하였다. 天寶 九載 九月에 다시 商, 周, 漢의 후손을 三恪에 임명하였다.

73) 포성후褒聖侯 : 공자의 후손에게 내린 작위이다. 전한 元始 元年에 공자 16대손인 孔均을 포성후에 임명한 적이 있었고, 그뒤 崇聖侯, 恭聖侯 등의 작명으로 불리다가 당대 들어와 고조 무덕 9년에 다시 포성후라 작명을 사용하였다. 武周와 開元 연간 초까지 공자의 후손에게 포성후 작위를 임명하였다. 개원 17년 공자를 文宣王으로 추증하면서 그 후손에게도 文宣公이란 작위를 하사하였다.

明日, 奉禮郎設御位於壇之東南, 西向 ; 望燎位當柴壇之北, 南向 ; 祀官公卿位於內壝東門之內道南, 分獻之官於公卿之南, 執事者又於其後, 異位重行, 西向北上. 御史位於壇下, 一在東南, 西向 ; 一在西南, 東向. 奉禮郎位於樂縣東北, 贊者在南, 差退, 皆西向. 又設奉禮郎·贊者位於燎壇東北, 西向. 皆北上. 協律郎位於壇上南陛之西, 東向. 太樂令位於北縣之間, 當壇北向. 從祀文官九品位於執事之南, 東方·南方朝集使又於其南, 蕃客又於其南, 西向北上. 介公·酅公位於中壝西門之內道南, 武官九品又於其南, 西方·北方朝集使又於其南, 蕃客又於其南, 東向北上. 所以卽而行事也.

다음날, 봉례랑奉禮郎[74]이 어위御位[75]를 제단 동남쪽에 설치하고 서쪽을 향하게 한다. (천자의) 망료위望燎位[76]는 시단柴壇[77]의

---

74) 봉례랑奉禮郎 : 태상시 소속이며 종9품상으로 2인을 두었다. 漢代 대홍려 소속 治禮郎 37인을 두었으며 수대 들어와 봉례랑으로 명칭을 고쳤다. 당대 무덕 연간에 치례랑으로 다시 고쳤다가『舊唐書』권4「高宗本紀」에 의하면, 貞觀 23년 5월 太宗이 세상을 떠나고 6월 皇太子 李治가 즉위하면서 피휘하여 治禮郎을 奉禮郎으로 고쳤다. 贊者를 인솔하여 해당 사무를 진행하는 일을 관장하였다.(『역주당육전』권제14「太常寺」참조)

75) 어위御位 : 천자의 자리, 즉 어좌를 말한다.

76) 망료위望燎位 : 天 제사나 종묘, 문묘 제사 후 희생과 옥백 등을 태우는 것을 천자가 지켜보는 자리이다. 地 제사의 경우는 희생과 옥백을 묻기 때문에 망예위望瘞位라고 한다.

77) 시단柴壇 : 燔柴의 예를 행하는 제단을 말한다. 번시의 예는 단 위에 땔나무를 쌓고, 그 위에 희생과 옥백을 올려놓아 불을 지펴서 연기가 위로 올라가 하늘에 닿도록 하는 것을 말한다.『爾雅』「釋天」에 "하늘에 제사 지내는 것을 燔柴라고 한다.祭天曰燔柴."고 하였고,『禮記』「祭法」에

북쪽에 자리하며當柴壇之北78) 남쪽을 향하게 한다. 사관祀官인 공경의 자리는 내유內壝 동문의 내도內道 남쪽에 두며 분헌分獻79)의 관은 공경의 남쪽에, 집사자執事者는 그 뒤에 자리를 달리하여 두 줄로 서도록 하는데, 서쪽을 향하게 하며 북쪽을 상석으로 한다. 어사御史의 자리는 제단 아래에 설치하는데, 한쪽은 동남쪽에 서쪽을 향하고 한쪽은 서남쪽에 두고 동쪽을 향하게 한다. 봉례랑의 자리는 악현樂縣80)의 동북쪽에 두고 찬자贊者의 자리는 남쪽에 두는

"泰壇에 땔나무를 쌓아 (옥백과 희생을 올려놓고) 불태우는 것은 하늘에 제사하는 것이다.燔柴於泰壇, 祭天也."라고 하였다. 시단은 보통 제단의 남쪽[丙地]에 둔다.["梁南郊, 太史設柴壇於丙地. 皇帝齋於萬壽殿, 乘玉輅, 備大駕以行禮."(『隋書』권6「禮儀志」1) "又爲燎壇於中壝之外, 當丘之丙地."(『隋書』권6「禮儀志」1)] 『당육전』에는 '燎壇'으로 되어 있다. 『唐六典』권제14「太常寺·郊社令」"兩京郊社署 : 令各一人, 從七品下. 丞一人, 從八品上. 府二人, 史四人, 典事三人, 掌固五人, 門僕八人, 齋郎一百一十人. 郊社令掌五郊社稷明堂之位, 祠祀祈禱之禮. 丞爲之貳. 凡大祭祀, 則設神坐於壇上而別其位, 立燎壇而先積柴. 凡有合朔之變, 則置五兵於太社, 以朱絲縈之以俟變, 過時而罷之."

78) 시단의 북쪽에 자리하며當柴壇之北 … :『조선왕조실록』세조실록 6권, '세조 3년 1월 15일 경진 1번째 기사'에는 "設望燎位於柴壇之北南向" 이 구절을 면복을 입고 원구에서 제천할 때 의례를 설명하는 과정에서 해당 기사를 이와 같이 기술하였다. 즉『신당서』의 '當' 자는 '當東榮'처럼 '마주하다'의 의미가 아니라 ' … 에 해당하다'로 해석하였다.

79) 분헌分獻 : 제사 때 주신과 짝하여 배사되는 대상에게 헌주하는 것을 말한다. 예를 들자면 교사의 경우, 호천상제에 교사할 때 고조를 배사하는데, 이때 호천상제에 헌주하는 것을 正獻, 고조의 배사에 헌주하는 것을 分獻이라고 하고 헌주를 담당했던 관리도 구분하여 분헌관이라고 하였다.

80) 악현樂縣 : 천지 제사나 종묘 제사 때 종과 경 등 악기를 신분과 의례 종

데, 조금 물러나 있으면서 모두 서쪽을 향하게 한다. 또 봉례랑과 찬자의 자리를 요단燎壇[81] 동북쪽에 설치하고 서쪽을 향하게 한다.

류에 따라 수량과 설치 방위에 따라 등급을 규정하는 제도이다.『周禮』「春官·大司樂」에 "악현의 위치를 담당한다. 왕은 궁현, 제후는 헌현, 경 대부는 판현, 사는 특현이다.正樂懸之位︓王宮懸, 諸侯軒懸, 卿大夫判懸, 士特懸."라고 하였다. 陳暘은『樂書』권45에서『주례』의 위 문장을 "궁현은 사면에 설치하여 궁실을 상징한다. 헌현은 그 남쪽이 비어 있다. 판현은 동과 서로 나뉜 모양이다. 특현은 한 줄뿐이다.宮懸四面象宮室…︔軒懸闕其南…︔判懸東·西之象…︔特懸則一肆而已."라고 하였다. 역대 해석이 각각 다른데, 杜子春은 1줄에 16종류의 악기를 진열한다고 보았고 鄭玄은 32종류의 악기를 진열한다고 보았다.

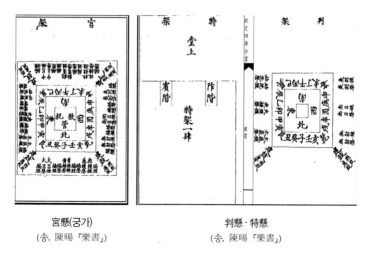

宮懸(궁가)
(송, 陳暘『樂書』)

判懸·特懸
(송, 陳暘『樂書』)

81) 요단燎壇︓요단은 천신 이하 천상의 신들에 제사지낼 때 연기를 피워 올려 제사를 지내는데, 이때 희생에 사용되었던 일부를 태우는 장소를 말한다.『周禮』「春官·大祝」에 "대 인사, 사향, 제시에 명수와 명화를 잡고 축을 호령한다.凡大禋祀·肆享·祭示, 則執明水火而號祝."에 대한 鄭玄의 注에 "인사는 천신에 제사하는 것이다.禋祀, 祭天神也." 賈公彦은

모두 북쪽을 상석으로 한다. 협률랑[協律郎82)]의 자리는 제단 위 남쪽 계단의 서쪽에 두는데, 동쪽을 향하게 한다. 태악령[太樂令83)]의 자리는 북쪽 악현[北縣] 사이에 두는데 제단과 일직선상에 설치하고 북쪽을 향하게 한다. 제사에 종사하는 문관 9품의 자리는 집사의 남쪽에 두고, 동방과 남방에서 온 조집사의 자리는 그 남쪽에 두며, 번객蕃客은 또 그 남쪽에 두고 서쪽을 향하고 북쪽을 상석으로 한다. 개(국)공과 휴(국)공의 자리는 중유[中壝] 서문의 내도內道 남쪽에 두고 무관 9품의 자리는 그 남쪽에, 서방과 북방에서 온 조집사의 자리는 무관의 남쪽에 두며 동쪽을 향하고 북쪽을 상석으로 한다. 이와 같은 규정에 따른 자리에서 각자 맡은 바 임무를 거행한다.

「大宗伯」의 소에서 호천일 경우는 인사禋祀라고 하고 일월일 경우는 실시實柴라 하며, 사중 등일 경우는 유요槱燎라고 한다. 이 모든 것을 통틀어 인사라고 하는데, 이 세 가지 예는 모두 인의 뜻이 들어 있으니, 인사가 천신 제사라고 하는 데에는 성신 이하의 신들에게 지내는 제사도 포함된다.(전현, 『삼례사전』 '禋祀' 항목 참조) 요단의 형태에 대해서 『신당서』 「예악지」2에서는 대사(너비 1장, 높이 1장 2척, 호戶의 사방이 6척), 중사(너비 8척, 높이 1장, 호의 사방이 3척), 소사(너비는 5척이고 호의 사방이 2척)의 요단을 구분하고 있다.

82) 협률랑協律郎 : 협률랑은 2인으로 정8품상이다. 대제사와 향연 때 (전)정에서 음악을 연주할 경우 (협률랑은) 당에 올라 깃발을 잡아 지휘한다. 깃발을 들어 축을 친 연후에 음악이 시작되며, 깃발을 내리고 어를 두드린 연후에 그친다.(『역주당육전』 권제14 「태상시 · 협률랑」)

83) 태악령太樂令 : 태악서 소속이며 영은 1인으로 종7품하이다. 악인을 교육시켜 악기의 음계와 성율을 조절하고 조화롭게 하여 나라의 제사 및 향연 때 연주하는 일을 관장한다.(『역주당육전』 권제14 「태상시 · 태악령」)

又設祀官及從祀群官位於東西壝門之外, 如設次, 所以省牲及祀之日將入而序立也.

또한 사관祀官과 종사從祀하는 여러 관리들의 자리는 동유와 서유 문 밖에 차次[장막]를 설치할 때와 같은 위치에 마련하고 성생省牲(희생을 점검하는 의식)의 날과 제사 당일에 안으로 들어와 차례대로 선다.

設牲牓於東壝之外, 當門西向. 蒼牲一居前, 又蒼牲一·又靑牲一在北, 少退南上. 次赤牲一·次黃牲一·白牲一·玄牲一·又赤牲一·白牲一在南, 少退北上. 廩犧令位於牲西南, 祝史陪其後, 皆北向. 諸太祝位於牲東, 各當牲後, 祝史陪其後, 西向. 太常卿位於牲前少北, 御史位於其西, 皆南向.

생방牲牓[84](희생의 이름표)은 동유 바깥에 설치하고 문에서(문을 기준으로) 서쪽을 향하게 한다. 창생蒼牲 1마리를 앞에 두고 이어 또 창생 1마리, 청생靑牲 1마리는 북쪽에 두되 조금 물러나서 남쪽을 상석으로 하여 둔다. 그 다음 적생赤牲 1마리를 두고 그 다음에 황생黃牲 1마리, 백생白牲 1마리, 현생玄牲 1마리를 두고 이어 다시 적생赤牲 1마리, 백생白牲 1마리를 남쪽에 두되, 조금 물러나서 북쪽을 상석으로 하여 둔다. 늠희령廩犧令[85]의 자리는 희생의 서남쪽에 설

---

84) 생방牲牓 : 희생으로 쓸 소·양·돼지를 검사할 때에 잡아매기 위하여 말뚝을 박고 그 이름을 각각 써 붙인 방, 즉 이름 패찰이다. '牲榜'으로도 쓴다.

85) 늠희령廩犧令 : 太常寺 廩犧署의 수장으로 종8품이다. 제사에 쓰는 犧

치하고 축사祝史86)는 늠희령 뒤에 배종陪從하는데, 모두 북쪽을 향하게 한다. 태축太祝들의 자리는 희생의 동쪽에 두되, 각각 희생의 뒷부분에 있게 하고 축사들은 태축 그 뒤에 배종하며 서쪽을 향한다. 태상경太常卿의 자리는 희생 앞부분에서 약간 북쪽에 있는 곳에 설치하고, 어사의 자리는 태상경의 서쪽에 설치하며, 모두 남쪽을 향하게 한다.

又設酒尊之位. 上帝, 太尊‧著尊‧犧尊‧山罍各二, 在壇上東南隅, 北向 ; 象尊‧壺尊‧山罍各二, 在壇下南陛之東, 北向, 俱西上. 配帝, 著尊‧犧尊‧象尊‧山罍各二, 在壇上, 於上帝酒尊之東, 北向西上. 五帝‧日‧月各太尊二, 在第一等. 內官每陛間各象尊二, 在第二等. 中官每陛間各壺尊二, 在第三等. 外官每道間各概尊二, 於下壇下. 衆星每道間各散尊二, 於內壝之外. 凡尊, 設於神座之左而右向.【尊皆加勺羃, 五帝‧日‧月以上, 皆有坫, 以置爵也】設御洗於午陛東南, 亞獻‧終獻同洗於卯陛之南, 皆北向. 罍水在洗東, 篚在洗西, 南肆.【篚, 實以巾爵也】分獻, 罍‧洗‧篚‧羃各於其方陛道

牲과 제기에 담는 곡물에 관한 일을 관장하였다. 『역주당육전』 권제14 「태상시‧늠희서」에 의하면, "무릇 대제사의 경우 (늠희령은) 태축과 더불어 희생을 지정된 위치[牓位]에 올리고, 태상경이 희생을 살필 때 북면하여 희생의 양호함[腯]을 알리며, 연후에 희생을 이끌고 태관에게 주어 사용하게 한다.凡大祭祀, 則與太祝以牲就牓位; 太常卿省牲, 則北面告腯, 乃牽牲以授太官而用之."고 하였다.

86) 축사祝史 : 역시 태상시 소속이며, 유외관으로 祝史 6인을 두었다. 진대에는 太祝令史로 30인을 두었으며, 수대에는 16인으로 두었는데, 당대 무덕 연간에 12인을 두었다가 개원 연간에는 6인으로 축소하였다.

之左, 內向. 執尊·罍·篚·冪者, 各立於其後. 玉幣之篚於壇上下尊坫之所.

그리고 주준酒尊(술동이)의 자리를 설치한다. (호천)상제에는 태준太尊[87]·착준著尊[88]·희준犧尊[89]·산뢰[山罍][90] 각각 2개씩 제단 위

太尊
(섭숭의, 『삼례도』)

87) 태준太尊 : 聶崇義의 『三禮圖』 권14 「尊彝圖」에 의하면, "太尊은 용량이 5두이다. 『주례』 「春官·司尊彝」에 '追享과 朝享 때 朝踐의 예를 행할 때 2개의 태준을 사용한다'라고 하였다. 하나에는 玄酒를 담고 또 다른 하나에는 醴齊를 담는다. 정현의 주에서는 "太尊은 태고 시절 질그릇으로 만든 술동이다. 『禮記』 「明堂位」에 '태(준)은 有虞氏 때 술동이'라고 하였다.太尊受五斗. 『周禮』 「司尊彝」云, "追享·朝享, 其朝踐用兩太尊." 一盛玄酒, 一盛醴齊. …注云, "太尊, 太古之瓦尊也. 「明堂位」曰, '泰, 有虞氏之尊也.'"

88) 착준著尊 : 다리가 없어 땅에 붙어 있는 술동이를 말한다. 『삼례도』에 의하면, "용량이 5斗이며 그 속은 붉은 색으로 칠한다. 옛 『삼례도』에 붉은 색의 띠를 두른 것이 있는데, 그것은 概尊과 상관 있고, 아마도 착준의 형식은 아닌 것 같다"고 하였다. 『주례』 「춘관·사준이」에 "(종묘) 가을 제사[嘗]와 겨울 제사[烝] 때 朝獻의 경우 2개의 착준을 사용한다. 하나에는 현주를, 또 하나에는 醴齊를 담는다"고 하였다. 獻尊과 象尊의 형태나 제작방식 그리고 용량은 모두 같지만 다리와 장식이 없을 뿐이다.

89) 희준犧尊 : 『삼례도』 권14 「준이도」에 의하면, 『禮記』 「禮器」에 "묘당의 위에 犧尊은 서쪽에 둔다"라고 하였고, 그 정현의 주에서는 "犧는 『주례』에 '사[獻]'로 되어 있다."라고 하였다. 또한 『詩』 「頌」 毛傳에는 "沙羽를 사용하여 술동이를 장식한다"라고 하였다. 즉 희준은 주나라 때 술동이이며, 명칭이 '희'가 아닌 '사'라고 하였다. 형태에 관해서도 술동이에 소를

著尊
(섭숭의, 『삼례도』)

동남 모서리에 두며 북쪽을 향하게 한다. 상준象尊[91)]·호준壺尊[92)]·

그려넣어 장식하였다고 한 阮諶과 등에 뚜껑을 내어 만든 소의 형태로
된 술동이로 본 王肅의 설로 나뉜다.

犧尊
(송, 섭숭의, 『삼례도』)

犧尊
(朱熹, 『紹熙州縣釋奠儀圖』)

90) 산뢰山罍 : 산준山尊이라고도 한다. 용량은 5두이다.
『주례』「춘관·사준이」에 의하면 "追享과 朝享 제사
에 再獻의 예를 행할 때 2개의 산준을 쓴다"라고 하였
다. 하나는 玄酒를, 또 하나는 盎齊를 담는다. 정현의
주에서 "山尊은 山罍이다. 『예기』「明堂位」에 '山罍
는 夏后氏의 술동이'라고 하였다. 산준은 또한 그림을
새겨 그려 넣었는데, 산과 구름의 형상"이라고 하였다.

山罍(尊)
(섭숭의, 『삼례도』)

91) 상준象尊 : 희준과 마찬가지로 정현은 "상준은 상아로 술동이를 장식한"
것으로 보았다. 梁正과 阮諶은 코끼리를 그려 넣어 술동이를 장식한 것으
로 보았다.

象尊(『삼례도』)

象尊(주희, 『석전의』)

92) 호준壺尊 : 호리병 모양의 술동이이며, 용량은 5두이다. 『주례』「춘관·사
준이」에 의하면, "가을 제사[嘗]와 겨울제사[烝]에 饋獻의 예를 행할 때

산뢰 각각 2개씩 제단 아래 남쪽 계단의 동쪽에 두고 북쪽을 향하게 하며 모두 서쪽을 상석으로 한다. 배사제[93]는 착준·희준·상준·산뢰 각각 2개씩 제단 위의 (호천) 상제의 주준 동쪽에 두며 북쪽을 향하게 하고 서쪽을 상석으로 한다. 오제五帝·일日·월月은 각각 태준 2개씩 (제단의) 제1단에 둔다. 내관內官은 계단 사이마다 각각 상준 2개씩 두는데, 제2단에 둔다. 중관中官은 계단들 사이에 각각 호준 2개씩 제3단에 둔다. 외관外官은 길 사이에 각각 개준槪尊[94] 2

두 개의 호준을 사용한다"라고 하였다. 정현은『좌전』「昭公 15年」의 기사를 인용하여 '노나라 호준이다.尊以魯壺.'라고 하였다.

壺尊(『삼례도』)　　壺尊(주희,『석전의』)

93) 배사제配祀帝 : 호천상제에 제사를 지낼 때 황제의 조상 중 호천상제에 걸맞는 선제를 짝하여 제사지내는데, 이것을 배제 혹은 배사제라고 한다. 예를 들어 동지 호천 상제 제사 때 고조를 배사한 경우가 그러하다.

94) 개준槪尊 : 가운데 배 부위를 붉은 띠로 장식하여 두른 술동이를 말한다. 섭숭의의『삼례도』「삼례목록」에 의하면 "산림과 천택을 제사할 때에는 개준을 사용한다"고 하였고, 그 근거는『주례』「春官·鬯人」에 "종묘에서는 脩[卣] 술동이를 사용하고, 무릇 산천과 사방에 제사지낼 때에는 蜃 술동이를 사용하고, 무릇 산림에 제사지낼 때에는 槪 술동이를 사용하고, 무릇 사방의 작은 신들에게

槪尊
(『삼례도』)

제사지낼 때에는 散 술동이를 사용한다.廟用脩, 凡山川·四方用蜃, 凡祼事用槪, 凡䡙事用散."고 한 데 따른 것이다.『개원례』에서 동지 원구 천

개씩 하단下壇 아래에 둔다.95) 중성衆星은 길 사이에 각각 산준散尊96) 2개씩 내유의 바깥에 둔다. 모든 주준은 신좌神座의 왼쪽에 두고 오른쪽을 향하게 한다.【주준에는 모두 국자와 덮개[勺冪]97)를 갖추며,

---

제사에 외관과 중성 신좌에 사용하는 것과는 차이가 난다는 것을 지적하고 있다.

95)『역주당육전』권제4「尙書禮部」에 관련 기사가 보이는데, "동지에 원구에서 호천상제에 제사지내고 고조를 배사한다.…壇의 第2等에서는 內官 55坐를 제사지내고, 第3等에서는 中官 159坐를 제사지내며, 內壝의 안쪽에 外官 150坐와 衆星 360坐를 제사지낸다.冬至祀昊天上帝於圜丘, 以高祖配焉. 又祀內官五十五坐於壇之第二等, 又祀中官一百五十九坐於壇之第三等; 又祀外官一百五坐·衆星三百六十坐於內壝之內."라고 내관은 55좌, 중관은 159좌, 외관은 105좌 그리고 중성 360좌라고 하였다. 그런데『신당서』「예악지」1에는 외관은 제단 최하층 아래라고 한 데 반해『당육전』에서는 외관과 중관 모두 내유 바깥이라고 한 점이 다르다.

96) 산준散尊 : 형태나 용량은 개준과 똑같은데, 칠을 했지만 문식이 없는 술동이를 말한다.

散尊
(『삼례도』)

97) 삭멱勺冪 : 삭과 멱을 말한다. 삭은『禮記』「明堂位」에 "하후씨는 용삭, 은나라는 소삭, 주나라는 포삭을 썼다.其勺, 夏后氏以龍勺, 殷以疏勺, 周以蒲勺."라고 하였는데, 여기에서 勺은 술을 뜨는 국자를 말한다. 술동이[尊]에는 술을 뜨는 국자와 덮개[冪]가 세트로 구성되어 있다. 정현주에 "勺, 市灼反", 즉 발음이 '삭'이라 하였고『周禮』「冬官考工記·梓人」주에도 "勺, 上灼反"이라고 하여 '삭'으로 발음한다. 천자 이하 제후, 사대부 등 신분 등급에 따라 勺과 冪의 모양과 문양이 달라진다. 멱은 술동

오제五帝·일日·월月 이상은 모두 점坫(받침대)98)을 두며 여기에 술잔[爵]을 놓는다.】어세御洗(황제가 손 씻는 그릇)99)는 남계[午陛]의 동남쪽에, 아헌과 종헌이 함께 사용하는 세洗는 동계[卯陛]의 남쪽에 두며 모두 북쪽을 향하게 한다. 뇌수罍水100)는 세洗의 동쪽에, 비篚(광주리)101)는 세의 서쪽에 두고 남쪽으로 진열한다. 【비篚에는 수건과 술잔

이와 세발솥을 덮는 덮개를 말한다.

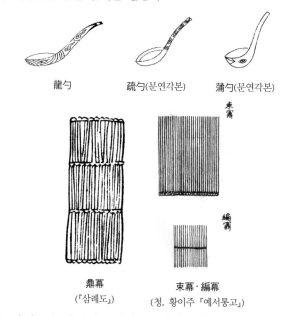

龍勺   疏勺(문연각본)   蒲勺(문연각본)

鼎冪
(『삼례도』)

束冪·編冪
(청, 황이주 『예서통고』)

98) 점坫 : 술잔 또는 술동이를 받치는 받침대를 말한다. 제사에 쓸 작을 준비하여 놓거나, 헌작하고 도로 작을 놓거나 할 때 바닥에 설치하여 작이 기울어지는 것을 방지하기 위해 설치한다. 「삼례도목록」에 "禮文에는 받침대[坫]에 두 가지가 있다. 술잔을 되돌려놓는 받침대[反坫]는 작고, 홀[圭]을 떠받치는 받침대는 크다"라고 하였다. 『삼례도』 권14 「尊彝圖」에 '爵坫'에는 전체 높이가 1척이라 하였는데, 『開元儀監』이나 『五禮正義』에는 3척으로 되어 있다.

爵坫(『삼례도』)

祝板坫(『석전의』)

99) 어세御洗 : 세는 의례를 행하기 전에 손을 씻거나 술
잔을 헹군 물을 받는 그릇이다. 『의례』「士冠禮」에
"세를 동쪽 추녀와 마주하도록 하여 진설한다(設洗,
直于東榮)"고 하였고, 이에 대해 정현의 주는 "'直'
은 마주한다[當]는 뜻이다. '洗'는 손이나 술잔 씻은
물을 받는 것으로, 물을 버리는 그릇이다"라고 하여
물받이 그릇으로 해석하였고, 가공언의 疏에서는
"손을 씻거나 술잔을 씻을 때, 물이 지면을 더럽힐
것을 염려하여 洗로 씻은 물을 받아서 버린다"라고
하여 역시 물받이 그릇으로 해석하였다. 또한 섭숭
의는 『삼례도집주』에서 "禮文에는 군주와 신하가
향례·연례·관례·혼례·상례·제례·향음례·향사
례·대사례·賓射禮를 행할 때 신하는 세를 진설한

洗(『삼례도』)

洗(주희, 『석전의』)

후 세가 있는 곳으로 나아가며, 시동과 군주는 존귀하여 세를 진설하지만
세가 있는 곳으로 나아가지 않고 특별히 盤(물받이그릇)과 匜(물주전자)
를 진설한다고 되어 있다"라고 하여, 세가 있는 곳까지 직접 나아가느냐
를 가지고 군주와 신하를 구분하고 있다. 반면 『개원례』에서는 군주가 사
용하는 세를 '어세'라고 하고 남계의 동남쪽에 설치하고 아헌과 종헌이
사용하는 것은 단지 '세'라 하고 동계의 남쪽에 두는 것으로 위치를 달리
하여 구분하고 있다. 세의 형태와 기능에 관해서는 역대 경학가들 사이
해석이 다른데, 주희의 『소희석전의도』의 '세'와 섭숭의의 『삼례도집주』
세는 형태가 완전히 다르다.

을 채워둔다.】분헌分獻102)의 경우 뇌罍·세洗·비篚·멱冪은 각각 해

---

100) 뇌수罍水 : 세뢰를 말한다. 섭숭의의 『삼례도집주』에 의하면, "대개 罍 (물 항아리), 洗(물받이 항아리) 그리고 물을 뜨는 枓(물을 푸는 구기)는 모두 같이 진설한다. 이제 살펴보건대 『의례』의 「사관례」·「사혼례」·「향 음주례」와 「향사례」 그리고 「특생궤사례」 등 여러 편에는 모두 단지 '水' 라고 말했지 '罍'를 말하지 않았다. 「燕禮」와 「大射禮」에는 罍水라고 말했지만 아울러 枓를 말하지 않았다. 「소뢰궤사례」에서만 '司宮은 罍 水를 洗의 동쪽에 진설하는데, 枓가 있다'라고 하였다." 이와 같이 '뇌수' 는 손 씻을 물을 담은 항아리, 즉 세뢰를 말한다. 세뢰 역시 섭숭의의 『삼례도집주』와 주희의 『석전의』와 많이 차이가 난다.

洗罍(『삼례도』)   洗罍(주희, 『석전의』)

101) 비篚 : 대나무로 만든 광주리이다. 『의례』 「사관례」에 "비에는 勺, 觶, 角, 枷를 담아 둔다"고 하였고, 「소뢰궤사례」에도 "勺과 爵, 觚, 觶 등 술잔 을 비에 담는다"라고 하여, 술을 뜨는 국자나 술잔 등을 담았다. 이외에 도 『의례』 「士虞禮」에는 성대하게 차린 음식을 담는 비도 있어서 음식 을 보호하기 위해 덮개가 딸린 것도 있다. 그밖에 손의 물기를 씻는 수건 을 담는 비도 있다.

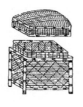 

篚(『삼례도』)   篚(주희, 『석전의』)

당되는 방위의 계단과 도로의 왼쪽에 두고 안쪽을 향하게 한다. 준尊·뇌罍·비篚·멱冪을 담당하는 자들은 각자 그 뒤에 선다. 옥폐玉幣를 담는 비篚는 제단의 위아래 술동이 받침대가 있는 곳에 둔다.

前祀一日, 晡後, 太史令·郊社令各常服, 帥其屬升, 設昊天上帝神座於壇上北方, 南向, 席以稿秸. 高祖神堯皇帝神座於東方, 西向, 席以莞. 五方帝·日·月於壇第一等, 靑帝於東陛之北, 赤帝於南陛之東, 黃帝於南陛之西, 白帝於西陛之南, 黑帝於北陛之西, 大明於東陛之南, 夜明於西陛之北, 席皆以稿秸. 五星·十二辰·河漢及內官五十有五於第二等十有二陛之間, 各依其方, 席皆內向. 其內官有北辰座於東陛之北, 曜魄寶於北陛之西, 北斗於南陛之東, 天一·太一皆在北斗之東, 五帝內座於曜魄寶之東, 皆差在前. 二十八宿及中官一百五十有九於第三等, 其二十八宿及帝座·七公·日星·帝席·大角·攝提·太微·太子·明堂·軒轅·三台·五車·諸王·月星·織女·建星·天紀等一十有七皆差在前. 外官一百有五於內壝之內, 衆星三百六十於內壝之外, 各依方次十有二道之間, 席皆以莞.

제사 하루 전날 포포시[103] 이후에 태사령太史令과 교사령郊社令[104]은 평복[常服]을 입고 그 속관들을 이끌고 제단에 올라 호천상

---

102) 분헌分獻 : 호천상제 제사 때 배사되는 선조에게 헌주하는 것을 말한다. 예를 들어 동지 호천상제에 제사할 때 고조를 배사하는데, 고조에게 헌주하는 것을 호천상제에 대비하여 '분헌'이라고 한다.

103) 포포 : 申時, 즉 오후 4시 이후 저녁 무렵을 말한다.

104) 교사령郊社令 : 太常寺의 속관부인 兩京郊社署 소속이다. 관직은 종7

제의 신좌를 제단 위 북방에 설치하는데, 남쪽을 향하게 하며 마른 볏짚[稿秸]으로 만든 자리[활석越席][105]에 둔다. 고조 신요황제의 신좌는 동방에 설치하는데, 서쪽을 향하게 하며 왕골로 만든 자리[莞席][106]에 둔다. 오방제五方帝·일日·월月(의 신좌)는 제단 맨 위 첫 번째 단에 둔다. 청제는 동쪽 계단 북쪽에, 적제는 남쪽 계단 동쪽에, 황제는 남쪽 계단 서쪽에, 백제는 서쪽 계단 남쪽에, 흑제는 북

품하이다. 교사령은 郊廟·社稷의 位를 관장한다.

105) 마른 볏짚[稿秸]으로 만든 자리[활석越席] : '활석'은 흔히 부들로 엮어 만든 자리를 말한다. 『左傳』「桓公 2年」에 "是以清廟茅屋, 大路越席"라고 하였고 그 주에 "越席, 結草爲席也"라고 하였다. 越은 음이 活이다. 또 『禮記』「禮器」에 "大圭는 곱게 무늬를 새기지 않고, 太羹은 간을 맞추지 않고, 大路는 소박한 데다가 부들자리를 깔고(越席), 犧尊은 거친 삼베로 위를 덮고 白理木으로 만든 구기를 쓰니, 이것은 소박함을 귀하게 여기는 것이다.有以素爲貴者, 至敬無文, 父黨無容. 大圭不琢, 大羹不和, 大路素而越席, 犧尊疏布鼏, 樿杓. 此以素爲貴也."라고 하였듯이, 대례에는 오히려 질박함을 더 귀히 여긴다는 뜻이다

越席(송, 진상도, 『예서』)

106) 왕골로 만든 자리[莞席] : '완석'은 왕골로 엮어서 만든 자리이다. 왕골은 부들의 일종으로 부들보다 좀 더 섬세한 풀이다. 『周禮』「春官·司几筵」에 천자에게는 5석이 있는데, 莞席은 왕골로 짠 자리이고 藻席은 마름으로 짠 자리이고 次席은 桃枝竹으로 짠 자리이고 蒲席은 부들로 짠 자리이고 熊席은 곰 가죽으로 만든 자리라고 하였다.

쪽 계단 서쪽에 두고,[107] 대명大明[108]은 동쪽 계단 남쪽에, 야명夜明[109]은 서쪽 계단 북쪽에 설치하고 마른 볏짚으로 만든 자리에 둔다. 오성五星[110]·십이신十二辰[111]·하한河漢과 내관內官 성좌星座 55개의 자리는 두 번째 단의 12개의 계단 사이에 각각의 방위에 맞게 설치하는데, 자리는 모두 안쪽을 향하게 한다.

내관內官(성좌 紫微垣) 중 북신좌北辰座는 동쪽 계단 북쪽에, 요백보曜魄寶는 북쪽 계단 서쪽에, 북두北斗는 남쪽 계단 동쪽에, 천일天一·태일太一은 북두 동쪽에, 오제五帝 내좌內座[112]는 요백보의 동쪽에 두는데, 모두 앞쪽에 어긋나게 둔다. 이십팔수와 중관中官 159개(성좌 太微垣)는 세 번째 단에 두는데, 이십팔수와 제좌帝座·칠

---

107) 앞에서 말한 오방제, 즉 동방 청제, 남방 적제, 서방 백제, 북방 흑제의 자리를 설명한 것이다.

108) 대명大明 : 앞에서 언급한 해[日]를 신격으로 높여 부른 말이다.

109) 야명夜明 : 대명과 마찬가지로 달[月]을 신격으로 높여 부른 말이다.

110) 오성五星 : 목·화·토·금·수 오대 행성을 말한다. 즉 동방 세성, 남방 형혹성, 중앙 진성, 서방 태백, 북방 辰星이다.

111) 십이신十二辰 : '辰'의 본래 의미는 해와 달이 교차하는 지점을 뜻한다. 『左傳』「昭公 7年」에 "日月之匯是謂辰"이라고 하였다. 1년을 12개월로 나누었을 때 태양이 머무는 위치를 뜻한다. 자·축·인·묘·진·사·오·미·신·유·술·해 地支로 표기하고 여기에 각각 해당되는 고유의 명칭인 星紀가 있다.

112) 오제내좌五帝內座 : 내관 즉 紫微垣의 星官 중 하나로 위치는 화개와 북극성 사이에 있으며, 다섯 개의 별이 십자 형태로 배열되어 있다. 오제 내좌는 오방 상제를 가리킨다. 즉 동방 창제 영위앙, 남방 적제 적표노, 중앙 황제 함추뉴, 서방 백초거, 북방 즙광기이다. 중관, 즉 太微垣에는 '內座'가 아닌 '座'로 표기된 '五帝座'가 있다.

공七公·일성日星·제석帝席·대각大角·섭제攝提·태미太微·태자太子·명당明堂·헌원軒轅·삼태三台·오거五車·제왕諸王·월성月星·직녀織女·건성建星·천기天紀 등 17개의 성좌는 모두 앞쪽에 어긋나게 둔다. 외관外官 105개(성좌 天市垣)는 내유內壝의 안쪽에 두고 중성衆星 360개(성좌)는 내유 바깥에 두는데, 각기 방위에 따라 12개의 도로 사이에 설치하며 왕골로 만든 자리에 둔다.

若在宗廟, 則前享三日, 尚舍直長施大次於廟東門之外道北, 南向. 守宮設文武侍臣次於其後, 文左武右, 俱南向. 設諸享官·九廟子孫於齋坊內道東近南, 西向北上. 文官九品又於其南, 東方·南方蕃客又於其南, 西向北上. 介公·鄭公於廟西門之外, 近南. 武官九品於其南, 西方·北方蕃客又於其南, 東向北上. 前享一日, 奉禮郎設御位於廟東南, 西向. 設享官公卿位於東門之內道南, 執事者位於其後, 西向北上. 御史位於廟堂之下, 一在東南, 西向;

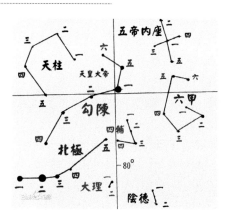

자미원 오제내좌五帝內座

一在西南, 東向. 令史各陪其後. 奉禮郎位於樂縣東北, 贊者二人,
在南差退, 俱西向. 協律郎位於廟堂上前楹之間, 近西, 東向. 太樂
令位於北縣之間, 北向. 設從享之官位, 九廟子孫於享官公卿之
南, 昭・穆異位. 文官九品以上, 又於其南, 東方・南方蕃客又於其
南, 西向北上. 介公・鄶公位於西門之內道南, 武官九品於其南,
少西, 西方・北方蕃客又於其南, 東向北上. 設牲牓於東門之外,
如郊之位. 設尊彝之位於廟堂之上下, 每座犧彝一, 黃彝一, 犧尊
・象尊・著尊・山罍各二, 在堂上, 皆於神座之左. 獻祖・太祖・高
祖・高宗尊彝在前楹間, 北向;懿祖・代祖・太宗・中宗・睿宗尊彝
在戶外, 南向. 各有坫焉. 其壺尊二・太尊二・山罍四, 皆在堂下階
間, 北向西上;簠・鉶・籩・豆在堂上, 俱東側階之北. 每座四簠居
前, 四簋次之, 六豋次之, 六鉶次之, 籩・豆爲後, 皆以南爲上, 屈
陳而下. 御洗在東階東南, 亞獻又於東南, 俱北向. 罍水在洗東, 篚
在洗西, 南肆. 享日, 未明五刻, 太廟令服其服, 布昭・穆之座於戶
外, 自西序以東:獻祖・太祖・高祖・高宗皆北廂南向, 懿祖・代
祖・太宗・中宗・睿宗南廂北向. 每座黼扆, 莞席紛純, 藻席畫純,
次席黼純, 左右几.

종묘 제사의 경우 제향 3일 전 상사(국) 직장은 대차大次를 종묘
동문 외도 북쪽에 설치하는데 남쪽을 향하게 한다. 수궁守宮[113]은

113) 수궁守宮 : 衛尉寺 소속 守宮署의 令은 1인으로 정8품하이다. 수궁서는
방국의 장막 따위를 공급하는 일을 관장하는데, 물품의 명목을 판별하고
출입을 회계한다. 숭은 그 차관이다. 무릇 대제사와 대조회, 대가의 순행
에는 왕공, 백관의 자리를 정전의 남문 밖에 설치한다. 이부・예부・병부
・고공에서 거인을 고시할 때에 장막 공급을 책임진다. 왕공의 혼례 때
또한 장막을 공급한다.(『역주당육전』 권제16 衛尉寺)

문무시신文武侍臣의 차[장막]를 그(대차) 뒤에 설치하는데 문신은 왼쪽에 무신은 오른쪽에 설치하며 모두 남쪽을 향하게 한다. 향관享官들과 구묘자손九廟子孫[114])(의 장막)은 재방齋坊의 내도內道 동쪽 부근의 남쪽에 설치하는데, 서쪽을 향하게 하되 북쪽을 상석으로 한다. 문관 9품은 또 그 남쪽에, 동방과 남방에서 온 번객은 또 그 남쪽에 설치하고 서쪽을 향하게 하며 북쪽을 상석으로 한다. 개공介公과 휴공酅公[115])은 종묘 서문 바깥에 설치하고 남쪽에 가깝게 둔다. 무관 9품은 그 남쪽에, 서방과 북방에서 온 번객들(의 장막)은 또 그 남쪽에 설치하고 동쪽을 향하게 하며 북쪽을 상석으로 한다.

　제향을 올리기 하루 전날, 봉례랑은 어위御位를 종묘 동남쪽에 설치하고 서쪽을 향하게 한다. 향관享官인 공경公卿의 자리는 동문 내도內道 남쪽에, (제사를 주관하는) 집사자의 자리는 그 뒤에 설치하는데, 서쪽을 향하게 하고 북쪽을 상석으로 한다. 어사御史의 자리는

---

114) 구묘자손九廟子孫 : 주대 종묘 제사는 천자 7묘제인데, 왕망 때 처음으로 구묘제를 시행하였다. 당대의 종묘 묘수는 4묘－6묘－8묘－7묘－6묘－9묘－11묘의 변화 과정을 거친다. 현종 때 즉『개원례』당시에는 구묘제도를 시행하였기 때문에 구묘와 관련이 있는 자손들이 종묘 제사에 참석한 것을 말한다.『당육전』에는 "若有事於宗廟, 則設位於廟庭之中, 宗廟之子孫列焉, 昭穆異位, 去爵從齒也"(『역주당육전』권제14「태상시·봉례랑」)라고 하여 '宗廟之子孫'으로 되어 있다.

115) 北周 宇文氏의 後孫과 隋 楊氏의 후손을 각각 가리킨다.(『譯註唐六典』권제4「尙書禮部」)『譯註唐律疏議』「名例」篇을 보면 八議의 하나로 議賓을 규정하였는데, 그 注에 "先代의 제사를 받들며 後王朝의 國賓이 된 사람을 말한다"고 하였고, 疏議에서 "지금 北周의 후손을 介公으로 봉하고 隋의 후손을 酅公으로 봉한 것은 모두 國賓으로 하고자 한 것이다"고 하였다.

묘당廟堂 아래에 두되 하나는 동남쪽에 서쪽을 향하게 하고 또 하나는 서남쪽에 동쪽을 향하게 한다. 영사令史는 각각 (어사의) 뒤에 배종한다. 봉례랑의 자리는 악현 동북쪽에, 찬자贊者 2인은 남쪽에서 서로 어긋나게 물러난 곳에 두며 모두 서쪽을 향하게 한다. 협률랑協律郎의 자리는 묘당 위 앞 기둥 사이에 두되 서쪽에 가깝게 두고 동쪽을 향하게 한다. 태악령太樂令의 자리는 북현 사이에 두며 북쪽을 향하게 한다. 종묘제사에 참여하는 관리들의 자리를 설치하는데, 구묘자손은 향관인 공경의 남쪽에 두고 소와 목의 자리를 달리한다. 문관 9품 이상은 그 남쪽에 두고, 동방과 남방에서 온 번객은 다시 그 남쪽에 설치하고 서쪽을 향하게 하고 북쪽을 상석으로 한다. 개공과 휴공의 자리는 서문 내도內道 남쪽에 설치하고, 무관 9품은 그 남쪽에 설치하되 약간 서쪽에 두며, 서방과 북방에서 온 번객은 다시 그 남쪽에 설치하되 동쪽을 향하게 하고 북쪽을 상석으로 한다.

생방(희생의 이름표)을 동문 밖에 설치하고 교(사)의 자리처럼 배치한다. 준이의 자리를 묘당 위아래에 설치하고 자리마다 가이斝彝116) 1개, 황이黃彝117) 1개, 희준·상준·착준·산뢰 각각 2개씩 당

---

116) 가이斝彝 : 六彝 중 하나이다. 섭숭의의 『삼례도』에 의하면, "가이에는 明水를 담는다. 先鄭(鄭衆)은 '斝'를 '稼(벼이삭)'로 읽었다. 다시 말해 술그릇에 벼이삭을 그려 넣었기 때문에 술그릇의 이름이 되었다고 한 것이다. 그러므로 嘉禾로 장식을 해야 한다"고 하여 '가'를 정중의 해석에 따라 '벼이삭'으로 보고 상서로운 벼이삭이 그려진 준이로 보았다. 한편 '斝'는 고대 주로 술을 데울 때 사용하던 酒器로, 신석기 시대 대문구문화 이전부터 도기로 제작된 가가 출토될 정도로 매우 오래전부터 사용되었던 예기이다. 觚와 爵과 함께 세트로 사용되었으며 후대에는 주로 청동기로 제작되었다. 형태는 삼족에, 손잡이는 하나에 두 개의 기

상에 두는데, 모두 신좌 왼쪽에 둔다. 헌조獻祖[118] · 태조太祖[119] · 고조高祖 · 고종高宗의 준이는 앞 기둥 사이에 두며 북쪽을 향하게 하고, 의조懿祖[120] · 대조代祖[121] · 태종太宗 · 중종中宗 · 예종睿宗의 준이는 지게문 밖에 두며 남쪽을 향하게 한다. 각각(의 준이에는) 점坫

등을 가지고 있어, 섭숭의의 『삼례도』에서 말하는 斝彝와 斝는 용도에 있어서 차이가 난다고 지적하였다. (丁鼎, 『新定三禮圖』, 447쪽).

斝彝(『삼례도』)

117) 황이黃彝 : 울창주를 담는 술그릇이다. 『주례』「春官 · 司尊彝」에 "가을 종묘제사[嘗]와 겨울 종묘제사[烝]에 강신례를 행할 때 斝彝와 黃彝를 사용하는데, 모두 받침대[舟]가 있다"라고 하였다. 이에 대해 정현은 "황이는 黃目을 말하며 황금으로 눈을 (새겨) 만든 것이다"라고 하였다.

黃彝(『삼례도』)

118) 헌조獻祖 : 玄宗 開元 10년(722)에 9묘제를 실시하면서 李熙를 獻祖에 추존하였다. 시호는 宣皇帝이다. 헌조 이하 睿宗까지 宗廟9室제를 세웠고(『舊唐書』 권8 「玄宗本紀」上, 183쪽) 이후 상례가 되었다.

119) 태조太祖 : 고조 이연의 할아버지인 李虎를 말한다.

120) 의조懿祖 : 헌조 이희의 아들이며 이호의 아버지인 李天錫이다. 고종 함형 5년(674)에 의조로 추존되었고 시호는 光皇帝이다.

121) 대조代祖 : 당 고조 이연의 부친인 李昞을 말한다. 代祖는 당태종 이세민을 기휘하여 世祖를 달리 지칭한 것이다. 시호는 元皇帝이다.

[받침대]이 있다. 호준 2개, 태준 2개, 산뢰 4개는 모두 묘당 아래 계단 사이에 두며 북쪽을 향하게 하고 서쪽을 상석으로 한다. 궤簋122) · 형鉶123) · 변籩 · 두豆124)는 당상에 두고 모두 동측 계단의 북쪽에 둔다. 자리마다 4개의 궤가 앞에 있고 4개의 보簠가 그 뒤를 이으며 6개의 등登125)이 그 다음에, 6개의 형이 그 다음에 있으며, 변과 두는 뒤에 있으며 모두 남쪽을 상석으로 하고 돌아가며 진설하

----

122) 궤簋 : 기장밥을 담는 둥근 밥그릇이다. 형태는 밖은 둥글고 안쪽은 네모지며, 뚜껑이 있고, 4개의 짧은 다리가 있다. 제사나 연회를 할 때 항상 짝수로 진설한다. 주나라의 제도에서 천자의 제사에는 8개를 진설했다. 『주례』「지관·舍人」과 「추관·掌客」 및 『예기』「禮器」의 정현의 주에서는 둥근 것을 '簋'라고 하였고, 「지관·舍人」 가공언의 소에서도 네모진 것을 '簠', 둥근 것을 '簋'라고 하였다(方曰簠, 圓曰簋).

簠(『삼례도』)　　　簋(『삼례도』)

123) 형鉶 : 『集韻』에 의하면 '銒'으로도 통한다. 국을 담는 국그릇이다. 섭숭의는 '형'은 국을 담는 그릇으로 국을 담는 측면에서는 '鉶羹'이라 하고, 그릇을 형태로 말하면 '鉶鼎'이라 하고, 그릇 안에 庶羞(여러 가지 맛난 음식)를 담는 측면에서는 '羞鼎'이라고 하는데, 기실 모두 같은 것이라고 하였다.(『삼례도집주』 권13 「鼎俎圖」 참조) 그러나 청대 黃以周는 大羹 즉 나물을 넣지 않고 끓인 고기국물은 登(질그릇 제기)에 담고, 형갱 즉 나물을 넣어 간을 맞춘 고깃국은 형에 담으므로, '형'은 희생을 담는 정에 속하는 것이 아니라고 하였다. '형'은 국그릇이고, '정'은 희생그릇으로 두 그릇은 구별되어야 한다고 하였다.(황이주, 『禮書通故』 권47 참조)

여 내려온다屈陳而下.126) 어세御洗는 동쪽 계단 동남쪽에 두고 아헌

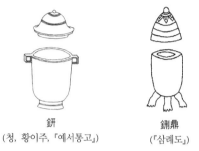

鈃
(청, 황이주, 『예서통고』)

鉶鼎
(『삼례도』)

124) 변籩과 두豆 : '籩'은 마른 음식을 담아 놓는 그릇으로, 대나무로 만든다.
이에 비해 '豆'는 채소절임이나 젓갈 등 젖은 음식을 담는 그릇으로, 나
무나 질그릇 등으로 만든다. 『의례』「鄕射禮」정현의 주에 "두는 젖은
음식을 담는 데에 적당하고, 변은 마른 음식을 담는 데에 적당하다.豆宜
濡物, 籩宜乾物故也."라고 하였다.

籩   豆(『삼례도』)

125) 등登 : '㽅' 또는 '鐙' '甄'이라고도 한다. 흙을 구워서 만든
제기이다. 『爾雅』「釋器」에 "나무로 만든 제기를 '豆'라 하
고, 대나무로 만든 제기를 '籩'이라 하고, 흙을 구워서 만든
제기를 '登'이라 한다.木豆謂之'豆', 竹豆謂之'籩', 瓦豆謂
之'登'."고 하였다. 또한 『詩』「대아·生民」毛傳에는 "두에
는 야채절임과 고기젓갈을 담고, 등에는 나물을 넣지 않은
고깃국을 담는다.豆, 薦菹醢, 登, 大羹也."고 하였다.

登
(『삼례도』)

126) … 돌아가며 진설하여 내려온다屈陳而下 : 궤 - 보-등-형-변-두-조의 순
서대로 위에서 아래로 진설한다는 의미이다.

(의 세)은 또 동남쪽에 두며 모두 북쪽을 향하게 한다. 뇌수罍水는 세 동쪽에 두고 비篚는 세 서쪽에 두며 남쪽으로 진열한다.

제사 당일, 미명未明 5각127)에 태묘령太廟令128)은 제복을 입고 소목의 자리를 지게문 바깥에 펼쳐 놓는데, 서서西序에서부터 동쪽으로 진열한다. 헌조·태조·고조·고종은 모두 북상北廂에 두고 남쪽을 향하게 하며, 의조·대조·태종·중종·예종은 남상南廂에 두고 북쪽을 향하게 한다. 신좌마다 보의黼扆(도끼문양이 그려진 병풍)129)

---

127) 미명未明 5각 : 未明은 날이 채 밝기 전이라는 뜻으로 동트는 시간을 말하며, 1각은 15분이므로 당일 동트기 1시간 15분 전을 말한다.

128) 태묘령太廟令 : 삼국 魏에서 설치하였고 太廟의 일상적인 관리를 담당하였으며 太常寺 소속이다. 晉과 劉宋代에는 모두 7품이었으며, 梁代 二廟令을 개설하여 小廟도 겸하여 담당하였다. 陳代에 다시 설치하였는데, 5품에 질 600석이었다. 北魏 역시 설치하였는데, 太廟令 아래에 太廟博士와 太廟門僕 등을 두기도 하였다. 北齊 때 太常寺 太廟署의 장관으로 令을 설치하였고 종8품상이었다. 隋唐代 그대로 계승하였는데, 隋初 正8品下로, 大業 3년(607)에는 정7품으로 승격하였으며, 당대에는 從7品下였다. 측천무후 萬歲登封 원년(696)에 淸廟臺令으로 개칭하였는데, 중종 神龍 원년(705) 때 舊名으로 복구하였고 玄宗 開元 24년(736)에 폐지하였다. 『개원례』는 개원 20년에 반포되었으므로 개원 24년 폐지 전에는 이처럼 태묘령이 종묘 제사에 소목의 자리를 마련한 것이다.

129) 보의黼扆 : '扆'는 '依'로도 쓴다. '扆'는 戶(室의 출입문)와 牖(室의 창문) 사이에 진설하는데, 그 형상이 병풍과 같으며, 진홍빛 비단으로 바탕을 삼는다. 도끼 문양[斧]의 수를 놓는데, 이 때문에 '斧依', '黼依'라고도 한다. 천자가 제후를 접견할 때 그것에 의지하여 등지고 서서 남쪽을 향하여

黼扆(『삼례도』)

를 두고, 분준紛純[아래에 무늬가 있는 폭이 좁은 편직물]으로 장식한 완석莞席과 화준畫純[가선에 구름 모양의 무늬를 그려 넣은 편직물]으로 장식한 조석藻席[부들자리]130)과 보준黼純[가선에 도끼 문양을 그려 넣은 편직물]으로 장식한 차석次席[대나무자리]131)을 깔며 좌우에 안석[几]을 놓는다.132)

130) 조석藻席 :『周禮』「春官·司几筵」에는 '繅席'으로 되어 있다. 정현은 "藻率之藻"라고 하였으니, 정현주에 따라 수정한 것으로 보인다. 賈公彦은『左傳』「桓公 2年」에 臧哀伯이 말한 "藻率鞞鞛, 鞶厲斿纓"을 들어 설명하고 있다.『좌전』주에서는 '藻'는 가죽으로 만든 옥 장식이라고 하였으나 정사농의 말대로 "소석은 부들의 싹을 잘라 엮어 거기에 오채를 넣어 편직한 자리繅席, 削蒲蒻, 展之, 編以五采, 若今合歡矣"로 보는 편이 낫다. 옥을 받칠 때에도 사용한다. 천자의 五席 가운데 하나이다.

131) 차석次席 : 鄭司農은 虎皮로 만든 자리로 보았으나 鄭玄은 이 설을 따르지 않고 "차석은 桃枝竹으로 만든 자리次席, 桃枝席"라고 하였다. 도지죽은 붉은 대나무로 만든 자리를 말한다.

132) 궤几 : '几'는 사람이나 귀신이 기대어 의지하도록 진설하는 작은 탁자이다.『周禮』「春官·司几筵」에는 옥궤玉几·조궤彫几·동궤彤几·칠궤漆几·소궤素几의 5가지 궤를 말하고 있다. 司几筵 관직명에서 알 수 있듯이 궤와 연은 세트로 구비하는 기물이다. '筵'은 대나무나 부들을 엮어서 만든 자리로, 같은 자리인 '席'과는 구분된다. '연'은 땅에 까는 자리이고, '석'은 연 위에 덧까는 자리이다. 자리와 안석에 관해서는『周禮』「春官·司几筵」에 "대조회, 대향사례와 봉국, 제후 임명 때 왕의 자리에 보의를 설치하고 의 앞 남쪽에 아래에 가선으로 무늬를 장식한 왕골자리를 설치하고 그 위에 가장자리에 문양을 새긴 조석을 더하고 그

四日省牲器. 省牲之日, 午後十刻, 去壇二百步所, 禁行人. 晡後二刻, 郊社令·丞帥府史三人及齋郎, 以尊·坫·罍·洗·篚·冪入設於位. 三刻, 謁者·贊引各引祀官·公卿及牲皆就位. 謁者引司空, 贊引引御史, 入詣壇東陛, 升, 行掃除於上, 降, 行樂縣於下. 初, 司空將升, 謁者引太常卿, 贊引引御史, 入詣壇東陛, 升, 視滌濯, 降, 就省牲位, 南向立. 廩犧令少前, 曰:「請省牲.」太常卿省牲. 廩犧令北面擧手曰:「腯.」諸太祝各循牲一匝. 西向擧手曰:「充.」諸太祝與廩犧令以次牽牲詣廚, 授太官. 謁者引光祿卿詣廚, 省鼎鑊, 申視滌溉. 祀官御史省饌具, 乃還齋所. 祀日, 未明十五刻, 太官令帥宰人以鸞刀割牲, 祝史以豆取毛血, 各置於饌所, 遂烹牲. 其于廟亦如之.

네 번째는 성생기省牲器(희생과 제기祭器의 점검)이다. 희생을 점검하는 날, 오후 10각에 제단에서 200보 떨어진 곳부터 행인을 금한다. 신시[晡] 이후 2각에 교사령郊社令과 (교사)승이 부사府史 3

다음으로 보 문양으로 가선을 장식을 한 차석을 놓고 좌우에 옥궤를 설치한다.凡大朝覲·大享射, 凡封國·命諸侯, 王位設黼依, 依前南鄕設莞筵紛純, 加繅席畫純, 加次席黼純, 左右玉几."라고 경문을 따른 것으로 보인다. '莞筵紛純'에서 '莞筵'은 자리의 재료를, '紛純'은 주로 문양을 가지고 구분한 것이다. 鄭司農은 '紛'을 흰색으로 수를 놓은 것으로 보았다(紛 … 白繡也). 그러나 정현은 "紛은 綬와 같은 것으로 무늬가 있으면서 좁은 것이다.紛如綬, 有文而狹者."라고 하였으니, 아래에 가선으로 무늬를 장식한 폭이 좁은 편직물을 가리킨다. '純'의 음은 가장자리를 뜻하는 '준'이다.

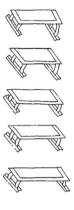

几(『삼례도』)

인[133])과 재랑齋郎[134])을 거느리고 준尊(술동이)·점坫(받침대)·뢰罍
(술독)·세洗(손 씻는 그릇)·비篚(광주리)·멱冪(덮개)을 가지고 신
위神位에 진설한다. (신시 이후) 3각에 알자謁者와 찬인贊引[135])이 각
각 사관祀官과 공경 그리고 희생을 이끌고 제 자리에 나아간다. 알
자는 사공司空을, 찬인은 어사를 인도하여 들어와 제단 동쪽 계단으
로 나아간다. 제단을 올라 그 위를 청소하고 내려와 아래에서 악현
을 배치한다. 이러기 전 사공이 제단에 오르려 할 때 알자는 먼저
태상경을 인도하고 찬인이 어사를 인도하여 들어와 제단 동쪽 계단
으로 나아간다. 제단에 올라 (제단이) 깨끗이 청소되었는지 살피며

---

133) 부사府史 3인 : 廩犧署의 관직은 종8품하 廩犧令 1인과 정9품상 廩犧丞
    1인이 있고, 유외관인 府(1인)와 史(2인)이 있다. 희생을 옮기는 것을 관
    장한다.(『역주당육전』 해제) 따라서 여기에서 府史 3인이라 함은 부 1인
    과 사 2인을 가리킨다.

134) 재랑齋郎 : 『당육전』에 의하면 재랑은 "조두를 운반하고 청소하는 일을
    담당한다.齋郎掌執俎豆及灑掃之事."고 하였다. 唐代에는 太常寺 太廟
    와 그 소속 郊社署, 鴻臚寺 司儀署 및 五嶽·四瀆에 모두 齋郎을 두었
    다. 『新唐書』「選擧志」에 따르면 盛唐時 齋郎의 정원은 862명에 달하
    였다. 그 중 太廟齋郎은 5품 이상 관의 자손에서, 郊社齋郎은 6품관의
    자손에서 선발하였다.

135) 알자謁者와 찬인贊引 : 여기에서 말한 알자와 찬인은 모두 태상시 소속
    이다. 태상시는 나라의 禮樂·郊廟·社稷의 일을 관장한다. 관원으로는
    종7품상 太常博士 4인과 그 아래 유외관 謁者(10인)와 贊引(20인)이 있
    다. 좀더 자세히 살펴보면, 정9품상 太祝 3인과 유외관 祝史(6인), 종9품
    상 奉禮郎 2인과 유외관 贊者(16인), 정8품상 協律郎 2인과 유외관 亭
    長(8인), 掌固(12인), 太廟齋郎(京·都 각 130인), 太廟門僕(京·都 각
    32인)이 있다.

아래로 내려와 희생이 있는 곳에 나아가 남쪽을 향해 선다. 늠희령이 조금 앞에 나와서 "희생을 살펴보십시오"라고 말한다. 태상경이 희생을 점검한다. 늠희령은 북쪽을 바라보며 손을 들어 "튼실합니다[돌脂]"라고 말한다. 태축太祝들은 각자 희생 주위를 한 바퀴 돌아본다. 서쪽을 향하여 손을 들어 "충실합니다[충充]"라고 말한다. 태축들과 늠희령이 순서대로 희생을 끌고 주방으로 가 태관太官에게 넘겨준다. 알자는 광록훈光祿卿을 인도하여 주방으로 가 솥과 가마를 살피고 다시 한 번 깨끗이 닦았는지 확인한다. 사관과 어사는 식기들을 살피고 나서 재계하는 곳으로 돌아온다. 제사 당일, 미명 15각에 태관령太官令[136]이 재인宰人을 이끌고 난도鸞刀로 희생을 잡고 축사祝史가 제기[豆]에 모혈毛血을 담아 찬소饌所에 두면, 마침내 희생을 삶는다.[137] 종묘 제사에서도 이와 같이 한다.

---

136) 태관령太官令 : 光祿寺 소속 太官署의 장관으로 太官令은 2인이며, 종7품하이다. 그 직장은 供膳의 일을 관장한다. 무릇 제삿날에는 광록경에게 여러 주방에 가서 희생과 (희생을 삶을) 솥을 살필 것을 아뢰어 청하고, 음감에서 맑은 물을 취하고 양수에서 밝은 불을 취하며, 불로 희생을 삶고 물로 그릇을 채운다. 재인을 거느리고 난도로 희생을 자르고, 그 모혈을 그릇[豆]에 채우고 난 뒤에 희생을 삶는다. 또한 찬을 바치는 자를 거느리고 보와 궤에 (희생을) 채우며 찬막의 안에 진설한다."太官令掌供膳之事; 丞爲之貳. 凡祭之日, 則白卿詣諸廚省牲·鑊, 取明水於陰鑑, 取明火於陽燧, 火以供爨, 水以實尊. 帥宰人以鸞刀割牲, 取其毛·血, 實之於豆, 遂烹牲焉. 又帥進饌者實簠·簋, 設於饌幕之內."(『역주당육전』 권제15 「태관서·태관령」)

137) 축사祝史가 … 삼는다 : 『역주당육전』 권제15 '태관령'에는 태관령이 재인을 거느리고 하는 일로 되어 있다.(앞의 주 참조) 『당육전』에 의하면 "축사는 진설, 축문 낭독, 문서처리를 담당한다. 祝史掌陳設·讀祝·行署

五曰奠玉帛. 祀日, 未明三刻, 郊社令‧良醞令各帥其屬入實尊
‧罍, 太祝以玉幣置於篚, 太官令帥進饌者實諸籩‧豆‧簋‧簠於
饌幔. 未明二刻, 奉禮郎帥贊者先入就位. 贊者引御史‧博士‧諸
太祝及令史‧祝史與執事者, 入自東門壇南, 北向西上. 奉禮郎
曰:「再拜.」贊者承傳, 御史以下皆再拜. 執尊‧罍‧篚‧羃者各就
位. 贊者引御史‧諸太祝升壇東陛, 御史一人, 太祝二人, 行掃除
於上, 及第一等; 御史一人, 太祝七人, 行掃除於下. 未明一刻, 謁
者‧贊引各引群臣就門外位, 太樂令帥工人‧二舞以次入, 文舞陳
於縣內, 武舞立於縣南. 謁者引司空入, 奉禮郎曰:「再拜.」司空
再拜, 升自東陛, 行掃除於上, 降, 行樂縣於下. 謁者‧贊引各引群
臣入就位. 初, 未明三刻, 諸衛列大駕仗衛. 侍中版奏「請中嚴」. 乘
黃令進玉輅於行宮南門外, 南向. 未明一刻, 侍中版奏「外辦」. 皇
帝服袞冕, 乘輿以出. 皇帝升輅, 如初. 黃門侍郎奏「請進發」. 至大
次門外, 南向. 侍中請降輅. 皇帝降輅, 乘輿之次[一].138) 半刻頃,
太常博士引太常卿立於大次外, 當門北向. 侍中版奏「外辦」. 質
明, 皇帝服大裘而冕, 博士引太常卿, 太常卿引皇帝至中壝門外.
殿中監進大珪, 尚衣奉御又以鎮珪授殿中監以進. 皇帝搢大珪, 執
鎮珪. 禮部尚書與近侍者從, 皇帝至版位, 西向立. 太常卿前奏:
「請再拜.」皇帝再拜. 奉禮郎曰:「眾官再拜.」在位者皆再拜. 太
常卿前曰「有司謹具, 請行事.」協律郎跪, 俛伏, 舉麾, 樂舞六成.
偃麾, 戛敔, 樂止. 太常卿前奏:「請再拜.」皇帝再拜. 奉禮郎曰:

文案.”고 하였으므로 모혈을 제기에 담고 찬소에 두는 것까지는 가능하
지만 희생을 삶는 일까지 담당한 것으로 보이진 않는다.

138) [교감기 1] “乘輿之次”는 『開元禮』 권4, 『通典』 권109‧114, 『唐會要』
    권9하와 이 책(『신당서』) 아래 문장의 ‘次’ 앞에는 모두 ‘大’자가 있다.

「衆官再拜.」在位者皆再拜. 諸太祝跪取玉幣於篚, 各立於尊所. 皇帝升壇自南陛, 北向立. 太祝以玉幣授侍中, 東向以進. 皇帝搢鎮珪受之, 跪奠於昊天上帝, 俛伏, 興, 少退, 再拜, 立於西方, 東向. 太祝以幣授侍中以進, 皇帝受幣, 跪奠於高祖神堯皇帝, 俛伏, 興, 拜, 降自南陛, 復于位. 皇帝將奠配帝之幣, 謁者七人, 分引獻官奉玉幣俱進, 跪奠於諸神之位 ; 祝史·齋郎助奠. 初, 衆官再拜, 祝史各奉毛血之豆入, 各由其陛升, 諸太祝迎取於壇上奠之, 退立於尊所.

다섯 번째는 전옥백奠玉帛(신에게 옥백 바치기)이다. 제사 당일 미명 3각에 교사령郊社令[139]과 양온령良醞令[140]은 각자 휘하 속관들을 이끌고 들어와 준(술동이)과 뇌(물독)를 채우고 태축은 옥폐를 비(광주리)에 담고, 태관령은 음식을 진상하는 자들을 이끌고 들어와 변·두·궤·보를 찬만饌幔(제사음식을 두는 임시 장막)[141]에서 채운다.

미명 2각에 봉례랑이 찬자를 이끌고 먼저 들어와 자리에 나아간다. 찬자는 어사·박사·태축들 그리고 영사令史와 축사祝史 그리고 집사자執事者를 이끌고 동문에서 제단 남쪽으로 들어와 북쪽을 향

---

139) 교사령郊社令 : 太常寺 소속이며 종7품하이다. 『당육전』에 "오교·사직·명당의 신위를 담당하고 제사와 기도 의례를 주관한다.郊社令掌五郊·社稷·明堂之位, 祠祀·祈禱之禮."라고 되어 있다.

140) 양온령良醞令 : 光祿寺 소속 良醞署의 수장이다. 제사와 연회 때 제공하는 술을 담당하였다. 당대에는 2명을 두었고 관품은 정8품하이고 丞도 2명이고 정9품하이다. 이외에 掌醞·酒匠·奉觶 등의 속관이 있다.

141) 찬만饌幔 : 임시로 제사 음식을 두는 장막을 말한다.

하고 서쪽을 상석으로 한다. 봉례랑이 "재배再拜"라고 말한다. 찬자가 (그 명을) 받들어 전하면 어사 이하 모두 재배한다. 준·뢰·비·멱 담당자는 각각 자기 자리로 나아간다. 찬자가 어사와 태축들을 이끌고 제단 동쪽 계단으로 오르면 어사 1인과 태축 2인이 제단 위에서 청소를 하고 (제단의) 첫 번째 단까지 진행한다. 어사 1인과 태축 7인은 제단 아래에서 청소를 한다.

미명 1각에 알자와 찬인이 각자 군신群臣들을 이끌고 문 밖에 설치된 자리로 나아가고, 태악령은 공인工人[142]들과 (문무) 이무二舞[143]를 이끌고 순서대로 들어오는데, 문무文舞는 악현 안쪽에서 배열하고 무무武舞는 악현 남쪽에 선다. 알자가 사공을 인도하여 들어오면 봉례랑이 "재배"라고 말한다. 사공이 재배하고 동쪽 계단으로 제단을 오르고 위에서 청소를 행하고 내려오면 아래에서 악현을 설치한다. 알자와 찬인은 각자 군신들을 인도하여 들어와 (지정된) 자리로 나아간다. 이보다 앞서 미명 3각에 여러 위위衛尉들이 대가大駕[144]의 행렬로 호위를 한다. 시중이 "중엄中嚴을 청하옵니다"[145]라

---

142) 공인工人 : 악기를 다루는 악공을 가리킨다. 『당육전』을 보면 각각의 악기를 다루는 사람들을 '工人'이라 칭하고 있다. "其大鼓·長鳴·大橫吹·節鼓及橫吹後笛·簫·篳篥·笳等工人皆服緋地菖文袍·袴及帽. 金鉦·掆鼓皆加六角紫纁. 小鼓·中鳴等, 小橫吹及鐃, 及橫吹後笛·簫·篳篥·笳等工人皆服青地菖文袍·袴及帽. 鐃鼓及簫·笳工人服並武弁·朱褠衣·革帶. 大角工人平巾幘·緋衫·白布大口袴."(『당육전』 권제27)

143) 이무二舞 : 문무와 무무를 가리키며 랑을 두었는데, 문무이무랑은 당대 140인을 두었다.(『역주당육전』 권제14 「태상시·태악서」)

144) 대가大駕 : 황제가 출행할 때 타는 수레와 의장을 가리킨다. 후한 蔡邕의

고 판주版奏한다.146) 승황령乘黃令147)이 옥로玉輅148)를 내어 행궁
남문 밖에서 남쪽을 보고 사열한다.

『獨斷』에 "천자가 출행할 때 車駕의 순서를 鹵簿라고 하는데, 大駕, 小
駕, 法駕가 있다. 대가는 公卿이 받들고 인도하며, 大將軍이 황제의 옆
에 탄다. 太僕卿에 예속된 수레가 81대인데, 千乘과 萬騎가 구비되어
있다"라고 하였다.

145) 중엄을 청하다[請中嚴] : 중엄에 대해서는 앞의 주 참조.

146) 판주版奏 : 版은 朝笏을 말하며, 版奏는 손에 홀을 들고 주청하는 것을
말한다. 의례의 절차상 자주 등장하는 용어로 풀어서 번역하지 않고 대
부분 의례 관련 전문 용어로 사용하고 있어, 여기에서도 이러한 관례를
따랐다.

147) 승황령乘黃令 : 太僕寺 속관 乘黃署의 수장이며 당대에는 종7품하였다.
황제의 수레와 말을 관장하였다.

148) 옥로玉輅 : 옥으로 장식한 수레로, 천자의 五路 가운데 하나이다. 천자는
옥로에 12유旒가 매달린 太常의 깃발을 꽂고서 제사를 지낸다. 가공언
은 수레의 끌채[轅], 바퀴통[轂], 몸체[箱] 등의 끝부분에 모두 옥으로
장식을 한다는 뜻이라고 하였다.(『주례』「春官·巾車」) 당대에는 제사와
納后할 때 탔다.(『구당서』권45「輿服志」‘天子車輿')

玉輅(『삼례도』)

미명 1각에 시중이 "외판外辦"[149]이라고 판주한다. 황제는 곤면衮冕(의 복장)[150]을 하고 가마를 타고 나간다. 황제가 옥로에 오르면 (나머지는) 당초 의식대로 한다. 황문시랑黃門侍郞[151]이 "출발하십시오請進發"라고 한다. 대차(천막)가 있는 문 밖에 당도하여 남쪽을 향한다. 시중이 옥로에서 내리길 청한다. 황제가 옥로에서 내려 가마를 타고 대차로 간다. 반 각이 지난 즈음 태상박사가 태상경을 인도하여 대차 바깥에 서서 문을 마주 보고 북쪽을 향한다. 시중이 "외판"이라고 판주한다.

해 뜰 무렵[質明], 황제는 대구大裘의 면복冕服(의 복장)[152]을 한

---

149) 외판外辦 : '중엄' 다음의 의례 절차를 알리는 구호이다. 자세한 내용은 앞의 주 참조. 황제 외에 황태자일 경우는 '外備'라고 한다.

150) 곤면衮冕 : '衮冕'을 쓰고 곤면에 해당되는 상의[玄衣], 하상[纁裳], 중단, 바지, 버선, 신, 大帶, 혁대, 폐슬, 綬, 패옥, 劍, 圭를 갖추는 것을 말한다. 곤면은 12旒에 日·月·星辰을 제외한 나머지 9종류의 무늬를 쓰는데 龍[衮龍=卷龍]이 首章이 되므로 '衮冕'이라 한다.

151) 황문시랑黃門侍郞 : 문하성 소속으로 2인을 두고 정4품상이다. 황문시랑은 侍中을 도와 정치의 관용과 위엄, 일에 대한 상과 벌을 논의하는 데 모두 참여한다. 대제사 때는 황제를 따라 제단에 올라가 예식을 돕는다. 황제가 손을 씻으면 수건을 바쳐 올리고, 닦은 뒤에는 수건을 광주리에 놓으며, 포작을 바쳐 (황제가) 헌주하는 것을 돕는다. 원정·동지에 황제가 조회에 참석하면 전국의 祥瑞를 상주하는 일을 관장한다.(『역주당육전』 권제8 「門下省」)

152) 경전에 의하면, 천자는 6가지 冕服을 착용한다. '冕服'은 면류관을 쓸 때 착용하는 복식 전체 즉 일습을 말한다. 시대에 따라 조금씩 다르지만 면류관, 상의[玄衣], 하상[纁裳], 중단, 바지, 버선, 신, 大帶, 혁대, 폐슬, 綬, 패옥, 劍, 圭로 구성된다. 종류는 순서대로 大裘冕, 衮冕, 驚冕, 毳冕, 希冕[絺冕], 玄冕의 총6가지가 있다. 이중 '大裘冕'은 昊天上帝·五

다. (태상) 박사가 태상경을 인도하고 태상경은 황제를 인도하여 중
유中壝의 문 밖에 당도한다. 전중감殿中監[153]이 대규大珪[154]를 진상

帝에 제사할 때 입고, '袞冕'은 先王에게 제사할 때와 왕이 종묘에서
제후의 朝覲을 받을 때 입는다. 이들 면복은 면류관의 旒의 수와 상의와
하상에 표현된 무늬로 구별한다. '大裘冕'은 天에 제사를 지내는 것이므
로 질박함을 숭상하여 면류관에 旒가 없고 옷에도 무늬가 없다는 견해가
있고, 또 이와 달리 12旒에 12종류의 무늬를 쓴다는 견해가 있다. 12종류
의 무늬는 日・月・星辰・山・龍・華蟲・宗彝・藻・火・粉米・黼・黻이다.
'袞冕'은 12旒에 日・月・星辰을 제외한 나머지 9종류의 무늬를 쓰는데
龍[袞龍=卷龍]이 首章이 되므로 '袞冕'이라 한다.(면복에 관한 전체적
인 내용은 崔圭順, 『中國歷代帝王冕服硏究』, 東華大學, 2007年 참조).
唐代에는 13가지 冕服을 착용하는 것으로 되어 있다. 『舊唐書』 권44
「職官志・殿中省」3 '尙衣局'조에 "尙衣局：奉御掌衣服, 詳其制度, 辨
其名數. 直長爲之貳. 凡天子之服十有三：一大裘冕, 二袞冕, 三鷩
冕, 四毳冕, 五黻冕, 六玄冕, 七通天冠, 八武弁, 九弁服, 十介幘, 十一
白紗帽, 十二平巾幘, 十三翼善冠."

大裘服(『삼례도』)　　　　袞冕服(『삼례도』)

153) 전중감殿中監 : 殿中省의 장관으로 종3품이다. 전중감은 황제와 관련된
모든 물품의 정령을 관장하며, 상식・상약・상의・상승・상사・상련 6국의
관속을 관장한다. 대제사 때는 대규와 진규를 유문 밖에서 바치고 일이

하고 상의尙衣(국) 봉어奉御155)가 또 진규鎭珪156)를 전중감에게 주어 진상하게 한다. 황제가 대규를 (대대에) 꽂고 진규를 손에 잡는다. 예부상서와 근시자가 뒤따르고 황제가 판위版位157)에 이르러 서

끝나면 거두어서 보관한다.(『역주당육전』 권제11 「전중성·전중감」)

154) 대규大珪 : 무릇 천자의 대규는 정珽이라 하며 길이는 3척이다. 교묘와 사직에서 제사를 지낼 때 안에서 꺼내, 상의봉어가 전중감에게 주면, 전중감이 제사를 지낼 때 황제에게 전달한다.(『역주당육전』 권제11 「전중성·전중감」) 여기에서 '珽'이라 함은 천자의 玉笏을 가리키는 명칭이다. 제후의 홀은 '도荼', 대부의 홀은 '홀笏'이라고 각각 부른다. 정현에 의하면, '珽'이라고 하는 것은 정연하여 굽은 바가 없음을 뜻하기 때문이다.(『禮記』 「玉藻」 정현의 주, "謂之珽, 珽之言珽然無所屈也.")

大珪

155) 상의국 봉어 : 전중감의 6국 관속 중 하나인 상의국의 봉어는 2인이며, 종5품상이다. 상의(국) 봉어는 천자의 의복을 제공하는 일을 관장하여 그 제도를 자세히 살피고, 그 종류와 수량을 나누어 황제에게 바치는 일을 수행한다.(『역주당육전』 권제11 「전중성·상의봉어」)

156) 진규鎭圭 : 천자가 잡고서 천하를 진무하는 圭로서, 길이 1척 2촌이다. 四鎭, 즉 사방의 鎭山을 새겨서 장식을 한다. 『周禮』 「春官·大宗伯」 정현의 주에 "鎭은 편안히 한다는 뜻이니, (이 진규로) 사방을 편안히 하는 것이다. '진규'는 대체로 사방의 진산을 새겨서 옥의 장식을 한다. 규의 길이는 1척 2촌이다.'鎭', 安也, 所以安四方. '鎭圭'者, 盖以四鎭之山爲瑑飾. 圭長尺有二寸."라고 하였다.

鎭珪

157) 판위版位 : 典禮를 거행할 때, 어떤 사람이 서야할 위치를 표시하는 標 또는 位版을 말한다. 『당육전』에 의하면, "판위는 검은 바탕에 붉은 글자이다. 천자의 것은 사방 1척 2촌에 두께는 3촌이고, 태자의 것은 사방 9촌에 두께는 2촌이며, 공경 이하는 사방 7촌에 두께는 1.5촌이다. 천자

쪽을 향해 선다. 태상경이 앞에 나서 "재배하십시오"라고 한다. 황제가 재배한다. 봉례랑이 "관리들은 재배하시오"라고 한다. 자리에 있는 자들은 모두 재배한다. 태상경이 앞에 나서 "담당관들은 공경을 다해 준비하여 제사를 진행하시오"라고 말한다. 협률랑이 무릎을 꿇고 부복하여 휘麾158)를 치켜들면 악무樂舞 6성159)을 펼친다. 깃발

의 판위에는 '황제위'라고 쓰고, 태자는 '황태자위', 백관은 '모품위'라고 쓴다"라고 하였고, 제사와 조회시에 봉례랑이 (군신들이 각자의 판위로 나가는 것을) 돕고 인도하는 일을 담당한다.(『역주당육전』 권제14 「태상시·봉례랑」)

158) 휘麾 : 宋 陳暘의 『樂書』에 "휘는 협률랑이 이것을 잡고서 악공을 호령한다. 그 제도는 높이가 7척이고, 대에 용머리를 장식하고 분홍비단 천을 연이어 그 위에 승천하는 용을 그렸다. 휘를 들면 음악이 시작되고, 내리면 음악이 그친다.麾, 協律郎執之以令樂工. 其制高七尺, 竿飾以龍首, 綴纁帛, 畫升龍於上. 擧以作樂, 偃以止樂."라고 하였다.

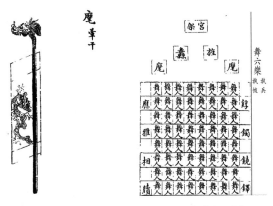

麾(송, 진양, 『악서』)   휘의 위치(진양, 『악서』)

159) 악무樂舞 6성 : 여기에서 '成'이란 악무를 구성하는 단위, 즉 악장에 해당된다. 『周禮』 「春官·大司樂」의 "冬至日, 於地上之圜丘奏之. 若樂六變, 則天神皆降"에 대한 정현의 주에 "악이 변한다는 것은 악을 다시

을 내리고 어敔를 두드리면 음악을 멈춘다.160) 태상경이 앞에 나서

연주하는 것을 말한다.變猶更也, 樂成則更奏也."라고 하였고, 賈公彦
에 의하면, "천지나 조정에 네 개의 表를 세운 후 춤추는 자[舞人]가
남쪽의 표에서 두 번째 표로 향하는 것이 1成이며, 1성이면 곧 1變이
된다. 이렇게 해서 북쪽의 네 번째 표까지 가면 3성이 되며, 다시 춤추는
자가 북쪽에서부터 남쪽으로 방향을 바꾸어 앞에 한 과정을 다시 반복하
여 남쪽의 표로 돌아오면 모두 6성이 된다. 6성은 6변이므로 6성이 되면
천신이 모두 강림하는 것이다.言六變八變九變者, 謂在天地及廟庭而
立四表, 舞人從南表向第二表爲一成, 一成則一變. 從第二至第三爲二
成, 從第三至北頭第四表爲三成. 舞人各轉身南向於北表之北, 還從第
一至第二爲四成, 從第二至第三爲五成, 從第三至南頭第一表爲六成,
則天神皆降."의 해석을 따른 것이다. 예를 들어 周武王의 무공을 노래
한 〈武〉가 6성으로 되어 있는데, 각 장마다 주무왕이 주왕을 벌하고 수
도 호경으로 돌아오는 이야기를 악무로 형상화한 것이다.(『예기집설』 권
19 「樂器」)

160) 협률랑이 … 음악을 멈춘다 : 『역주당육전』 권제14 「태상시·협률랑」에
"대제사와 향연 때 (전)정에서 음악을 연주할 경우 (협률랑은) 당에 올라
깃발을 잡아 지휘한다. 휘를 들어 축을 친 연후에 음악이 시작되며, 휘를
내리고 어를 두드린 연후에 그친다.若大祭祀·饗燕, 奏樂于庭, 則升堂
執麾以爲之節制. 舉麾, 鼓柷, 而後樂作; 偃麾, 戞敔, 而後止."라고 하
였다. 「예악지」 본문에는 '축'에 대한 언급이 없지만 휘를 들어 축을 쳐
서 음악의 시작을 알리고 휘를 내리고 어를 두드려 음악을 그친다고 한
것이다.

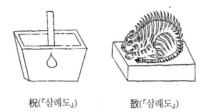

柷(『삼례도』)   敔(『삼례도』)

"재배하십시오"라고 한다. 황제가 재배한다. 봉례랑이 "관리들은 재배하시오"라고 하면 자리에 있는 자들은 모두 재배한다. 태축들은 무릎을 꿇고 광주리에서 옥폐를 가지고 각자 준(술동이)이 있는 곳에 선다. 황제가 남쪽 계단으로 제단에 올라 북쪽을 향해 선다. 태축이 옥폐를 시중에게 전달하는데, 동쪽을 향해 진상한다. 황제가 진규를 (대대에) 꽂고 옥폐를 받아 호천상제에 무릎을 꿇고 바친다. 부복하였다가 일어나 조금 뒤로 물러났다가 재배하고 서방에 서서 동쪽을 향한다. 태축이 폐물을 시중에게 전달하여 진상하면 황제가 폐물을 받아 고조 신요황제 앞에 무릎을 꿇고 바친다. 부복하였다가 일어나 절하고 남쪽 계단으로 내려와 자리로 돌아온다. 황제가 배사제[고조 신요황제]에게 장차 폐물을 바치려고 할 때 알자 7인이 나뉘어 헌관獻官을 인도하여 옥폐를 받들어 함께 진상하며 여러 신위 앞에 무릎을 꿇고 바친다. 축사와 재랑이 옆에서 제사를 돕는다. 이보다 앞서 관리들이 재배할 때 축사는 모혈을 담은 제기를 받들고 들어오는데, 계단을 통해 오르고 태축들이 제단 위에서 그것을 맞이하여 받아서 바치고 준(술동이)이 있는 곳으로 물러나 선다.

若宗廟, 曰晨祼. 享日, 未明四刻, 太廟令·良醞令各帥其屬入實尊·罍, 太官令帥進饌者實諸籩·豆·簠·簋. 未明三刻, 奉禮郎帥贊者先入就位. 贊者引御史·博士·宮闈令·太祝及令史·祝史與執事者, 入自東門, 當階間, 北向西上. 奉禮郎曰:「再拜.」御史以下皆再拜. 執尊·罍·篚·羃者各就位. 贊者引御史·諸太祝升自東階, 行掃除於堂上, 令史·祝史行掃除於下. 太廟令帥其屬陳瑞物太階之西, 上瑞爲前列, 次瑞次之, 下瑞爲後, 又陳伐國寶器

亦如之, 皆北向西上, 藉以席. 未明二刻, 陳腰輿於東階之東, 每
室各二, 皆西向北上. 贊者引太廟令 · 太祝, 宮闈令帥內外執事者,
以腰輿升自東階, 入獻祖室, 開埳室. 太祝 · 宮闈令奉神主各置於
輿, 出, 置於座. 次出懿祖以下神主如獻祖. 鑾駕將至, 謁者 · 贊者
各引享官, 通事舍人分引從享群官 · 九廟子孫 · 諸方客使, 皆就門
外位. 鑾駕至大次門外, 回輅南向. 將軍降, 立於輅右. 侍中請降
輅. 皇帝降輅, 乘輿之大次. 通事舍人引文武五品以上從享之官皆
就門外位. 太樂令帥工人 · 二舞入. 謁者引司空入, 就位. 奉禮郎
曰:「再拜.」司空再拜, 升自東階, 行掃除於堂上, 降, 行樂縣於
下. 初, 司空行樂縣, 謁者 · 贊引各引享官, 通事舍人分引九廟子
孫 · 從享群官 · 諸方客使入就位. 皇帝停大次半刻頃, 侍中版奏「外
辦」. 皇帝出. 太常卿引皇帝至廟門外, 殿中監進鎮珪, 皇帝執鎮
珪. 近侍者從入, 皇帝至版位, 西向立. 太常卿前曰:「再拜.」皇帝
再拜. 奉禮郎曰:「眾官再拜.」在位者皆再拜. 太常卿前曰:「有
司謹具, 請行事.」協律郎擧麾, 鼓柷, 樂舞九成;偃麾, 戛敔, 樂
止. 太常卿曰:「再拜.」皇帝再拜. 奉禮郎曰:「眾官再拜.」在位
者皆再拜. 皇帝詣罍洗, 侍中跪取匜, 興, 沃水;又跪取盤, 興, 承
水. 皇帝搢珪, 盥手. 黃門侍郎跪取巾於篚; 興, 以帨受巾, 跪奠於
篚. 又取瓚於篚, 興, 以進, 皇帝受瓚. 侍中酌水奉盤, 皇帝洗瓚,
黃門侍郎授巾如初. 皇帝拭瓚, 升自阼階, 就獻祖尊彝所. 執尊者
擧冪, 侍中贊酌鬱酒, 進獻祖神座前, 北向跪, 以鬯祼地奠之, 俛
伏, 興, 少退, 北向再拜. 又就懿祖尊彝所, 執尊者擧冪, 侍中取瓚
於坫以進, 皇帝受瓚. 侍中贊酌鬱酒, 進懿祖神座前, 南向跪, 以
鬯祼地奠之. 次祼太祖以下, 皆如懿祖. 皇帝降自阼階, 復于版位.
初, 群官已再拜, 祝史各奉毛 · 血及肝 · 膋之豆立於東門外, 齋郎
奉爐炭 · 蕭 · 稷 · 黍各立於其後, 以次入自正門, 升自太階. 諸太祝

各迎取毛·血·肝·膋於階上, 進奠於神座前. 祝史退立於尊所, 齋
郎奉爐炭置於神座之左, 其蕭·稷·黍各置於其下, 降自阼階以出.
諸太祝取肝·膋燔於爐, 還尊所.

종묘 제사의 경우 신관晨祼(새벽에 지내는 강신례)¹⁶¹⁾이라고 한
다. 제사 당일, 미명 4각에 태묘령과 양온령이 각자 속관들을 이끌고
준尊(술동이)과 뇌罍(물독)를 채우고, 태관령은 음식을 진상할 자들
을 이끌고 들어와 변籩·두豆·궤簋·보簠를 채운다.

미명 3각에 봉례랑이 찬자를 이끌고 먼저 들어와 자리에 나아간
다. 찬자는 어사·박사·궁위령宮闈令¹⁶²⁾·태축 및 영사·축사 그리고
집사자를 인도하여 동문으로부터 들어와 계단 사이에서 정면을 마

---

161) 신관晨祼 : 제사 절차에서 종묘의 경우는 교사와 달리 奠玉帛의 순서가
    晨祼으로, 進熟의 순서는 饋食으로 대체된다. 신관은 본 제사 전에 먼저
    새벽에 조상신을 부르는 강신례를 말한다. 『周禮』 「春官·司尊彛」에
    "봄 종묘제사[祠]와 여름 종묘제사[禴]에서 강신할[祼] 때 계이와 조이
    를 사용한다"고 하였다. 이것은 종묘 제사 때 왕이 먼저 圭瓚(옥으로
    만든 국자)을 사용하여 鳥彛에 담긴 울창주를 떠서 시동에게 바치는 강
    신의 예를 행하는[獻尸祼神] 의례 절차를 말한다. 그러므로 종묘의 時
    享의 절차는 齋戒 − 陳設 − 省牲器 − [鑾駕出宮] − 晨祼 − 饋食 − 祭七祀
    − [鑾駕還宮]의 순서대로 진행된다(『大唐開元禮』 卷37·38. 참조).

162) 궁위령宮闈令 : 내시성 소속 宮闈局의 수장으로 종7품하이며 2인을 둔
    다. 궁위령은 후궁의 궁위에서 시봉하고, 관약을 수발하는 일을 맡는다.
    무릇 태묘에서 대제를 지낼 때 수하들을 이끌고 묘실에 도착하며, 황후
    의 신주를 꺼내 輿에 두었다가 (제단에) 올려놓는다. 제사를 마치면 (신
    주를) 넣어둔다(宮闈令掌侍奉宮闈, 出入管籥. 凡大享太廟, 帥其屬詣
    于室, 出皇后神主, 置於輿以登座焉; 旣事, 納之).(『역주당육전』 권제12
    「내시성·궁위령」)

주 보고 서서 북쪽을 향하고 서쪽을 상석으로 한다. 봉례랑이 "재배"라고 말하자 어사 이하 모두 재배한다. 준(술동이)·뇌(물독)·비(광주리)·멱(덮개)를 담당하는 자들이 각자 자리로 나아간다. 찬자는 어사와 태축들을 인도하여 동쪽 계단을 통하여 (당상에) 오르고 당 위에서 청소를 진행하며, 영사와 축사는 당 아래에서 청소를 진행한다.

태묘령은 속관을 통솔하여 서물瑞物(상서로운 물건)163)을 태계太階(태묘의 계단) 서쪽에 진열하는데, 상서上瑞164)는 앞 열에, 중서中瑞165)는 그 다음 열에, 하서下瑞166)는 뒤 열에 배열한다. 또한 다른 나라를 정벌하여 얻은 보물[伐國寶器]도 이와 같이 진열하는데,167)

---

163) 서물瑞物:『唐六典』권4「태상시·禮部郎中」에 따르면, 당에서는 祥瑞를 크게 大瑞, 上瑞, 中瑞, 下瑞 4등급으로 나누었다.「禮樂志」본문에서는 '대서'가 언급되지 않았고 상서, 차서, 하서의 명칭만 언급되어 있다. 각지에 大瑞가 있을 경우 지방관은 황제에게 보고해야 했다. 鳥·獸類 중에 산 채로 잡은 것은 각각 그 습성에 따라 原野에 놓아주고, 잡을 수 없는 木連理 같은 것은 해당 지역에서 조사하여 허위가 아니라면 圖畵를 첨부하여 올렸다. 지방관이 大瑞를 보고하면 京師의 文武百官들은 闕에 나아가 奉賀하였다.『唐令拾遺』「儀制令」에 따르면 大瑞는 모두 64종, 上瑞는 38종, 中瑞는 32종, 下瑞는 14종이다.
164) 상서上瑞:『唐令拾遺』「儀制令」에 따르면 모두 38종이다. 三角獸·白狼·比目魚·甘露 등이 여기에 속한다(『唐六典』권4「태상시·禮部郎中」).
165) 중서中瑞:『唐令拾遺』「儀制令」에 따르면 32종이다. 白鳩·白烏·蒼烏와 小鳥가 大鳥를 낳은 것 등이 여기에 속한다.
166) 하서下瑞:『唐令拾遺』「儀制令」에 따르면, 下瑞는 14종이다. 秬秠·嘉禾·芝草 그리고 木連理와 등이 여기에 속한다.(『唐六典』권4「태상시·禮部郎中」)

모두 북쪽을 향하고 서쪽을 상석으로 하며 자리[席]를 깔아 그 위에 놓는다.

미명 2각에 요여腰輿[168])를 동쪽 계단의 동쪽에 진열하는데, 실마다 2대씩 진설하며 모두 서쪽을 향하게 하고 북쪽을 상석으로 한다. 찬자가 태묘령과 태축을 인도하고 궁위령이 내외 집사자들을 인도하여 요여를 가지고 동쪽 계단으로 (묘당에) 올라 헌조獻祖의 묘실로 들어가 감실埳室[169])을 연다. 태축과 궁위령이 신주를 받들어 요여에 안치하고 (이에) 나와서 신좌에 둔다. 그 다음 의조懿祖 이하 신주들도 헌조와 마찬가지로 밖으로 꺼낸다.

난가鑾駕[170])가 도착할 즈음에 알자와 찬자는 향관享官[171])을 인도

---

167) 『唐六典』 권4 「태상시·太常卿」에 의하면, 무릇 큰 제사[大享]의 기물을 갖추어 두는 곳은 4원院이 있는데, 그중 첫 번 째가 天府院이다. 서물과 다른 나라를 정벌하여 획득한 보물을 수장하며, 체협 제사 때 꺼내 묘정에 진열한다고 하였다.

168) 요여腰輿 : 장례 때 혼백과 신주를 운반하거나 嘉禮 때 敎命 등을 운반하던 작은 가마이다. 腰輿란 명칭은 들었을 때 그 높이가 허리까지 닿아서 붙여졌으며, 步輦 또는 昇床이라고도 한다. 『당육전』 권제11 「전중성·尙輦奉御」에 의하면,

腰輿(『세종실록』)

輿에는 3가지가 있는데, 첫째 오색여, 둘째 상평여, 셋째 요여이다. 무릇 대조회 및 제사 때에는 안에서 꺼내고 일을 마치면 다시 바치고 거둔다고 하였다.

169) 감실埳室 : 신주를 안치하는 장을 말한다.

170) 난가鑾駕 : 황제 또는 천자가 타는 수레로, 수레의 말고삐에 방울[鑾]을 달아 장식했기 때문에 난가라고 하였다. 후대에는 그 자체로 황제를 가

하고 통사사인通事舍人들은 나뉘어 제향에 시종하는 관속들, 구묘자손, 사방의 객사客使들을 인도하고 문 밖의 자리로 나아간다. 난가가 대차 문 밖에 당도하면 수레의 머리를 남쪽을 향하도록 돌린다. 장군이 (말에서) 내려 수레 오른쪽에 선다. 시중이 수레에서 내리길 청한다. 황제가 수레에서 내리고 승여가 대차로 나아간다. 통사사인이 문무 5품 이상 제향에 참석하는 관들을 이끌고 문 밖 자리로 나아간다. 태악령이 공인과 이무를 이끌고 들어온다. 알자는 사공을 인도하여 들어와 자리로 나아간다. 봉례랑이 "재배"라고 말하면, 사공이 재배한 뒤 동쪽 계단에서 당에 올라 당상에서 청소를 진행하고, 내려와 아래에서 악현을 행한다.

　처음에 사공이 악현을 행하면 알자와 찬인이 향관들을 인도하고 통사사인이 나뉘어 구묘자손, 제향에 시종하는 여러 관리들, 사방의 객사들을 인도하여 들어와 사리로 나아간다. 황제는 대차에서 반 각쯤 머물러 있는데, 시중이 "외판"이라고 판주한다. 황제가 (대차에서) 나온다. 태상경이 황제를 인도하여 묘문 바깥에 당도하고 전중감이 진규를 진상하면 황제는 그것을 손에 잡는다. 근시자가 뒤따라 들어오고 황제는 판위에 이르러 서쪽을 향해 선다. 태상경이 앞에 나서서 "재배하십시오"라고 한다. 황제가 재배한다. 봉례랑이 "여러 관리들은 재배하시오"라고 한다. 자리에 있는 자들이 모두 재배한

　리키거나 혹은 황제가 출행했을 때의 의장행렬 전체를 가리키기도 한다. 교사의 경우에는 '옥로'를 탄다고 했는데, 종묘 제사의 경우는 통틀어 '난가'라고 표현하여 구분하고 있다.

171) 향관享官 : 종묘 제사의 경우 '時享'의 '享'을 써서 享官이라고 하였다. 교사의 경우에는 '祀官'이라고 하였다.

다. 태상경이 앞에 나와 "담당관이 삼가 준비를 다 갖췄으니, 제사를 진행하도록 하십시오"라고 말한다. 협률랑이 휘를 들어 축枳을 두드려 (시작을 알리면) 악무를 9곡 연주한다.[172] 휘를 내려 어敔를 두드리면 음악을 멈춘다. 태상경이 "재배하십시오"라고 말하면 황제가 재배한다. 봉례랑이 "여러 관리들은 재배하시오"라고 말하면 자리에 있는 자들은 모두 재배한다.

황제가 뇌罍(물독)와 세洗가 있는 곳에 나아가면 시중이 무릎을 꿇고 이匜(물주전자)를 집어 들고 일어나 (반에) 물을 붓는다. 또 무릎을 꿇고 반盤(대야)을 잡고 일어나 물을 받아든다.[173] 황제가 진규를 (대대에) 꽂고 손을 씻는다. 황문시랑이 무릎을 꿇고 비篚(광주

---

172) 악무樂舞 구성九成 : 『역주당육전』권제14 「태상시·태묘랑」에 의하면, "종묘에 제사지내는 음악은 9곡으로 한다. 황종 궁(조) 3곡, 대여 각(조) 2곡, 태주 치(조) 2곡, 응종 우(조) 2곡으로 한다"라고 하여 9성을 9곡이라 하였다.

173) 황제가 … 받아든다. : 이 부분은 황제가 조상에게 제사를 지내기 전에 손을 씻는 절차이다. 여기에 등장하는 洗, 匜와 盤 모두 손을 씻을 때 사용하는 기물들이다. 三禮書에 따르면, 洗는 洗罍에 담긴 물을 떠서 손을 씻을 때 떨어지는 물을 받는 기물이다. 盤(혹은 槃)은 세와 마찬가지로 주전자 모양의 匜에 담긴 물을 조금씩 부어 손을 씻을 때 떨어지는 물을 받는 것이다. 尸나 公 등 신분이 높은 사람의 경우에는 세가 놓여 있는 盥洗位로 나아가지 않고 槃과 匜를 이용하여 손을 씻는다고 하였다.

槃
(청, 『흠정의례의소』)

匜
(『삼례도』)

리)에서 수건을 꺼낸다. 그 다음 일어나 손을 씻은 수건을 받아서
(다시) 무릎을 꿇고 비(광주리)에 올려놓는다. 그리고 나서 비(광주
리)에서 찬瓚[174])을 꺼낸 다음 일어나 황제에게 진상하면 황제가 찬
을 받는다. 시중이 물을 떠서 대야를 받치고 있으면 황제가 찬을 씻
고 황문시랑이 수건을 이전처럼 드린다. 황제는 찬을 수건으로 닦고
조계阼階에서 당 위로 올라 헌조의 준이尊彝가 있는 곳으로 나아간
다. 준 담당자가 멱羃(덮개)을 들면 시중이 울창주를 따르는 것을 도
와 헌조의 신좌 앞에 나아가 진상하고 북쪽을 향해 무릎을 꿇고 울
창주를 땅에 부었다가 바치는[祼] 강신례를 행하고 부복하였다가 일
어나 조금 뒤로 물러나 북향하고 재배한다. 그 다음 의조의 준이가
있는 곳에 나아간다. 준 담당자가 멱(덮개)을 들면 시중이 점(받침
대) 위에 있는 찬을 집어 들어 (황제에게) 진상하고 황제는 찬을 받
아든다. 시중이 울창주를 따르는 것을 도와 의조의 신좌 앞에 술을
진상하는데, 남쪽을 향해 무릎을 꿇고 울창주를 땅에 흘려 붓고 나
서 바치는[祼] 강신례를 행한다. 그 다음 차례대로 태조 이하는 모두
의조처럼 한다. 황제는 조계를 통하여 (당에서) 내려와 판위版位로
되돌아온다.

---

174) 찬瓚 : 규찬을 말하며, 술을 뜨는 도구이다. 『周禮』「春官·司尊彝」에 의
하면, 종묘 제사에서 강신례를 행할 때 왕은 규찬으로 울창주를 떠서
시동에게 바치고 왕후는 장찬으로 아헌을 한다고 하였다.

圭瓚(明, 劉績, 『三禮圖』)　　　圭瓚(『삼례도』)　　　璋瓚(明, 劉績, 『三禮圖』)

이보다 앞서 여러 관리들이 재배하고 나면 축사는 (희생의) 모毛와 혈血, 간과 기름을 담은 제기175)를 받들고 동문 밖에 서 있고, 재랑齋郎은 노탄爐炭(향로의 숯)·쑥[蕭]·메기장[稷]·찰기장[黍]176)을 받들고 그 뒤에 서서 순서대로 정문으로 들어와 태계로 당에 오른다. 태축들이 모·혈·간·기름을 계단 위에서 맞아 받아 들고 신좌 앞에 진상한다. 축사는 뒤로 물러나 준이가 있는 곳에 서고, 재랑은 노탄을 받들어 신좌의 왼쪽에 진설하고 쑥·메기장·찰기장은 각각 그 아래에 둔 다음 조계로 내려와 밖으로 나온다. 태축들은 간과 기름을 가지고 화로에서 태우고 준이가 있는 곳으로 되돌아온다.

---

175) 모혈과 간과 기름 등 젖은 제물은 豆에 담는다.

176) 찰기장과 메기장, 즉 서직을 담는 그릇은 천자의 경우 簋 외에 敦(음이 대)라고 하여, '서대黍敦'라고 한다.

簋   敦

禮樂二
예악 2

문정희 역주

六曰進熟. 皇帝旣升, 奠玉·幣. 太官令帥進饌者奉饌, 各陳於
內壝門外. 謁者引司徒出詣饌所, 司徒奉昊天上帝之俎, 太官令引
饌入門, 各至其陛. 祝史俱進, 跪, 徹毛血之豆, 降自東陛以出. 諸
太祝迎饌於壇上, 司徒·太官令俱降自東陛以出. 又進設外官·衆
星之饌. 皇帝詣罍洗, 盥手, 洗爵, 升壇自南陛.[1] 司徒升自東陛,
立於尊所. 齋郎奉俎從升, 立於司徒後. 皇帝詣上帝尊所, 執尊者
擧羃, 侍中贊酌汎齊, 進昊天上帝前, 北向跪, 奠爵, 興, 少退, 立.
太祝持版進於神右, 東向跪, 讀祝文曰:「維某年歲次月朔日, 嗣
天子臣某, 敢昭告于昊天上帝.」皇帝再拜. 詣配帝酒尊所, 執尊者
擧羃, 侍中取爵於坫以進, 皇帝受爵, 侍中贊酌汎齊, 進高祖神堯
皇帝前, 東向跪, 奠, 興, 少退, 立. 太祝持版進於左, 北向跪, 讀祝
文曰「維某年歲次月朔日, 曾孫開元神武皇帝臣某, 敢昭告于高祖
神堯皇帝.」皇帝再拜. 進昊天上帝前, 北向立. 太祝各以爵酌上尊
福酒, 合置一爵, 太祝持爵授侍中以進, 皇帝再拜, 受爵, 跪, 祭酒,
啐酒, 奠爵, 俛伏, 興. 太祝各帥齋郎進俎. 太祝減神前胙肉, 共置
一俎, 授司徒以進, 皇帝受以授左右. 皇帝跪, 取爵, 遂飮, 卒爵.

---

1) "皇帝詣罍洗, 盥手, 洗爵, 升壇自南陛" 이 구절은 『대당개원례』를 축약
하여 기술한 것이다. 『대당개원례』에는 "太常引皇帝詣罍洗(, 樂作; 皇帝
至罍洗, 樂止. 侍中跪取匜, 興, 沃水; 又侍中跪取盤, 興, 承水; 皇帝)盥
手. (黃門侍郎跪取巾于篚, 興, 進, 皇帝帨手訖, 黃門侍郎跪受巾, 跪奠
于篚. 黃門侍郎又取匏爵于篚, 興, 進, 皇帝受爵. 侍中酌罍水, 又侍中
奉盤, 皇帝)洗爵, (黃門侍郎又授巾如初. 皇帝拭爵訖, 侍中奠盤匜, 黃
門侍郎受巾奠于篚, 皆如常. 太常卿引皇帝, 樂作 ; 皇帝詣壇,) 升自南
陛(, 訖, 樂止)"라고 되어 있다. 「예악지」2에는 ( ) 부분이 생략되어 있
다. 이와 같이 「개원례」의 원문을 바탕으로 하여 핵심이 되는 의례 절차만
을 기술하고 나머지는 생략하고 있다.

侍中進受虛爵, 復於坫. 皇帝俛伏, 興, 再拜, 降自南陛, 復于位.
文舞出, 武舞入. 初, 皇帝將復位, 謁者引太尉詣罍洗, 盥手, 洗瓠
爵, 自東陛升壇, 詣昊天上帝著尊所, 執尊者擧冪, 太尉酌醴齊,
進昊天上帝前, 北向跪, 奠爵, 興, 再拜. 詣配帝犧尊所, 取爵於坫,
酌醴齊, 進高祖神堯皇帝前, 東向跪, 奠爵, 興, 再拜. 進昊天上帝
前, 北向立. 諸太祝各以爵酌福酒, 合置一爵, 進于右, 西向立. 太
尉再拜, 受爵, 跪, 祭酒, 遂飲, 卒爵. 太祝進受虛爵, 復於坫. 太
尉再拜, 降, 復位. 初, 太尉獻將畢, 謁者引光祿卿詣罍洗, 盥手, 洗
瓠爵, 升, 酌盎齊. 終獻如亞獻. 太尉將升獻, 謁者七人分引五方
帝及大明·夜明等獻官, 詣罍洗, 盥手, 洗瓠爵, 各由其陛升, 酌汎
齊, 進, 跪奠於神前. 初, 第一等獻官將升, 謁者五人次引獻官各
詣罍洗, 盥·洗, 各由其陛升壇, 詣第二等內官酒尊所, 酌汎齊以
獻[一].[2] 贊者四人次引獻官詣罍洗, 盥·洗, 詣外官酒尊所, 酌清
酒以獻. 贊者四人, 次引獻官詣罍洗, 盥·洗, 詣眾星酒尊所, 酌昔
酒以獻. 其祝史·齋郎酌酒助奠, 皆如內官. 上下諸祝各進, 跪徹
豆, 還尊所. 奉禮郎曰:「賜胙.」贊者曰:「眾官再拜.」在位者皆
再拜. 太常卿前奏:「請再拜.」皇帝再拜. 奉禮郎曰:「眾官再拜.」
在位者皆再拜. 樂作一成. 太常卿前奏:「請就望燎位.」皇帝就位,
南向立. 上下諸祝各執篚, 取玉·幣·祝版·禮物以上. 齋郎以俎載
牲體·稷·黍飯及爵酒, 各由其陛降壇, 詣柴壇, 自南陛登, 以幣·
祝版·饌物置於柴上. 戶內諸祝又以內官以下禮幣皆從燎. 奉禮
郎曰:「可燎.」東·西面各六人, 以炬燎火. 半柴, 太常卿前曰:
「禮畢.」皇帝還大次, 出中壝門, 殿中監前受鎮珪, 以授尚衣奉御,

---

　2) [교감기 1] "酌汎齊以獻"의 '汎齊'는 『開元禮』권4·『通典』권109·『唐
　　　會要』권9下에는 모두 '醴齊'로 되어 있다.

殿中監又前受大珪. 皇帝入次, 謁者·贊引各引祀官, 通事舍人分
引從祀群官·諸方客使以次出. 贊者引御史·太祝以下俱復執事
位. 奉禮郎曰:「再拜.」御史以下皆再拜, 出. 工人·二舞以次出.

　여섯 번째는 진숙進熟(익힌 희생 고기 올리기)이다. 황제가 단에
올라 옥과 폐백을 바치는 의례[奠玉帛]를 하고 나면(마치면),[3] 태관
령太官令[4]은 진찬자進饌者(제사음식을 진열하는 사람)를 인솔하여
제사음식을 받들고 내유內壝의 문 밖에 진열한다. 알자謁者[5]가 사도
司徒를 인도하여 찬소饌所로 가서 호천상제昊天上帝의 조俎를 받들

----

3) 『通典』 권109, 「禮」69, '皇帝冬至祀圜丘·奠玉帛'에는, "皇帝既升, 奠玉
　　幣, 太官令出, 帥進饌者奉饌, 各陳於內壝門外"이라 하여 "皇帝既升,
　　奠玉幣, " 마침표를 찍지 않고 문단을 잇고 있다. 따라서 이 구절은 '진숙'
　　의 의절이 아니라 앞의 '전옥폐' 뒤에 '진숙'의 행례를 설명하기 위해 넣은
　　구절로 보인다.

4) 태관령太官令 : 光祿寺 소속 太官署의 장관으로 太官令은 2인이며, 종7
　　품이다. 그 직장은 供膳의 일을 관장한다. 무릇 제삿날에는 광록경에게
　　여러 주방에 가서 희생과 (희생을 삶을) 솥을 살필 것을 아뢰어 청하고,
　　음감에서 맑은 물을 취하고 양수에서 밝은 불을 취하며, 불로 희생을 삶고
　　물로 그릇을 채운다. 재인을 거느리고 난도로 희생을 자르고, 그 모혈을
　　그릇[豆]에 채우고 난 뒤에 희생을 삶는다. 또한 찬을 바치는 자를 거느리
　　고 보와 궤에 (희생을) 채우며 찬막의 안에 진설한다.太官令掌供膳之事;
　　丞爲之貳. 凡祭之日, 則白卿詣諸廚省牲·鑊, 取明水於陰鑑, 取明火於
　　陽燧, 火以供爨, 水以實尊. 帥宰人以鸞刀割牲, 取其毛·血, 實之於豆,
　　遂烹牲焉. 又帥進饌者實簠·簋, 設於饌幕之內.(『역주당육전』 권제15
　　「태관서·태관령」)

5) 알자謁者 : 태상시 소속 종7품상 太常博士 아래 유외관으로 10인을 두었
　　다. 贊引(20인)이 있다.

고 오면, 태관령이 인찬引饌하여 문으로 들어와 각각 계단에 이른다. 축사祝史[6]들은 모두 다 같이 앞으로 나아가 무릎을 꿇고 모혈을 담은 두豆를 거둔[徹][7] 다음 동쪽 계단으로 내려와 나온다. 태축들이 제단 위에서 찬들을 받아들고 사도와 태관령은 함께 동쪽 계단으로 내려와 나온다. 또 외관外官과 중성衆星[8]에 바치는 찬饌을 진설한다.[9] 황제는 뇌세罍洗[10]가 있는 곳에 가서 손을 씻고 (포)작爵[11]을

---

6) 축사祝史 : 태상시 소속이며, 유외관으로 祝史 6인을 두었다. 진대에는 太祝令史로 30인을 두었으며, 수대에는 16인으로 두었는데, 당대 무덕 연간에 12인을 두었다가 개원 연간에는 6인으로 축소하였다.

7) 모혈을 담은 두豆를 거둔 … :『신당서』「예악지」1에 '省牲器' 의절 중에 모혈을 취해서 각각 찬소에 둔다고 했는데, 이 모혈을 담은 두를 먼저 올린 뒤 익힌 희생 고기를 올릴 때 이 두를 거둬들이는 것으로 보인다.

8) 『역주당육전』권제4「尙書禮部」에는 "冬至에 圜丘에서 昊天上帝에 제사지내고 고조를 배사한다. … 壇의 第2等에서는 內官 55좌를 제사지내고, 第3等에서는 中官 159좌를 제사지내며, 內壇의 안쪽에 外官 150좌와 衆星 360좌를 제사지낸다.冬至祀昊天上帝於圜丘, 以高祖配焉. 又祀內官五十五坐於壇之第二等, 又祀中官一百五十九坐於壇之第三等; 又祀外官一百五坐·衆星三百六十坐於內壇之內."라고 하여, 내관은 55좌, 중관은 159좌, 외관은 105좌 그리고 중성 360좌이다. 이에 따르면 외관 105좌 + 중성 360좌 = 465좌인데, 여기에 모두 찬을 진설했는지 여부는 알 수 없다.

9) 『通典』권109,「禮」69, '皇帝冬至祀圓丘·奠玉帛' 注에는 "上辛無外官以下饌, 雩祀又進設五官饌, 並無衆星饌也"라고 하여 정월 상신일 교사에는 외관 이하의 신들에게는 찬을 진설하지 않고 우사에는 오관의 찬을 진설하는데, 두 제사 모두 衆星의 찬은 진설하지 않는다고 하였다.

10) 뇌세罍洗 : 삼례서에서는 洗罍라고 한다. 聶崇義의 『三禮圖集注』에 의하면, "대개 罍(물 항아리), 洗(물받이 항아리) 그리고 물을 뜨는 枓(물을

헹군 다음 남쪽 계단으로 제단에 오른다. 사도는 동쪽 계단으로 제단에 올라 준소尊所(술동이가 있는 곳)에 선다. 재랑은 조俎를 받들고 그 뒤를 따라 올라 사도의 뒤에 선다. 황제가 상제의 준소로 나아가면 집준자執尊者가 멱羃(덮개)[12]을 열고 시중이 (황제가) 범제汎

푸는 구기)는 모두 같이 진설한다. 이제 살펴보건대 『의례』의 「士冠禮」·「士婚禮」·「鄕飮酒禮」와 「鄕射禮」 그리고 「特牲饋食禮」 등 여러 편에는 모두 단지 '水'라고 말했지 '罍'를 말하지 않았다. 「燕禮」와 「大射禮」에는 罍水라고 말했지만 아울러 枓를 말하지 않았다. 「小牢饋食禮」에서만 '司宮은 罍水를 洗의 동쪽에 진설하는데, 枓가 있다'라고 하였다." 『신당서』 「禮儀志」1에서는 '罍水'라고 하였고, 위치는 "세의 동쪽에 둔다"고 하였다. 여기 「예의지」2에서 '뇌세'는 뇌수가 있고 손 씻을 물을 받는 물받이 항아리인 洗가 있는 곳에 나아간다고 해석된다. 세뢰 역시 섭숭의의 『삼례도집주』와 주희의 『석전의』가 형태면에서 많이 차이가 난다.

洗罍(『삼례도』)　　　洗罍(주희, 『석전의』)

11) 『대당개원례』에는 황제가 손을 씻은 다음 "황문시랑이 (무릎을 꿇고) 광주리에서 포작을 꺼내 몸을 일으켜 황제에게 바치면, 황제가 작을 받아든다. 시중이 물동이에서 물을 뜨고 또다른 시중이 반을 받쳐 들어 받으면 황제가 작을 씻는다.黃門侍郎又取匏爵于篚, 興, 進, 皇帝受爵. 侍中酌罍水, 又侍中奉盤, 皇帝洗爵."라고 하여 이 작이 匏爵임을 알 수 있다.

12) 멱羃 : 멱은 尊(술동이)과 鼎(세발솥)을 덮는 덮개를 말한다. 천자 이하 제후, 사대부 등 신분 등급에 따라 술 뜨는 기구인 勺과 羃의 모양과 문양

齊13)를 따르는 것을 도와 호천상제 앞에 나아가 북쪽을 향해 무릎을

이 달라진다. 보통 띠풀을 엮어서 만드는데, 후에는 베로 수건을 만들어 덮었다. 『의례』 「공사대부례」에 "가로막대로 세발솥의 양 귀를 꿰어 걸고 덮개보로 세발솥의 위를 덮는다. 덮개보는 띠풀의 밑동을 묶거나 중간 부분을 엮어서 만든다.設扃·鼏, 鼏若束若編."라고 하였다. 정현의 주에는 "세발솥의 덮개보는 대체로 띠풀로 만드는데, 띠풀의 길이가 길면 밑동을 묶고, 짧으면 그 가운데를 엮어서 만든다.鼎鼏, 蓋以茅爲之, 長則束本, 短則編其中央."고 하였다. 황이주는 밑동을 묶은 것은 '束鼏', 가운데를 엮은 것을 '編鼏'이라 하였다.

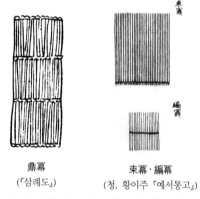

鼎鼏
(『삼례도』)

束鼏·編鼏
(청, 황이주 『예서통고』)

13) 범제汎齊 : 범제란 술의 청탁 정도에 따라 구별해 놓은 五齊 즉 泛齊[汎齊]·醴齊·盎齊·醍齊·沈齊 중의 하나를 말한다. 범제의 '汎(泛)'은 술이 이루어지자 찌꺼기가 뜨는 모양이요, 예제의 '醴'는 술이 이루어지자 즙과 찌꺼기가 서로 함께 되는 것이요, 앙제의 '盎'은 술이 이루어지자 넘쳐서 아주 엷은 푸른빛이 되는 것이요, 체제의 '緹'는 술이 이루어지자 빛이 붉은 것이요, 침제의 '沈'은 술이 이루어지자 찌꺼기가 가라앉게 되는을 보고 붙인 이름이다. 예제 이상은 술이 조금 탁한 것이요, 앙제 이하는 조금 맑은 술이다. 『唐六典』 권15 「光祿寺·良醞署」에는, "良醞令之職, 掌供邦國祭祀五齊三酒之事, 丞爲之貳. 五齊, 一曰汎齊, 二曰醴齊, 三曰盎齊, 四曰醍齊, 五曰沈齊…" '緹齊'가 '醍齊'로 되어 있다.

꿇고 (신위 앞에) 작을 올린[奠爵] 후 일어나 조금 물러나 선다. 태축이 (축)판版을 들고 (호천상제) 신좌 오른쪽에 나아가 동쪽을 향해 무릎을 꿇고 다음과 같이 축문을 읽는다. "유세차 모년 (정)월 초하루 날, 사천자嗣天子 신臣 모某가 감히 호천상제께 고합니다."14) 황제가 재배한다.

(그런 뒤) 배사제配祀帝15)의 준소로 나아가면 집준자가 멱을 들어 올리고 시중이 점(받침대)에서 작爵을 집어 (황제에게) 바치면 황제가 작을 받아들고 시중이 옆에서 술을 뜨는 것을 도와 고조 신요황제 앞에 진상하는데, 동쪽을 향해 무릎을 꿇고 술을 올린(奠) 다음 일어나 조금 뒤로 물러나 서 있는다. 태축이 판을 손에 쥐고 (고조 신위의) 왼쪽에서 나아가 북쪽을 향해 무릎을 꿇고 다음과 같이 축문을 읽는다. "유세차 모년 (정)월 초하루 날, 증손曾孫 개원신무황제開元神武皇帝 신臣 모某가 감히 고조 신요황제에게 고합니다."16)

---

14) 축문 역시 축약된 것으로, 『대당개원례』의 원문은 다음과 같다. "維某年歲次月朔日, 子嗣天子臣某, 敢昭告于昊天上帝. 大明南至, 長晷初昇, 萬物權輿, 六氣資始, 謹遵彝典, 愼修禮物, 敬以玉帛犧齊, 粢盛庶品, 備玆禋燎, 祇薦潔誠, 高祖神堯皇帝配神作主, 尙饗"이다.

15) 배사제配祀帝 : 천지 제사 때 황제가 자신의 선조 중 하나를 함께 배향하는 것을 말한다. 이때 배향되는 선조를 누구를 할 것인가는 제사 종류, 제사 시기 그리고 역대 경학가들의 해석에 따라 달랐다. 「개원례」는 이와 관련된 논쟁들을 수합하여 정리된 것으로 천지 제사에 배사되는 배사제와 그에 따른 변두와 주준의 안배를 달리 하였다.

16) 이 역시 축약된 축문이다. 『대당개원례』 축문의 원문은 "維某年歲次月朔日, 子孝曾孫開元神武皇帝臣某, 敢昭告于高祖神堯皇帝, 履長伊始, 肅事郊禋, 用致燔祀于昊天上帝. 伏惟慶流長發, 德冠思文, 對越昭升, 永言配命. 謹以制幣犧齊, 粢盛庶品, 式陳明薦, 侑神作主, 尙饗"이다.

황제가 재배한다.

(그런 뒤) 호천상제 앞에 나아가 북쪽을 향하고 선다. 태축이 각각 상준上尊[17]의 복주福酒를 떠서 하나의 작에 함께 담는다. 태축이 (그) 작을 손에 쥐고 시중에게 주면 시중이 그것을 (황제에게) 진상한다. 황제가 재배한 다음 (시중이 준) 작을 받아 무릎을 꿇고 제주祭酒(술로 고수레)[18]한 다음 술을 맛보고[晬酒], 작을 내려놓고[奠爵], 부복한 뒤 일어난다.[19]

태축이 각각 재랑을 인솔하여 조를 진상한다. 태축이 신위 앞에 놓인 제사고기들을 덜어 조 하나에 함께 담아 사도에게 주어 진상하면 황제가 그것을 받아 좌우에게 준다. 황제가 무릎을 꿇고 작을 취하여 술을 마셔 작을 비운다. 시중이 앞으로 나아가 비운 작을 받아 점[坫, 잔대] 위에 되돌려놓는다. 황제가 부복하였다가 일어나 재배한 다음 남쪽 계단으로 내려와 자리로 되돌아온다. 문무文舞가 밖으로 나가고 무무武舞가 들어온다.[20]

---

17) 상준上尊 : 원래 제사나 연향에서 가장 윗자리에 놓는 술잔을 말하는데, 「개원례」 원문에는 '上樽'으로 되어 있으니, 여기에서는 술잔이 아니라 육준 가운데 가장 좋은 술을 담은 술동이, 즉 여기에서는 호천상제와 그 배사제에게 바치는 범제汎齊를 가리킨다.

18) 제주祭酒 : 祭酒의 '祭'자는 '除(덜다)'와 같은 의미다. 제사를 지내기 전 술과 희생 고기의 일부를 덜어내는 것으로, 우리 순우리말인 '고수레'와 같은 의미이다. 이하에서는 '술로 고수레하다'로 번역하기로 한다.

19) 호천상제 앞에 나아가 … 부복한 뒤 일어난다 : 이 구절은 앞서 진행되었던 헌주의 절차 뒤에 호천상제 앞에 나아가 호천상제와 그 배사제에 바치는 음복주를 각각 떠서 하나의 작에 합친 다음 음복하는 절차를 설명하고 있다.

20) 황제는 뇌세罍洗가 있는 곳에 가서 … 무무武舞가 들어온다 : 이 단락까

이보다 앞서 황제가 자리로 되돌아오려 할 때 알자의 인도하에 태위가 뇌세로 나아간다. (뇌세로 가서) 손을 씻고 호(포)작瓠爵[21]을 씻어 동쪽 계단으로 제단에 올라 호천상제의 착준著尊[22]이 있는 곳

지가 호천상제와 그 배사제에 올리는 초헌의 의례이다.

21) 호작瓠爵 : 포작匏爵을 말하며, 박으로 만든 술잔이다. 섭숭의에 의하면, 제천 의례에는 규찬을 사용하여 울창주를 뜨는 예가 없고, 질그릇으로 만든 술동이에 오제를 담으며, 포작으로 술을 뜬다고 하였다(祭天無圭瓚 酌鬱之禮. 瓦甒盛五齊, 酌用匏爵也.) 『역주당육전』 권제8 「문하성·황문 시랑」 "황문시랑의 직임은 시중을 돕는 것이므로 정치의 관용과 위엄, 일에 대한 상과 벌을 논의하는 데 모두 참여한다. 대제사 때는 황제를 따라 제단에 올라가 예식을 돕는다. 황제가 손을 씻으면 수건을 바쳐 올리고, 닦은 뒤에는 수건을 광주리에 놓으며, 포작을 바쳐 (황제가) 헌주하는 것을 돕는다.黃門侍郎掌貳侍中之職, 凡政之弛張, 事之與奪, 皆參議焉. 若大祭祀, 則從升壇以陪禮; 皇帝盥手, 則奉巾以進; 旣帨, 則奠巾于篚, 奉匏爵以贊獻. 凡元正·冬至天子視朝, 則以天下祥瑞奏聞."라고 하여 황문시랑이 황제에게 포작을 바쳐 헌주하는 것을 돕는다고 하였는데, 여기에는 '匏爵'으로 되어 있다.『通典』 권109 「禮」69, '皇帝冬至祀圓丘·進熟'조에도 '匏爵'으로 되어 있다. 섭숭의의 『삼례도』에는 아예 권12 「포작도」라고 제목명을 삼았

을 정도로 일반적으로는 포작이라는 명칭을 사용한다. 따라서 본문에 언급된 호작은 이후 별도의 주석 없이 포작이라고 표시할 것이다.

匏爵(『삼례도』)

22) 착준著尊 : 다리가 없어 땅에 붙어 있는[著] 술동이를 말한다. 『삼례도』에 의하면, "용량이 5斗이며 그 속은 붉은 색으로 칠한다. 옛 『삼례도』에 붉은 색의 띠를 두른 것이 있는데, 그것은 槪尊과 상관 있고, 아마도 착준의 형식은 아닌 것 같다"고 하였

著尊(『삼례도』)

다. 『주례』 「춘관·사준이」에 "(종묘) 가을 제사

에 나아간다. 집준자가 멱을 들어 올리면 태위가 예제醴齊[23]를 떠서 호천상제 앞에 진상하고 북쪽을 향해 무릎을 꿇고 작을 신위 앞에 바친 다음 일어나 재배한다. 배사제의 희준犧尊[24]이 있는 곳으로 나아가 점[잔대]에 있는 작을 취하여 예제를 따라 고조 신요황제 앞에 진상한 다음 동쪽을 향해 무릎을 꿇고 작을 바치고 몸을 일으킨 다음 재배한다. (그 다음) 호천상제 앞에 나아가 북쪽을 향해 선다. 태

(嘗)와 겨울 제사(烝) 때 朝獻의 경우 2개의 착준을 사용한다. 하나에는 현주를, 또 하나에는 醴齊를 담는다"고 하였다. 獻尊과 象尊의 형태나 제작방식 그리고 용량은 모두 같지만 다리와 장식이 없을 뿐이다.

23) 예제醴齊 : 오제 가운데 하나로, '醴'는 원래 발효 정도가 가장 낮아 쌀알이 동동 뜬 동동주, 일명 단술이라고 한다. 단술은 또 찌꺼기를 걸러낸 단술을 '醴淸'이라 하고, 아직 찌꺼기를 걸러내지 않은 단술을 '醴齊'라고 한다. 『주례』「춘관·사준이」에는 계절에 따른 종묘 제사 때 왕이 의례 절차에 따라 여섯 가지 술잔에 각기 다른 술을 담아 제사를 지내거나 강신례나 삼헌의 각 단계마다 다른 술을 이용하는 것으로 되어 있다. 예를 들어 『주례』「춘관·사준이」에 獻尊에서는 "一盛玄酒, 一盛醴齊. 王以玉爵酌醴齊以獻尸也"라고 하여 옥작에 醴齊를 따라 시에게 바친다고 하였고, 조천의 예에 왕이 옥작에 예제를 따라 시에게 헌주하였다면 조천의 예가 끝난 다음 (궤헌의 예에서는) 옥작에 앙제를 따라 시에 바친다고 하였다.

24) (사)희준犧尊 : 『禮記』「禮器」에 "묘당의 위에 犧尊은 서쪽에 둔다"라고 하였고, 그 정현의 주에서는 "犧는 『주례』에 '사[獻]'로 되어 있다"라고 하였다. 또한 『詩』「頌」毛傳에는 "沙羽를 사용하여 술동이를 장식한다"라고 하였다. 즉 희준은 주나라 때 술동이이며, 명칭이 '희'가 아닌 '사'라고 하였다. 『삼례도』권14「준이도」에 의하면, 형태에 관해서도 술동이에 소를 그려넣어 장식하였다고 한 阮諶과 등에 뚜껑을 내어 만든 소의 형태로 된 술동이로 본 王肅의 설로 나뉘어, 이후 역대 도설에는 이 두 가지 형태의 그림이 병존하고 있다.

축들이 각각 작으로 (음)복주를 떠서 하나의 작에 함께 담은 다음 오른쪽에서 진상하고 서쪽을 향해 선다. 태위가 재배한 다음 작을 받아 무릎을 꿇고 술로 고수레한[祭酒] 다음 술을 마셔 작을 비운다. 태축이 앞으로 나아가 비운 작을 받아 점[잔대] 위에 되돌려 놓는다. 태위가 재배한 뒤 제단을 내려와 제 자리로 되돌아간다.[25]

  그전에 태위의 헌주가 끝나갈 무렵 알자의 인도하에 광록경光祿卿[26]이 뇌세로 나아가 손을 씻고 포작을 씻은 뒤 제단에 올라 앙제盎齊[27]를 따른다. 종헌終獻은 아헌亞獻(의 절차)과 같다.[28]

犧尊(『삼례도』)

犧尊(주희, 『釋奠儀』)

25) 알자의 인도하에 태위가 뇌세로 나아가 … 제 자리로 되돌아간다 : 여기까지 태위의 아헌을 설명한 것이다.

26) 광록경光祿卿 : 光祿寺의 장관으로, 1인이며 종3품이다. 광록경의 직무는 국가의 酒醴와 膳羞의 일을 관장하고, 태관, 진수, 양온, 장해 4서의 관속을 총괄하여 (해당) 물품을 비축하여 관리하고, 그 출납을 신중히 하는 것을 관장한다. 만약 삼공이 (황제) 대신 제사를 주재하면 종헌이 된다. 조회와 연향이 열리면 (백관의) 품계 고하에 따라 (물품과 음식 지급을) 조절하고, 풍부함과 절약함을 헤아려서 제공하는 일을 관장한다.(『역주당육전』 권제15 「광록시·광록경」)

27) 앙제盎齊 : 오제 중 하나로, 제사용으로 빚은 술이다. 오제는 술의 농도에 따라 구분하는데, 앙제는 범제와 예제 다음으로 세 번째에 해당된다. 『주례』 「춘관·사준이」에 의하면, 앙제는 종묘 봄 제사와 여름 제사 때 象尊에 담는 술이다.

28) 『역주당육전』 권제4 「尙書禮部」에 의하면, "凡國有大祭祀之禮, 皇帝親

태위가 제단에 올라 술을 헌상하려고 할 때 알자 7인의 인도하에 오방제五方帝와 대명大明[해]·야명夜明[달] 등에 술을 바치는 헌관들이 뇌세로 나아가 손을 씻고 포작을 씻어 각각 (해당되는 방위의) 계단으로 올라 범제汎齊를 따라 진상하고 신위 앞에 무릎을 꿇고 (작을) 바친다. 그전에 제1단(의 신들)29)에게 술을 바치는 헌관獻官들이 장차 단에 오르려 할 때 알자 5인이 순서대로 헌관을 인도하여 뇌세로 나아가 손을 씻고 작을 씻어 각자 (해당되는 방위의) 계단으로 단에 올라 제2단의 내관內官 (등)30)의 주준(술동이)이 있는 곳에 나아가 범제汎齊[醴齊]31)를 떠서 바친다. 찬자贊者 4인의 인도하에

祭, 則太尉爲亞獻, 光祿卿爲終獻; 若有司攝事, 則太尉爲初獻, 太常卿爲亞獻, 光祿卿爲終獻"라고 하여 황제가 친히 지내는 친제에는 태위가 아헌, 광록경이 종헌을 담당한다고 하였다. 유사섭사일 경우에는 태위가 초헌, 태상경이 아헌, 광록경이 종헌을 담당한다고 하였으니, 친제나 유사섭사일 경우 모두 광록경은 종헌을 담당한다.

29) 제1단[第一等] : 『新唐書』「禮樂志」1에 주준酒尊(술동이)를 진설하는 위치에 대한 언급을 보면 제1등, 즉 제단의 첫 번째 단에는 오방제와 일, 월의 신위가 놓여진다.("又設酒尊之位. … 五帝·日·月各太尊二, 在第一等. 內官每陛間各象尊二, 在第二等. 中官每陛間各壺尊二, 在第三等. 外官每道間各槪尊二, 於下壇下. 衆星每道間各散尊二, 於內壝之外.")

30) 제2단 내관(등) : 「예악지」2에는 내관만을 언급하였지만 『신당서』「예악지」1 '神位' 부분에는 "五星·十二辰·河漢及內官五十有五於第二等十有二陛之間, 各依其方, 席皆內向"라고 하여 五星·十二辰·河漢 및 內官 55개 신좌를 제2단과 12개의 계단 사이에 방위에 따라 둔다고 되어 있다.

31) 범제汎齊[醴齊] : [교감기 1]에 의하면 『개원례』『통전』『당회요』에는 '범제'가 '제제醴齊'로 되어 있다. '醴齊'는 五齊 중 하나로 네 번째 해당하며, 숙성이 되면서 홍적색을 띠는 술이다. 등급에 맞춰 구분하고 있으므로

순서대로 헌관들이 뇌세로 가서 손을 씻고 작을 씻어 외관外官의 주준이 있는 곳32)에 나아가 청주淸酒33)를 따라 헌상한다. 찬자 4인의 인도하에 다음 순서대로 헌관들이 뇌세로 나아가 손을 씻고 작을 씻어 중성衆星의 주준이 있는 곳34)에 나아가 석주昔酒35)를 따라 헌상한다. 축사와 재랑은 술을 따라 제사를 지내는 것을 돕는데 모두 내관(의 제사 절차)대로 한다. 상급하급의 축들이 모두 앞으로 나아가 무릎을 꿇고 두를 거둬들인 다음 준소로 되돌아간다.36)

봉례랑이 "제사고기[胙]를 내리십시오"라고 말한다. 찬자가 "여러 관리들은 재배하시오"라고 말한다. 자리에 있는 자들 모두 재배한

『개원례』 등에서 말한 '제제'가 타당해 보인다.

32) 외관外官의 주준이 있는 곳:「예악지」1에 의하면 "外官一百有五於內壝之內"라고 하여 외관에는 105개의 신좌가 있고 내유 안쪽에 위치해 있다.

33) 청주淸酒:『周禮』「天官·酒正」에는 술을 '五齊三酒'로 구분하는데, 청주는 '三酒'(事酒, 昔酒, 淸酒) 중 하나이다. 오제에 비해서 상대적으로 맑은 술이다. 청주는 賈公彦의 疏에 의하면 "오늘날 중산에서 겨울에 빚었다가 여름까지 숙성시킨 술로 이른바 봄술이다.淸酒, 今之中山冬釀接夏而成者, 然則春酒."라고 하였다.

34) 중성衆星의 주준이 있는 곳:「예악지」1에 의하면 "衆星三百六十於內壝之外, 各依方次十有二道之間"라고 하여 중성 360개의 신좌는 내유의 바깥쪽에 있으며 방위에 따라 12개의 도로 사이사이에 신좌를 둔다고 하였다.

35) 석주昔酒:三酒 중 하나이다. 겨울에 양조하여 봄에 숙성되는 술로, 事酒보다 비교적 깊은 맛이 나며, 적색의 다소 맑은 술이다.

36) 태위가 제단에 올라 술을 헌상하려고 할 때 … 준소로 되돌아간다:이 단락에서는 호천상제를 제외하고 제단의 제1단(오방제와 대명, 야명)과 제2단(내관), 외관, 중성에 헌주하는 절차를 설명하고 있다. 제2단까지는 알자가 헌관을 인도하고 외관과 중성의 헌주에는 찬자가 인도하는 등 등급에 따라 헌관의 숫자, 헌주의 종류를 구분하고 있다.

다. 태상경이 앞에서 "재배하기를 청하옵니다"라고 아뢴다. 황제가 재배한다. 봉례랑이 "여러 관리들은 재배하시오"라고 말한다. 자리에 있는 자들이 모두 재배한다. (이때) 악무가 1성 연주된다.37)

태상경이 앞에서 "망료위望燎位38)로 나아가길 청하옵니다"라고 아뢴다. 황제가 (망료)위로 나아가 남쪽을 향해 선다. 상급 하급의 축들이 각각 비篚(광주리)39)를 들고 옥玉·폐幣(비단)·축판祝版·예물禮物을 집어 올려놓고, 재랑은 조俎에 희생의 몸체와 기장밥[稷黍飯] 그리고 작주酵酒40)를 담아 각자 (해당되는 방위의) 계단으로 단

---

37) 악무가 … 연주 : 이때 연주되는 악은 '元和之樂'(『통전』「예」79 '進熟'조)이며, 1성 연주한 뒤 그친다는 의미이다.

38) 망료위望燎位 : 天 제사나 종묘, 문묘 제사 후 희생과 옥백 등을 태우는 것을 천자가 지켜보는 자리이다. 地 제사의 경우는 희생과 옥백을 묻기 때문에 망예위望瘞位라고 한다.

39) 비篚 : 대나무로 만든 광주리이다. 『儀禮』「士冠禮」에 "비에는 勺, 觶, 角, 柶를 담아 둔다"고 하였고, 「小牢饋食禮」에도 "勺과 爵, 觚, 觶 등 술잔을 비에 담는다"라고 하여, 술을 뜨는 국자나 술잔 등을 담았다. 이외에도 『의례』「士虞禮」에는 성대하게 차린 음식을 담는 비도 있어서 음식을 보호하기 위해 덮개가 딸린 것도 있다. 그밖에 손의 물기를 씻는 수건을 담는 비도 있다.

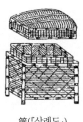

篚(『삼례도』)　　　　篚(주희, 『석전의』)

을 내려와 시단柴壇[41]으로 나아가 폐·축판·찬물饌物[42]을 섶 위에 놓는다.[43] 호戸(지게문) 안에 있는 축들은 내관 이하의 신들에게 바친 예물과 폐백을 가지고 뒤따라 요燎(제물을 불태움) 의식을 진행한다. 봉례랑이 "태워도 좋다"라고 말하면 동쪽 서쪽 각 6인이 햇불로 불을 사른다. 불태운 지 반 쯤 지났을 때 태상경이 (황제) 앞에서 "예가 끝났습니다"라고 말한다. 황제가 대차로 돌아가 중유의 문을 나가면 전중감殿中監[44]이 앞에서 (황제에게) 진규鎭珪[45]를 받아서

---

40) 작주爵酒 : 앞에서 포작에 담았던 범제, 앙제 등 오제와 청주, 석주 등 삼주를 담았던 술 중 남아 있는 술을 말한다.

41) 시단柴壇 : 燔柴의 예를 행하는 제단을 말한다. 번시의 예는 단 위에 땔나무를 쌓고, 그 위에 희생과 옥백을 올려놓아 불을 지펴서 연기가 위로 올라가 하늘에 닿도록 하는 것을 말한다. 『爾雅』 「釋天」에 "하늘에 제사 지내는 것을 燔柴라고 한다.祭天曰燔柴."고 하였고, 『禮記』 「祭法」에 "泰壇에 땔나무를 쌓아 (옥백과 희생을 올려놓고) 불태우는 것은 하늘에 제사하는 것이다.燔柴於泰壇, 祭天也."라고 하였다. 시단은 보통 제단의 남쪽[丙地]에 둔다.["梁南郊, 太史設柴壇於丙地. 皇帝齋於萬壽殿, 乘玉輅, 備大駕以行禮."(『隋書』 권6 「禮儀志」1)] 또한 "又爲燎壇於中壝之外, 當丘之丙地."(『隋書』 권6 「禮儀志」1), 『唐六典』 권제14 「太常寺·郊社令」에는 "兩京郊社署 … 郊社令掌五郊社稷明堂之位, 祠祀祈禱之禮. 丞爲之貳. 凡大祭祀, 則設神坐於壇上而別其位, 立燎壇而先積柴."라고 하여 '燎壇'으로 되어 있다.

42) 찬물饌物 : 앞에서 재랑이 조에 담은 희생의 몸체, 기장밥 등을 포함하여 제사 때 사용한 제물을 가리킨다.

43) 상급하급의 축들이 … 섶 위에 놓는다 : 축들은 대나무로 만든 광주리인 비에 옥과 비단, 축판, 예물 등을 담고 재랑은 조에 희생고기 일부와 작에 남은 술 등 젖은 제물을 담아 옮긴다는 의미이다.

44) 전중감殿中監 : 殿中省의 장관으로 종3품이다. 전중감은 황제와 관련된

상의尙衣(국)의 봉어46)에게 주고 전중감은 다시 앞에서 대규大珪47)
를 받는다.48) 황제가 대차에 들어가면 알자와 찬인은 각각 사관을

모든 물품의 정령을 관장하며, 상식·상약·상의·상승·상사·상련 6국의
관속을 관장한다. 대제사 때는 대규와 진규를 유문 밖에서 바치고 일이
끝나면 거두어서 보관한다.(『역주당전』 권제11「전중성·전중감」)

45) 진규鎭圭 : 천자가 잡고서 천하를 진무하는 圭로서, 길이 1
척 2촌이다. 四鎭, 즉 사방의 鎭山을 새겨서 장식을 한다.
『周禮』「春官·大宗伯」 정현의 주에 "鎭은 편안히 한다는
뜻이니, (이 진규로) 사방을 편안히 하는 것이다. '진규'는
대체로 사방의 진산을 새겨서 옥의 장식을 한다. 규의 길이
는 1척 2촌이다.'鎭', 安也, 所以安四方. '鎭圭'者, 盖以四
鎭之山爲瑑飾. 圭長尺有二寸."라고 하였다.

鎭圭

46) 상의국 봉어 : 전중감의 6국 관속 중 하나인 상의국의 봉어는 2인이며, 종5
품상이다. 상의봉어는 천자의 의복을 제공하는 일을 관장하여 그 제도를
자세히 살피고, 그 종류와 수량을 나누어 황제에게 바치는 일을 수행한
다.(『역주당육전』 권11「전중성·상의봉어」)

47) 대규大珪 : 무릇 천자의 대규는 珽이라 하며 길이는 3척이
다. 교묘와 사직에서 제사를 지낼 때 안에서 꺼내, 상의봉어
가 전중감에게 주면, 전중감이 제사를 지낼 때 황제에게 전
달한다.(『역주당육전』 권제11「전중성·전중감」) 여기에서
'珽'이라 함은 천자의 玉笏을 가리키는 명칭이다. 제후의
홀은 '荼', 대부의 홀은 '笏'이라고 각각 부른다. 정현에 의
하면, '珽'이라고 하는 것은 정연하여 굽은 바가 없음을 뜻
하기 때문이다.『禮記』「玉藻」 정현의 주, "謂之'珽', 珽之
言珽然無所屈也."

大珪

48) 전중감은 다시 ⋯ 받는다 : 제사 시작 전에는 전중감이 대규를 황제에게
진상하고 상의국 봉어가 진규를 전중감에게 건네 황제에게 진상하도록
하였다. 제사가 끝난 뒤에는 진규를 상의국 봉어에게 건네고 그 다음 전중
감이 대규를 황제에게서 돌려받는다.

인도하고 통사사인들은 제사에 참여했던 관리들과 사방에서 온 객사들을 인도하여 차례대로 나간다. 찬자는 어사와 태축 이하를 인도하여 제자리로 돌아간다. 봉례랑이 "재배하시오"라고 말한다. 어사이하의 관들이 모두 재배하고 퇴출한다. 공인工人과 (문무) 이무二舞가 차례대로 물러 나간다.

若宗廟, 曰饋食. 皇帝旣升, 祼, 太官令出, 帥進饌者奉饌, 陳於東門之外, 西向南上. 謁者引司徒出, 詣饌所, 司徒奉獻祖之俎. 太官引饌入自正門, 至於太階. 祝史俱進, 徹毛血之豆, 降自阼階以出. 諸太祝迎饌於階上設之, 乃取蕭·稷·黍{擩於脂}[49] 燔於爐. 太常卿引皇帝詣罍洗, 盥手, 洗爵, 升自阼階, 詣獻祖尊彝所, 執尊者擧冪, 侍中贊酌汎齊, 進獻祖前, 北向跪, 奠爵. 又詣尊所, 侍中取爵於坫以進, 酌汎齊, 進神前, 北向跪, 奠爵, 退立. 太祝持版進於神右, 東面跪, 讀祝文曰:「維某年歲次月朔日, 孝曾孫開元神武皇帝某, 敢昭告于獻祖宣皇帝·祖妣宣莊皇后張氏.」皇帝再拜, 又再拜. 奠, 詣懿祖尊彝, 酌汎齊, 進神前, 南向跪, 奠爵, 少西, 俛伏, 興. 又酌汎齊, 進神前, 南向跪, 爵, 少東[二],[50] 退立. 祝史西面跪, 讀祝文. 皇帝再拜, 又再拜. 次奠太祖·代祖·高祖·太宗·高宗·中宗·睿宗, 皆如懿祖. 乃詣東序, 西向立. 司徒升自阼階, 立於前楹間, 北面東上. 諸太祝各以爵酌上尊福酒, 合置一爵, 太

---

49) "乃取蕭·稷·黍擩於脂" 이 구절은 "乃取蕭·稷·黍{擩於脂,}"와 같이 '擩於脂' 앞에서 구두를 찍는 것이 옳다. 『通典』「禮」74 '饋食'조에도 구두를 찍었다.

50) [교감기 2] "南向跪爵少東" 이 구절은 앞의 "南向跪, 奠爵, 少西"과 서로 호응되는 것으로 봐서 '爵' 앞에 '奠'자가 있어야 한다.

祝持爵授侍中以進. 皇帝再拜, 受爵, 跪, 祭酒, 啐酒, 奠爵, 俛伏,
興. 諸太祝各帥齋郞進俎, 太祝減神前三牲胙肉, 共置一俎上, 以
黍·稷飯共置一籩, 授司徒以進; 太祝又以胙肉授司徒以進. 皇帝
每受, 以授左右, 乃跪取爵, 飮, 卒爵. 侍中進受虛爵, 以授太祝,
復於坫. 皇帝降自阼階, 復于版位. 文舞出, 武舞入. 初, 皇帝將復
位, 太尉詣罍洗, 盥手, 洗爵, 升自阼階, 詣獻祖尊彝所, 酌醴齊進
神前, 北向跪, 奠爵; 少東, 興, 再拜. 又取爵於坫, 酌醴齊進神前,
北向跪, 奠爵; 少西, 北向再拜. 次奠懿祖·太祖·代祖·高祖·太
宗·高宗·中宗·睿宗如獻祖. 乃詣東序, 西向立. 諸太祝各以爵酌
福酒, 合置一爵, 太祝持爵進於左, 北向立. 太尉再拜受爵, 跪, 祭
酒, 遂飮, 卒爵. 太祝進受爵, 復於坫. 太尉興, 再拜, 復于位. 初,
太尉獻將畢, 謁者引光祿卿詣罍洗, 盥·洗, 升, 酌盎齊. 終獻如亞
獻. 諸太祝各進, 徹豆, 還尊所. 奉禮郞曰:「賜胙.」贊者曰:「眾
官再拜.」在位者皆再拜. 太常卿前奏:「請再拜.」皇帝再拜. 奉禮
郞曰:「眾官再拜.」在位者皆再拜. 樂一成止. 太常卿前曰「禮畢.」
皇帝出門, 殿中監前受鎭珪. 通事舍人·謁者·贊引各引享官·九
廟子孫及從享群官·諸方客使以次出. 贊引引御史·太祝以下俱復
執事位. 奉禮郞曰:「再拜.」御史以下皆再拜以出. 工人·二舞以
次出. 太廟令與太祝·宮闈令帥腰輿升, 納神主. 其祝版燔於齋坊.

종묘제사의 경우 (진숙을) 궤식饋食이라 한다. 황제가 (당에) 올라
강신례를 행하면 태관령이 밖으로 나가 진찬자를 거느리고 찬饌(제
사음식)들을 받들어 동문 밖에 진열하고 서쪽을 향하고 남쪽을 상석
으로 한다. 알자가 사도를 인도하여 밖으로 나와 찬소로 가는데, 사
도는 헌조獻祖의 조俎를 받든다. 태관의 인도하에 제사음식을 정문
으로 들여와 태계太階51)에 이른다. 축사祝史들이 일제히 앞으로 나
아가 모혈을 담은 두를 거둬들이고 조계阼階52)로 내려와 밖으로 나

간다. 태축들이 계단 위에서 여러 가지 제사음식들을 맞이하여 진설한 뒤 쑥[蕭]·메기장[稷]·찰기장[黍]을 기름에 적셔 화로 위에 놓고 태운다.

태상경의 인도하에 황제가 뇌세로 나아가 손을 씻고 작을 헹구며, 조계를 통하여 당에 올라 헌조의 준이 있는 곳에 나아간다. 집준자가 멱[덮개]을 올리면 시중의 보조 하에 범제汎齊를 떠서 헌조 앞에 나아가 북쪽을 향해 무릎을 꿇고 작을 바친다[奠爵]. 그다음 준소로 나아가 시중이 점(잔대)에서 작을 집어 드리면 범제를 떠서 신위 앞에 나아가 북쪽을 향해 무릎을 꿇고 작을 바친[奠爵] 뒤 뒤로 물러나 선다.

태축이 판을 들고 신위 오른쪽으로 나아가 동쪽을 마주보고 무릎을 꿇고 축문을 읽는다. "유세차 모년 (모)월 초하루 효증손孝曾孫 개원신무황제 모가 감히 헌조선황제獻祖宣皇帝53)와 조비祖妣 선장황후宣莊皇后 장씨張氏54)에게 고합니다." 황제가 재배한 다음 다시

---

51) 태계太階 : 정 가운데 계단을 말한다. 흔히 신이 다니는 길이라 하여 神路라고 한다.

52) 조계阼階 : 동쪽 계단을 말한다. 황제가 다니는 길이라 하여 御路라고 한다.

53) 헌조선황제獻祖宣皇帝 : 玄宗 開元 10년(722)에 9묘제를 실시하면서 李熙를 獻祖에 추존하였다. 시호는 宣皇帝이다. 헌조 이하 睿宗까지 宗廟9室제를 세웠고(『舊唐書』 卷8 「玄宗本紀」上, 183쪽) 이후 종묘의 정식 의례가 되었다.

54) 『新唐書』 권3 「高宗本紀」 '上元元年' "8월 임진일 황제를 천황, 황후를 천후라 칭하였다. 6대조 선간공을 추존하여 선황제라 하고 그의 비인 장씨를 선장황후로 추존하였다. 八月壬辰, 皇帝稱天皇, 皇后稱天后. 追尊六代祖宣簡公爲宣皇帝, 妣張氏曰宣莊皇后."고 하였다.

재배한다. 제사를 지낸[奠]⁵⁵⁾ 후 의조懿祖⁵⁶⁾의 준이(술동이)로 나아가 범제를 떠서 신위 앞으로 나아가 남쪽을 향해 무릎을 꿇고 작을 바친 다음 조금씩 서쪽을 향해 부복하고 몸을 일으킨다. 그 다음 또 범제를 떠서 신위 앞으로 나아가 남쪽을 향해 무릎을 꿇고 작을 바치고 조금씩 동쪽을 향해 물러나 선다. 축사祝史는 서쪽을 바라보고 무릎을 꿇고 축문을 읽는다. 황제가 재배한 다음 또 재배한다. 그 다음 차례대로 태조太祖⁵⁷⁾·대조代祖⁵⁸⁾·고조高祖·태종太宗·고종高宗·중종中宗·예종睿宗에게 제사를 올리는데, 모두 의조와 같이 한다.

그런 다음 동서東序로 나아가 서쪽을 향해 선다. 사도는 조계로 당에 올라 전전殿前 기둥 사이에 서서 북쪽을 마주 보는데 동쪽을 상석으로 한다. 태축들은 각각의 작에 상준上尊의 복주福酒를 떠서 하나의 작에 함께 담는데, 태축이 (그) 작을 쥐고 시중에게 건네주어 (황제에게) 바친다. 황세가 새배하고 (시중이 준) 작을 받이 무릎을 꿇고 술로 고수레한[祭酒] 다음 술을 맛보고 작을 내려놓고[奠爵] 부복하였다가 몸을 일으킨다. 태축들이 재랑을 인도하여 조를 진상하면 태축이 신좌 앞에 놓인 삼생三牲의 제사고기를 덜어 하나의 조 위에 함께 담고 찰기장밥[黍飯]과 메기장밥[稷飯]을 하나의 변籩에

---

55) 제사를 지낸[奠] … : 여기에서 '奠'은 앞에서 서술한 '奠爵'을 지칭하는 것이 아니라 헌조에게 헌주한 의례 절차 전체를 가리킨다. 따라서 '제사를 지낸' 것으로 해석하였다.

56) 의조懿祖 : 헌조 이희의 아들이며 이호의 아버지인 李天錫이다. 고종 함형 5년(674)에 의조로 추존되었고 시호는 光皇帝이다.

57) 태조太祖 : 고조 이연의 할아버지인 李虎를 말한다.

58) 대조代祖 : 당 고조 이연의 부친인 李昞을 말한다. 代祖는 世祖를 달리 지칭한 것이다. 시호는 元皇帝이다.

함께 담아서 사도에게 건네준다. 태축은 또 제사고기를 사도에게 건네준다. 황제가 (이것들을) 매번 받아서 좌우에게 건네주고 그런 다음 무릎을 꿇고 작을 집어 술을 마신 다음 작을 비운다. 시중이 비운 작을 받아 태축에게 주고 점(잔대) 위에 돌려놓는다. 황제는 조계로 내려와 판위版位로 돌아간다. 문무文舞가 나가고 무무武舞가 들어온다.[59]

그전에 황제가 판위로 돌아가려 할 무렵 태위가 뇌세로 나아가 손을 씻고 작을 헹군다. 조계로 당에 올라 헌조의 준이 있는 곳으로 가서 예제醴齊[60]를 떠서 신위 앞에 나아가 북쪽을 향해 무릎을 꿇고 작을 바친다[奠爵]. 조금씩 서쪽으로 움직여 몸을 일으켜 재배한다. 그다음 점(잔대) 위의 작을 집어 들어 예제를 떠서 신위 앞에 나아가 북향하고 무릎을 꿇고 작을 바친다[奠爵]. 조금씩 서쪽으로 움직여 북쪽을 향해 재배한다. 그다음 의조·태조·대조·고조·태종·고종·중종·예종에게 제사를 지내는데 헌조와 같이 한다. 그런 다음 동서東序로 나아가 서쪽을 향해 선다. 태축들은 각각 작을 가지고 복주를 떠서 하나의 작에 함께 담는데, 태축이 (그) 작을 집어 들고 왼쪽에서 나아가 북쪽을 향해 선다. 태위가 재배하고 (태축이 건네준) 작을 받아 무릎을 꿇고 술로 고수레를 한 다음 모두 마신 뒤 술잔을 비운다. 태축이 나아가 (비운) 작을 받아 점(잔대)에 돌려놓

---

59) 황제가 (당에) 올라 강신례를 행하면 … 무무武舞가 들어온다. : 여기까지가 종묘제사에서 황제의 초헌례이다.

60) 예제醴齊 : 오제 중 하나. 발효 정도가 가장 낮아 쌀알이 동동 뜬 단술을 말한다. 봄 제사와 여름 제사에 조천할 때 계이와 조이를 사용하는데, 여기에 예제를 담는다.(『周禮』「春官·司尊彝」)

는다. 태위가 몸을 일으켜 재배하고 자리로 되돌아간다.[61]

그전에 태위의 헌주가 끝날 무렵 알자의 인도하에 광록훈이 뇌세로 나아가 손을 씻고 작을 헹구고 당에 올라 앙제盎齊[62]를 뜬다. 종헌終獻도 아헌처럼 한다. 태축들이 각각 앞으로 나아가 두豆(희생제기)를 거두고 준소로 귀환한다. 봉례랑이 "제사고기를 하사하십시오"라고 말한다. 찬자가 "중관들은 재배하시오"라고 말한다. 위에 있는 자들이 모두 재배한다. 태상경이 앞에서 "재배하시길 청합니다"라고 아뢴다. 황제가 재배한다. 봉례랑이 "중관들은 재배하시오"라고 말한다. 위에 있는 자들이 모두 재배한다. 음악이 일성 연주된 다음 그친다. 태상경이 앞에서 "예가 끝났습니다"라고 말한다. 황제가 문을 나서면 전중감이 앞에서 진규를 받는다. 통사사인·알자·찬인贊引이 각각 향관, 구묘자손 및 제향에 부종한 군관들, 사방 객사들을 인솔하어 차례대로 나간다. 친인이 어시·태축 이하의 관을 이끌고 함께 집사위執事位로 되돌아간다. 봉례랑이 "재배하시오"라고 말한다. 어사 이하의 관들이 모두 재배하고 물러 나간다. 공인과 (문무) 이무二舞가 차례대로 물러 나간다. 태묘령太廟令[63]과 태축·궁위

---

61) 태위가 뇌세로 나아가 … 자리로 되돌아간다: 이 단락은 종묘제사에서의 태위의 아헌례를 설명한 것이다.

62) 앙제盎齊: 오제 중 하나. 술은 농도 진한 순서대로 5가지로 구분하는데, 앙제는 범제와 예제 다음으로 세 번째에 해당된다.(『周禮』「天官·酒正」)

63) 태묘령太廟令: 삼국 魏에서 설치하였고 太廟의 일상적인 관리를 담당하였으며 太常寺 소속이다. 晉과 劉宋代에는 모두 7품이었으며, 梁代 二廟令을 개설하여 小廟도 겸하여 담당하였다. 陳代에 다시 설치하였는데, 5품에 질 600석이었다. 北魏 역시 설치하였는데, 太廟令 아래에 太廟博士와 太廟門僕 등을 두기도 하였다. 北齊 때 太常寺 太廟署의 장관으로

령宮闈令64)이 요여腰輿65)를 이끌고 당에 올라 신주를 (가마에) 넣는다. 축판은 재방齋坊에서 불태운다.

七祀, 各因其時享 : 司命・戶以春, 竈以夏, 中霤以季夏土王之日, 門・厲以秋, 行以冬. 時享之日, 太廟令布神席于廟庭西門之內道南, 東向北上 ; 設酒尊于東南, 罍洗又於東南. 太廟令・良醞

令을 설치하였고 종8품상이었다. 隋唐代 그대로 계승하였는데, 隋初 正8品下로, 大業 3년(607)에는 정7품으로 승격하였으며, 당대에는 從7品下였다. 측천무후 萬歲登封 원년(696)에 淸廟臺令으로 개칭하였는데, 중종 神龍 원년(705) 때 舊名으로 복구하였고 玄宗 開元 24년(736)에 폐지하였다. 『개원례』는 개원 20년에 반포되었으므로 개원 24년 폐지 전에는 이처럼 태묘령이 종묘 제사에 소목의 자리를 마련한 것이다.

64) 궁위령宮闈令 : 내시성 소속 宮闈局의 수장으로 종7품하이며 2인을 둔다. 궁위령은 후궁의 궁위에서 시봉하고, 관약을 수발하는 일을 맡는다. 무릇 태묘에서 대제를 지낼 때 수하들을 이끌고 묘실에 도착하며, 황후의 신주를 꺼내 輿에 두었다가 (제단에) 올려놓는다. 제사를 마치면 (신주를) 넣어둔다(宮闈令掌侍奉宮闈, 出入管籥. 凡大享太廟, 帥其屬詣于室, 出皇后神主, 置於輿以登座焉 ; 旣事, 納之).(『역주당육전』 권12 「내시성・궁위령」)

65) 요여腰輿 : 장례 때 혼백과 신주를 운반하거나 嘉禮 때 敎命 등을 운반하던 작은 가마이다. 腰輿란 명칭은 들었을 때 그 높이가 허리까지 닿아서 붙여졌으며, 步輦 또는 昇床이라고도 한다. 『당육전』 권11 「전중성・尙輦奉

腰輿(세종실록)

御」에 의하면, 輿에는 3가지가 있는데, 첫째 오색여, 둘째 상평여, 셋째 요여이다. 무릇 대조회 및 제사 때에는 안에서 꺼내고 일을 마치면 다시 바치고 거둔다고 하였다.

令實尊篚, 太官丞引饌, 光祿卿升, 終獻, 獻官乃卽事, 一獻而止.

칠사七祀[66]의 경우, 계절에 따라 제사[時享]를 지낸다. 사명司命과 호戶의 제사는 봄에, 조竈(부엌)의 제사는 여름에, 중류中霤[67]는 계하季夏 토왕일土王日[68]에, 문門과 여厲는 가을에, 행신行神에는 겨울에 지낸다.[69] 시향을 올리는 날 태묘령은 신좌를 (태)묘의 마당 서문西門의 안쪽 도로[內道] 남쪽에 깔고 동쪽을 향하는데, 북쪽을 상석으로 한다. 주준酒尊(술동이)은 동남쪽에 진설하고 뇌세(물동이)도 동남쪽에 둔다. 태묘령과 양온령良醞令[70]이 주준과 비(광주리)에

---

66) 칠사七祀 : 주대 천자가 司命·中霤·國門·國行·泰厲·戶·竈 7가지 신에게 지내는 제사이다. 천자 이하 제후, 대부, 사는 등급에 따라 五祀, 三祀, 二祀를 지낼 수 있다.(『禮記』 「祭法」) 이들 신들은 천지와 같은 大神이 아니라 거주지의 특정 장소를 주관하는 小神으로 계절에 따라 제사를 지낸다. 예를 들어 봄에는 戶, 여름에는 竈, 가을에는 門, 겨울에는 行神에게 제사를 지낸다.(蔡邕, 『明堂月令章句』) 특히 行 제사는 漢代에 우물[井]로 대체하여 지낸 이후 후대 왕조도 그대로 답습하다가 隋代 七祀 제도가 성립되면서 行으로 다시 복구되었다. 당대에는 무덕 연간 초에 七祀를 폐지하였다가 「개원례」 때 복구하였고 中祀에 배정하였다.

67) 중류中霤 : 정현에 의하면 堂과 室에 거처하는 것을 주관하는 신이다.(『예기』 「제법」 정현주) 중류는 거주하는 곳의 정중앙을 의미하므로 제사시기는 계하 토왕일, 제사 고기의 부위는 심장을 올린다고 하였다.

68) 토왕일土旺日 : 오행에서 말하는 土의 기운이 왕성한 날이다. 춘하추동에 한 번씩 1년에 네 번 있는데, 申, 酉, 戌, 亥에 든다.

69) 계절에 따라 … 지낸다 : 계절에 따른 7사의 안배는 『明堂月令章句』에 따른 것이다. 「명당월령」에 "春曰其祀戶, 祭先脾, 夏曰其祀竈, 祭先肺, 中央曰其祀中霤, 祭先心, 秋曰其祀門, 祭先肝, 冬曰其祀行, 祭先腎"이라 하였다.

70) 양온령良醞令 : 光祿寺 소속 良醞署의 수장이다. 제사와 연회 때 제공하

술과 음식을 채우면 태관승太官丞[71])이 운반하고, 광록경이 묘당에
올라 종헌한다. 헌관이 제사를 주관할 때에는[即事][72]) 일헌一獻으로
그친다.

其配享功臣, 各位於其廟室太階之東, 少南西向, 以北爲上. 壺
尊二於座左, 設洗於終獻洗東南, 北向. 以太官令奉饌, 廟享已亞
獻, 然後獻官即事, 而助奠者分奠, 一獻而止.

공신功臣 배향配享의 경우, 해당되는 묘실 태계 동쪽에 신위를 배
치하고 약간 남쪽에서 서쪽을 향하게 하는데, 북쪽을 상석으로 한다.
호준壺尊[73]) 2개를 신좌 왼쪽에 두고 세洗는 종헌의 세 동남쪽에 진
설하고 북쪽을 향하게 한다. 태관령이 음식을 받들고 종묘 제향이
아헌을 마치면 그 뒤 진헌관이 제사에 임하는데 제사를 보조하는 자
[助奠者]가 분담하여 제사를 지내고 일헌一獻으로 그친다.

는 술을 담당하였다. 당대에는 2명을 두었고 관품은 정8품하이고 丞도
2명이고 정9품하이다. 이외에 掌醞·酒匠·奉觶 등의 속관이 있다.
71) 태관승 : 光祿寺의 太官署 소속으로 관직은 종8품하이며 4인을 두었다.
   태관서의 장관인 太官令은 공선의 일을 담당하는데, 태관승은 그 차관이
   다.(掌供膳之事; 丞爲之貳)『역주당육전』권제15「광록시·태관서」
72) 헌관이 … 주관할 때에는[即事] : 有司攝事, 즉 천자를 대신하여 다른 관
   리가 진헌관이 되어 제사를 지내는 경우를 말한다.
73) 호준壺尊 : 호리병 모양의 술동이이며, 용량은 5두이다.『周禮』「春官·司
   尊彝」에 의하면, "가을 제사[嘗]와 겨울제사[烝]에 饋獻의 예를 행할 때
   두 개의 호준을 사용한다"라고 하였다. 정현은『左傳』「昭公 15年」의 기
   사를 인용하여 "노나라 호준이다.尊以魯壺."라고 하였다.

此冬至祀昊天上帝于圓丘·孟冬祫于太廟之禮，在乎壇墠·宗
廟之間，禮盛而物備者莫過乎此也．其壇堂之上下·墠門之內外·
次位之尊卑與其向立之方·出入降登之節，大抵可推而見，其盛
且備者如此，則其小且略者又可推而知也．

(이상의) 동지에 원구에서 호천상제에 지내는 제사와 맹동에 태묘
에서 지내는 협제祫祭와 같은 제례는 (교외의) 단유壇墠(제단과 토
담) 사이, 종묘(의 기둥과 기둥) 사이에서 행해지는데,[74] 이보다 더
예가 성대하고 예물이 완비된 경우는 없다. 제단(원구)과 묘당(종묘)
의 상하, 유문墠門(토담과 문)의 안팎, 차위次位의 존비와 (그곳에서
의) 향립向立의 방향, 출입등강의 의절[75])의 대강은 미루어 살펴볼
수 있다. 이처럼 예가 성대하고 예물이 완비되었으니, 소소하고 간

---

74) 단유壇墠와 종묘 사이 : 원문의 '壇墠'는 교외에 설치된 제단과 제단을 둘
러싼 토담인 墠를 말한다. 대표적인 천지 제사인 남교와 북교는 제단과
유로 구성되어 있기 때문에 단유를 가지고 교에서 지내는 천지 제사, 즉
교사를 대칭한 것일 뿐만 아니라 실제적으로 제단 꼭대기에서부터 3단으
로 구성으로 된 제단과 제단을 중심으로 3겹으로 둘러싼 토담에 호천상제
이하 여러 신들을 등급에 따라 배치한 것을 두고 한 말이다. 마찬가지로
선조와 조상에게 지내는 제사 공간인 종묘도 가운데 태실을 중심으로 東
西의 序로 소목으로 제사 공간을 구분하고 있기 때문에 " … 사이[間]"라
고 한 것이다.

75) 제단(원구)과 묘당(종묘)의 상하 … 의절 : 앞에서 단유와 종묘 사이의 제
사 공간을 말하였는데, 여기에서는 구체적으로 교사에서의 제단과 종묘에
서의 묘당의 위 아래, 교단의 유와 종묘의 문 안팎, 교사를 위해 대기하는
임시 장막과 종묘제사에서 대기하는 판위의 존비에 따른 구분과 그러한
장소에서 행해지는 향립의 방향, 출입등강의 의절을 말하고 있다. 이 역시
교사와 종묘의 예를 대비시켜 서술하고 있다.

략한 의절 역시 미루어 짐작할만하다.

至於壇垍·神位·尊爵·玉幣·籩豆·簠簋·牲牢·冊祝之數皆
略依古.

제단과 예감[壇垍]76)·신위·준작·옥폐·변두·궤보·생뇌·책축의
숫자는 모두 대략 옛 제도를 따른다.

四成, 而成高八尺一寸, 下成廣二十丈, 而五減之, 至于五丈, 而
十有二陛者, 圓丘也. 八觚三成, 成高四尺, 上廣十有六步, 設八
陛, 上陛廣八尺, 中陛一丈, 下陛丈有二尺者, 方丘也. 高·廣皆四
丈者, 神州之壇也. 其廣皆四丈, 而高八尺者靑帝·七尺者赤帝·
五尺者黃帝·九尺者白帝·六尺者黑帝之壇也. 廣四丈, 高八尺者,
朝日之壇也. 爲坎深三尺, 縱廣四丈, 壇於其中, 高一尺, 方廣四
丈者, 夕月之壇也. 廣五丈, 以五土爲之者, 社稷之壇也. 高尺, 廣
丈, 蜡壇也. 高五尺, 周四十步者, 先農·先蠶之壇也. 其高皆三尺,
廣皆丈者, 小祀之壇也. 嶽鎭·海瀆祭於其廟, 無廟則爲之壇於坎,
廣一丈, 四向爲陛者, 海瀆之壇也. 廣二丈五尺, 高三尺, 四出陛
者, 古帝王之壇也. 廣一丈, 高一丈二尺, 戶方六尺者, 大祀之燎
壇也. 廣八尺, 高一丈, 戶方三尺者, 中祀之燎壇也. 廣五尺, 戶方
二尺者, 小祀之燎壇也. 皆開上南出. 瘞坎皆在內壝之外壬地, 南

76) 단감壇垍: 천 제사를 지내는 祭壇과 지 제사를 지내는 瘞坎을 합쳐 부른
말이다. 천 제사는 불을 피워 연기를 하늘에 올리는 형식을 취하고 지
제사는 희생을 땅에 묻어 제사 형식이 달라 제단의 형태도 다르다.

出陛, 方深足容物. 此壇墄之制也.

  (원구는) 4단[四成]이고 한 층의 높이는 8척 1촌이며, 하단의 넓이
는 20장이고 5분의 1씩 감하여 맨 위층은 5장이며, 12개의 계단이
있는 것이 원구圜丘이다. (방구는) 팔각형에 3층이고 한 층의 높이는
4척이며, 상층의 너비는 16보步이고 8개의 계단을 설치하며, 상층
계단은 너비가 8척, 중간 계단은 1장, 하층 계단은 1장 2척인 것이
방구方丘이다. 높이와 너비가 모두 4장인 것은 신주神州[77]) 제단이다.

<hr />

77) 신주神州 : 赤縣神州라고도 하며, 고대 중국인의 전통적인 지리 관념인
   우공구주설에서 기원한 용어이다. 천하를 9주로 파악했던 전통적인 지리
   관념은 전국말 지리적 확대에 따라 추연의 대구주설이 탄생했는데, 신주
   개념은 여기에서 파생되었으며, 이후 적현신주는 중국을 가리키는 용어가
   되었다. 방구에서 제사되는 황지기가 보편적인 地神이라고 한다면 신주
   는 그중에 중국의 천자가 거주하는 공간을 의미한다. 『周禮』 「春官·典
   瑞」에 "兩圭有邸, 以祀地, 旅四望"에 대한 鄭玄의 注에 "兩圭者以象地
   數二也. 僎而同邸. 祀地謂所祀於北郊神州之神"라고 하였는데, 정현은
   지 제사를 북교에서 신주의 신에 제사지내는 것으로 파악하고 있다. 이
   신주에 제사를 지내기 시작한 것은 사서에서는 北齊가 처음이다. "북제의
   제도는 삼년에 1번 제사지내는 것이다. 여름 하지에 곤륜황지기를 방택에
   서 체 제사하면서 무명황후를 배사하였다. 제단은 나라의 북교에 두었다.
   신주, 사직, 천하산수를 함께 종사하였다.北齊制, 三年一祭. 以夏日至禘
   崑崙皇地祇於方澤, 以武明皇后配. 爲壇在國北郊. 神州·社稷·天下山
   水, 並從祀."(『通典』 「禮」5 '方丘'조)라고 하였다. 이 제도가 北周를 거쳐
   隋代에는 여름 하지에 황지기 제사 때 9주와 함께 從祀하고 맹동에는
   북교에서 신주를 제사하는 것으로 정해졌다. 당대에 들어와 고종 永徽
   연간에 許敬宗이 신주 제사를 방구 지 제사 외에 별도로 두는 것에 대해
   의문을 제기하여 잠시 폐지되었으나 乾封 연간에 다시 복구되었고, 이후
   開元 21年 「개원례」에서는 夏至皇地祇제사에 高祖를 配享케하고 맹동

너비는 모두 4장인데, 높이는 8척인 것은 청제단, 7척인 것은 적제단, 5척인 것은 황제단, 9척인 것은 백제단, 6척인 것은 흑제단이다. 너비가 4장이고 높이가 8척인 것은 조일단朝日壇이다. (예)감坎(희생을 묻는 구덩이)의 깊이는 3척이고 가로세로 4장이며 그 가운데 단이 있는데, 높이가 1척이고 사방 너비가 4장인 것이 석월단夕月壇이다. 너비가 5장이고 오색토로 만든 것이 사직단이다. 높이가 1척이고 너비가 1장인 것이 사단蜡壇이다. 높이가 5척이고 둘레가 40보인 것이 선농단先農壇과 선잠단先蠶壇이다. 높이는 모두 3척이고 너비는 모두 1장인 것은 소사小祀의 제단이다. 악진嶽鎮과 해독海瀆은 해당되는 묘에서 제사지내고 (해당되는) 묘가 없는 경우 감에 단을 만드는데, 너비가 1장이고 사방에 계단을 만든 것이 해독의 단이다. 너비는 2장 5척이고 높이가 3척이며 사면에 계단을 낸 것은 고제왕古帝王[78])의 단이다.

너비는 1장이고 높이는 1장 2척이며 호戶의 사방이 6척인 것이 대사大祀의 요단燎壇이다. 너비는 8척이고 높이는 1장이며 호의 사방이 3척인 것이 중사中祀의 요단이다. 너비는 5척이고 호의 사방이 2척인 것이 소사小祀의 요단이다.[79]) 모든 상층이 개방되었고 (호는)

에 神州에 太宗을 配享하는 것으로 정하였다.

78) 고제왕古帝王 : 여기에서 '고제왕'은 『대당개원례』에는 '先代帝王'으로 되어 있다. 제곡·제요·제순·하우·은탕·주문왕·주무왕·한고조가 그 대상이다. "仲春之月, 享先代帝王, 帝嚳氏帝堯氏(稷契配)帝舜氏(皐陶配) 夏禹(伯益配)殷湯(伊尹配)周文王(太公配)周武王(周公召公配)漢高祖 (蕭何配)"

79) 대사, 중사, 소사의 요단燎壇 : 요단은 천신 이하 천상의 신들에 제사지낼 때 연기를 피워 올려 제사를 지내는데, 이때 희생에 사용되었던 일부를

남쪽으로 내었다[開上南出].80) 예감瘞坎81)(희생을 묻는 구덩이)은 모두 내유內壝의 바깥 임지壬地(북방)에 있으며 남쪽으로 계단을 내며 너비와 깊이 모두 제물을 수용할 정도이다. 이것이 제단과 예감에 대한 제도이다.

　冬至祀昊天上帝於圜丘, 以高祖神堯皇帝配. 東方青帝靈威仰 · 南方赤帝赤熛怒 · 中央黃帝含樞紐 · 西方白帝白招拒 · 北方黑帝汁光紀及大明 · 夜明在壇之第一等. 天皇大帝 · 北辰 · 北斗 · 天一 · 太一 · 紫微五帝座, 並差在行位前. 餘內官諸坐及五星 · 十二辰 · 河漢四十九坐, 在第二等十有二陛之間.{中官 · 市垣 · 帝座 · 七公 · 日星 · 帝席 · 大角 · 攝提 · 太微 · 五帝 · 太子 · 明堂 · 軒轅 · 三台 · 五車 · 諸王 · 月星 · 織女 · 建星 · 天紀十七座}82)及二十八宿, 差在

태우는 장소를 말한다. 『周禮』 「春官 · 大祝」에 "대 인사, 사향, 제시에 명수와 명화를 잡고 축을 호령한다.凡大禋祀 · 肆享 · 祭示, 則執明水火而號祝."에 대한 鄭玄의 注에 "인사는 천신에 제사하는 것이다.禋祀, 祭天神也."라고 하였다. 賈公彦은 「大宗伯」의 소에서 호천일 경우는 인사禋祀라고 하고 일월일 경우는 실시實柴라 하며, 司中 등 星辰일 경우는 유요槱燎라고 하며, 이 모든 것을 통틀어 禋祀라고 한다고 하였다. 그러므로 여기에서 말하는 대사는 禋祀, 중사는 實柴, 소사는 유요槱燎 등에 사용되는 요단을 말한다.

80) '開上南出' : 요단의 형태가 크기와 상관없이 위는 개방되어 있고 남쪽으로 문이 나 있다고 하였는데, 여기에서 남쪽으로 난 것은 앞에서 말한 '戶(지게문)'를 말한다.

81) 예감 : 지 제사 때 희생의 모혈을 묻는 곳이다.

82) {　}부분은 『通典』 「禮」66 '神位'에는 "中官市垣座 · 七公 · 日星 · 帝座 · 大角 · 攝提 · 太微 · 太子 · 明堂 · 軒轅 · 三台 · 五車 · 諸王 · 月星 · 織女 ·

前列. 其餘中官一百四十二座皆在第三等十二陛之間. 外官一百
五在內壇之內, 衆星三百六十在內壇之外. 正月上辛祈穀祀昊天
上帝, 以高祖神堯皇帝配, 五帝在四方之陛. 孟夏雩祀昊天上帝,
以太宗文武聖皇帝配, 五方帝在第一等, 五帝在第二等, 五官在壇
下之東南. 季秋祀昊天上帝, 以睿宗大聖眞皇帝配, 五方帝在五
室, 五帝各在其左, 五官在庭, 各依其方. 立春祀青帝, 以太皞氏
配, 歲星·三辰在壇下之東北, 七宿在西北, 句芒在東南. 立夏祀
赤帝, 以神農氏配, 熒惑·三辰·七宿·祝融氏之位如青帝. 季夏土
王之日祀黃帝, 以軒轅氏配, 鎭星·后土氏之位如赤帝. 立秋祀白
帝, 以少昊氏配, 太白·三辰·七宿·蓐收之位如赤帝. 立冬祀黑
帝, 以顓頊氏配, 辰星·三辰·七宿·玄冥氏之位如白帝. 蜡祭百
神, 大明·夜明在壇上, 神農·伊耆各在其壇上, 后稷在壇東, 五官
·田畯各在其方, 五星·十二次·二十八宿·五方之岳鎭·海瀆·山
林·川澤·丘陵·墳衍·原隰·井泉各在其方之壇, 龍·麟·朱鳥·
騶虞·玄武·鱗·羽·蠃·毛·介·水墉·坊·郵表畷·於菟·貓各在
其方壇之後. 夏至祭皇地祇, 以高祖配, 五方之岳鎭·海瀆·原隰
·丘陵·墳衍在內壇之內, 各居其方, 而中岳以下在西南. 孟冬祭

建星·天紀等十七座及二十八宿, 並差在前列"로 되어 있다. 『통전』의
경우 17좌가 맞는데, 「예악지」의 표점대로라면 20좌가 된다. 『大唐開元
禮』에는 "中官市垣帝座·七公·日星·帝席·大角·攝提·太微·太子·
明堂·軒轅·三台·五車·諸王·月星·織女·建星·天紀等十七座"(표점
은 역자)로 되어 있다. '市垣帝座'는 天市垣의 帝座를 말한다. 천제가
천시원에서 머무는 자리로 천시원의 정중앙에 있는 별자리이다. 따라서
이 부분은 {中官市垣帝座·七公·日星·帝席·大角·攝提·太微·太子·
明堂·軒轅·三台·五車·諸王·月星·織女·建星·天紀十七座}가 되어
야 한다.

神州地祇, 以太宗配. 社以后土, 稷以后稷配. 吉亥祭神農, 以后稷
配, 而朝日·夕月無配. 席, 尊者以槁秸, 卑者以莞. 此神位之序也.

　동지에 원구에서 호천상제에 제사지낼 때 고조 신요황제를 배사
한다. 동방 청제 영위앙靈威仰·남방 적제 적표노赤熛怒·중앙 황제
함추뉴含樞紐·서방 백제 백초거白招拒·북방 흑제 즙광기汁光紀 및
대명大明·야명夜明(의 신주)은 원구단의 첫 번째 단에 둔다. 천황대
제天皇大帝·북신北辰·북두北斗·천일天一·태일太一·자미오제좌紫
微五帝座는 모두 행위行位(위차에 따라 정해진 신위)83) 앞에 차서에
따라 배열한다. 나머지 내관의 여러 성신의 신좌 및 오성五星·십이
신十二辰·하한河漢 49개의 신좌는 두 번째 단의 12개 계단 사이에
둔다. {중관中官의 천시원 제좌[市垣帝座]·칠공七公·일성日星·제석
帝席·대각大角·섭제攝提·태미太微·태자太子·명당明堂·헌원軒轅·
삼태三台·오거五車·제왕諸王·월성月星·직녀織女·건성建星·천기
天紀 17좌}84) 및 28수를 차서에 따라 앞 열에 진열한다. 나머지 중
관中官 142좌는 모두 세 번째 단의 12개 계단 사이에 두며, 외관外
官 105개의 신좌는 내유 안쪽에 두고 중성衆星 360개의 신좌는 내유

---

83) 행위行位 : 항렬에 따라 마련된 신위를 말한다. 『의례』 「특생궤식례」 "夙
　興, 主人服如初, 立於門外東方, 南面, 視側殺"에 대한 가공언의 소에
　"釋曰 : 自此盡'於中庭', 論祭日夙興, 主人主婦陳設及行位之事"라고 하
　여 '진설' 및 '행위'의 일이라는 표현이 보인다. 제물의 진설과 제사에 참
　여하는 주인과 빈객의 위치를 지정하는 일을 뜻한다. 여기에서는 '위차에
　따라 정해진 신위'로 번역하였다.
84) { } 이 부분은 『통전』과 『대당개원례』를 참조하여 역자가 표점을 수정하
　여 번역하였다.

바깥쪽에 둔다.

정월 상신일上辛日[85]에 호천상제에게 기곡祈穀 제사를 지내며[86] 고조 신요황제를 배사한다. 오제는 사방의 계단에 배치한다.

맹하에 호천상제에 우사雩祀를 지낼 때에는 태종 문무성황제文武聖皇帝를 배사한다. 오방제五方帝[87]는 첫 번째 단에 배치하고 오제五帝[88]는 두 번째 단에 두며 오관五官[89]은 (두 번째) 단 아래 동남쪽에 배치한다.

계추에 호천상제에 제사지낼 때에는[90] 예종睿宗 대성진황제大聖

---

85) 상신일上辛日 : 그 달의 첫 번째 辛日을 말한다. 정월 상신일을 교사의 시기로 정한 이유에 대해서 동중서는 "天이 가장 존귀하기 때문에 1년 중 제일 먼저 郊祀하는 것으로, 貴한 것을 우선한다는 의미요 天을 받드는 도리以最尊天之故, 故易始歲更紀, 卽以其初郊, 郊必以正月上辛者, 言以所最尊. 首一歲之事, 每更紀者以郊, 郊祭首之, 先貴之義, 尊天之道也"(『春秋繁露』「郊義」)라고 설명하였다.

86) 정월 상신일 기곡제사 : 冬至에 圜丘에서 호천상제에 지내는 제사는 祭天 의례라고 한다면, 정월 상신일에 지내는 제사는 황제가 한 해의 풍년을 기원하는 제사, 즉 祈穀의 의미를 가진 제사로 제사 날짜를 달리하여 구분하였다.

87) 오방제五方帝 : 여기에서 말하는 오방제는 천상의 다섯 방위를 주관하는 感生五帝를 말한다. 앞에서 언급한 동방 청제 영위앙, 남방 적제 적표노, 중앙 황제 함추뉴, 서방 백제 백초거, 북방 흑제 즙광기이다.

88) 오제五帝 :『통전』「예」66 '신위' 주에 의하면 "태호太昊·염제炎帝·헌원軒轅·소호少昊·전욱顓頊"을 말한다.

89) 오관五官 :『통전』「예」66 '신위' 주에 의하면 "구망句芒·축융祝融·후토后土·욕수蓐收·현명玄冥"을 말한다.

90) '季秋' 다음에 '大享明堂'이 생략되었다. 계추에 명당에서 호천상제에 지내는 제사, 즉 '大享明堂'례를 말한다.

眞皇帝를 배사한다. 오방제는 오실五室에, 오제는 각각 오방제의 왼쪽에 두며 오관은 (명당의) 뜰[庭]에 두는데, 각각 해당 방위에 따라 둔다.91)

입춘에 청제에 제사하며 태호씨太皞氏92)를 배사한다. 세성歲星·삼신三辰을 제단 아래의 동북쪽에 두고 (동방) 칠수七宿93)는 서북쪽에, 구망句芒94)은 동남쪽에 둔다. 입하에 적제에 제사지낼 때 신농씨를 배사한다. 형혹熒惑·삼신三辰·(남방) 칠수七宿95)·축융씨의 신

---

91) 『통전』「예」70 '皇帝季秋大享於明堂' '陳設'조에 "太史令·郊社令升設昊天上帝神座於明堂太室之內中央, 南向, 席以稿秸. 設睿宗大聖眞皇帝神座於上帝之東南, 西向, 席以莞. 設青帝於木室, 西向；赤帝於火室, 北向；黃帝於太室南戶之西, 北向；白帝於金室, 東向；黑帝於水室, 南向：席皆以稿秸. 設太昊·炎帝·軒轅·少昊·顓頊之座, 各於五方帝之左, 俱內向, 差退. (若非明堂五室, 皆如雩祀圓丘設座之禮.) 設五官座於明堂之庭, 各依其方, 俱內向, 席皆以莞. 設神位各於座首"라고 하여 자세히 언급되어 있다. 이 구절을 축약한 것으로 보면 된다.

92) 태호씨太皞氏 : 오제 중 봄을 주관하는 상제이다. 太皞는 伏羲氏를 말하며, 음양오행설에 따라 木德으로 왕천하한 호칭으로 알려졌다.

93) (동방) 칠수七宿 : 28수를 4방위에 나누어 배치한 것을 말한다. 동방 7수는 '蒼龍七宿'라고도 하며 角·亢·氐·房·心·尾·箕의 星宿이 여기에 해당된다.

94) 구망句芒 : 오제 중 동방 목제 태호씨의 보좌신이다. 구망은 『呂氏春秋』「孟春紀」의 "其帝太皞, 其神句芒"의 高誘 注에 의하면, "구망은 소호씨의 후예이고 이름이 중이며 목제를 보좌하고 죽어서 목관의 신이 되었다. 句芒, 少皞氏之裔子曰重, 佐木德之帝, 死为木官之神."라고 하였다. 구망 등을 오관이라고 하는 데에는 여기에서 유래한다.

95) (남방) 칠수 : 井·鬼·柳·星·张·翼·轸로 구성되어 있으며 '朱雀七宿'라고도 한다.

위를 청제와 같이 (제단 아래의 동북쪽) 둔다. 축융씨의 신위는 청제와 같이 (동북쪽에) 둔다. 계하季夏 토왕일에 황제에 제사할 때 헌원씨軒轅氏를 배사한다. 진성鎭星·후토씨后土氏의 신위는 적제와 같이 둔다. 입추 백제를 제사할 때 소호씨를 배사한다. 태백太白·삼신三辰·(서방) 칠수96)·욕수蓐收의 신위를 적제와 같이 둔다. 입동立冬에 흑제黑帝에 제사할 때 전욱씨顓頊氏를 배사한다. 진성辰星·삼신三辰·(북방) 칠수97)·현명씨玄冥氏의 신위를 백제와 같이 둔다.

12월에 백신百神에게 납향臘享을 올리는 경우,98) 대명과 야명은 제단 위에 두고, 신농씨神農氏와 이기씨伊耆氏99)는 각각의 제단 위에 둔다. 후직은 제단 동쪽에 두고 오관五官과 전준田畯100)은 각각 해당 방위에 둔다. 오성五星, 십이차十二次, 이십팔수, 오방五方의 악진岳鎭·해독海瀆·산림山林·천택川澤·구릉丘陵·분연墳衍·원습原

---

96) (서방) 칠수 : 奎·娄·胃·昂·毕·觜·参로 구성되어 있으며 '白虎七宿'라고도 한다.

97) (북방) 칠수 : 斗·牛·女·虚·危·室·壁로 구성되어 있으며 '玄武七宿'라고도 한다.

98) 『통전』「禮」66 '五禮篇目'에 의하면 "남교에서 백신에 납향을 올리는데, 신좌가 모두 192좌다. 臘日, 蜡百神於南郊, 都百九十二座"라고 하였다.

99) 이기씨伊耆氏 : 전설 속의 고 제왕이다. 일설에 神農氏 炎帝라고도 하고 帝堯라고도 한다. 본문에서는 신농과 함께 언급되어 각각 별개의 인물로 취급하고 있다. 주대에는 관직명으로 제사 때 지팡이를 담당하였다. 『周禮』「秋官·伊耆氏」에 "이기씨는 국가의 대제사 때 지팡이를 제공하며 군사 훈련 때에는 유작자에게 지팡이를 제공하고 왕의 치장을 제공하는 일을 담당한다.伊耆氏掌國之大祭祀, 共其杖咸, 軍旅授有爵者杖, 共王之齒杖."

100) 전준田畯 : 주대 설치된 관직명으로, 농사를 주관한다.

隙·정천井泉은 각각 해당 방위의 단에 두며, 용龍·기린麟·주조朱鳥·추우騶虞[101]·현무玄武·린鱗(비늘이 있는 어류)·羽(깃털을 가진 조류)·나臝(털 없는 파충류)·모毛(털을 가진 포유류)·개介(껍질을 가진 갑각류)·수용水墉·방坊·우표철郵表畷·오도於菟(호랑이별칭)·묘貓(고양이)[102] 등은 각각 해당 방위의 제단 뒤쪽에 둔다.

하지에 황지기皇地祇에 제사할 때 고조를 배사하고 오방五方의 악진·해독·원습·구릉·분연을 내유 안쪽에 두고 각각 해당 방위에 거하게 하는데, 중악 이하는 서남쪽에 둔다.

맹동에 신주神州 지기[103]에 제사할 때 태종을 배사한다.

사社 제사에는 후토를, 직稷 제사에는 후직을 배사한다. 길해吉亥(일)에 신농을 제사할 때 후직을 배사하고 조일朝日과 석월夕月에는 배사가 없다.

(신수를 놓는) 자리[席]는 존귀한 사는 바른 볏짚으로 짠 자리[稿秸]를 쓰고, 낮은 자는 왕골로 짠 자리[莞]를 쓴다. 이것이 신위(를 놓는) 차서이다.[104]

---

101) 추우騶虞 : 생김새가 白虎와 비슷한데 검정 무늬가 있으며 꼬리가 몸보다 긴 짐승으로, 생물을 잡아먹지 않고 생풀을 먹지 않는다 하여 기린과 함께 상서로운 동물로 알려져 있다.

102) 용龍·기린麟 … 묘貓 : 『禮記』 「郊特牲」에 "八蜡以記四方"이라 하였고 정현의 주에 "蜡有八者, 先嗇一也, 司嗇二也, 農三也, 郵表畷四也, 貓虎五也, 坊六也, 水庸七也, 昆蟲八也"이라 하였다. 이 8종류의 농사와 관련이 있는 신들 외에 각 방위마다 관련 있는 신들을 모두 함께 제사하였다.

103) 신주神州 지기 : 신주를 주관하는 지신을 가리킨다. 일반적으로 '祭神州'라고 地祇를 생략하는 경우가 많다.

以太尊實汎齊, 著尊實醴齊, 犧尊實盎齊, 山罍實酒, 皆二；以
象尊實醍齊, 壺尊實沈齊, 皆二；山罍實酒四：以祀昊天上帝·皇
地祇·神州地祇. 以著尊實汎齊, 犧尊實醴齊, 象尊實盎齊, 山罍
實酒, 皆二, 以祀配帝. 以著尊二實醴齊, 以祀內官. 以犧尊二實盎
齊, 以祀中官. 以象尊二實醍齊, 以祀外官. 以壺尊二實昔酒, 以祀
衆星·日·月. 以上皆有坫. 迎氣, 五方帝·五人帝以六尊, 惟山罍
皆減上帝之半. 五方帝大享於明堂, 太尊·著尊·犧尊·山罍各二.
五方帝從祀於圓丘, 以太尊實汎齊, 皆二. 五人帝從享於明堂, 以
著尊實醴齊, 皆二. 日·月, 以太尊實醴齊, 著尊實盎齊, 皆二, 以
山罍實酒一. 從祀於圓丘, 以太尊二實汎齊. 神州地祇從祀於方
丘, 以太尊二實汎齊. 五官·五星·三辰·后稷, 以象尊實醍齊；七
宿, 以壺尊實沈齊, 皆二. 蜡祭, 神農·伊耆氏, 以著尊皆二實盎齊.
田畯·龍·麟·朱鳥·騶虞·玄武, 以壺尊實沈齊. 麟·羽·羸·毛·
介·丘陵·墳衍·原隰·井泉·水墉·坊·郵表畷·虎·貓·昆蟲, 以
散尊實清酒, 皆二. 嶽鎮·海瀆, 以山尊實醍齊. 山·川·林·澤, 以
蜃尊實沈齊, 皆二. 伊耆氏以上皆有坫. 太社, 以太罍實醍齊, 著尊
實盎齊, 皆二；山罍一. 太稷, 后稷氏亦如之. 其餘中祀, 皆以犧尊
實醍齊, 象尊實盎齊, 山罍實酒, 皆二. 小祀, 皆以象尊二實醍齊.
宗廟祫享, 室以斝彝實明水, 黃彝實鬯, 皆一；犧尊實汎齊, 象尊
實醴齊, 著尊實盎齊, 山罍實酒, 皆二. 設堂上. 壺尊實醍齊, 大尊
實沈齊, 山罍實酒, 皆二. 設堂下. 禘享, 雞彝·鳥彝一. 時享, 春
·夏室以雞彝·鳥彝一, 秋·冬以斝彝·黃彝一, 皆有坫. 七祀及功

---

104) 동지에 원구에서 … 이것이 신위의 차서 : 동지 원구에서부터 이 구절까
지 제사에 따른 신과 배사되는 선조 그리고 從祀되는 각종 신위를 제단
의 위치에 따라 설명하고 있다.

臣配享, 以壺尊二實醍齊. 別廟之享, 春‧夏以雞彝實明水, 鳥彝
實鬯, 皆一 ; 犧尊實醴齊, 象尊實盎齊, 山罍實酒, 皆二. 秋‧冬以
斝彝‧黃彝, 皆一 ; 著尊‧壺尊‧山罍皆二. 太子之廟, 以犧尊實醴
齊, 象尊實盎齊, 山罍實酒, 皆二. 凡祀, 五齊之上尊, 必皆實明
水 ; 山罍之上尊, 必皆實明酒 ; 小祀之上尊, 亦實明水. 此尊爵之
數也.

　　태준太尊에는 범제汎齊를 담고 착준著尊에는 예제醴齊를, 희준犧
尊에는 앙제盎齊를, 산뢰山罍에는 술[酒]을 담는데, 모두 2개씩 사용
한다. 상준象尊에는 제제醍齊를 담고 호준壺尊에는 침제沈齊[105]를
담는데, 모두 2개씩 사용한다. 산뢰山罍에는 4종류의 술을 담는다.
이것으로 호천상제‧황지기‧신주지기 제사에 사용한다.[106] 착준에
는 범제를 담고 희준에는 예제를, 상준에는 앙제를, 산뢰에는 술을
담는데, 모두 2개이며 배사제를 제사하는 데 사용한다. 착준 2개에
예제를 담아 내관 제사에 사용한다. 희준 2개에 앙제를 담아서 중관
제사에 사용한다. 상준 2개에 제제를 담아서 외관 제사에 사용한다.
호준 2개에 석주昔酒[107]를 담아서 중성衆星‧일日‧월月 제사에 사용

---

105) 침제沈齊 : 五齊 중 하나이다.(『주례』「天官‧酒正」의 泛齊‧醴齊‧盎齊
　　‧醍齊‧沈齊) 침제는 숙성이 되면서 찌꺼기가 가라앉은 술로 오제 중
　　가장 맑다.

106) 태준太尊에는 … 사용한다 :『舊唐書』「禮儀志」1에는 "(호천)상제의 경
　　우 太樽‧著樽‧犧樽‧象樽‧壺樽을 각각 2개씩, 山罍 6개를 사용한
　　다"고 되어 있으니, 이 구절을 풀이하면 호천상제 제사(동지 제천, 정월
　　상신 기곡, 맹하 우사, 계추 대향)와 하지 황지기 제사, 입동의 신주지
　　기 제사에는 공통적으로 각각의 준 2개씩과 산뢰 6개를 사용한다는
　　의미이다.

한다. 이상 모두 점坫(받침대)이 있다.

　영기迎氣 의례[108] 때 오방제五方帝[109]와 오인제五人帝[110]는 육준六尊[111]을 쓰되 산뢰의 경우 감하여 호천상제의 반으로 한다. 명당에서 오방제에게 제사하는 대향에는 태준·착준·희준·산뢰를 각각 2개씩 사용한다. 오방제를 원구에서 종사從祀[112]할 때에는 태준에

---

107) 석주昔酒 : 三酒 중 하나. 삼주는 『周禮』 「天官·酒正」에 사주·석주·청주라고 하였다.(『周禮』 「天官·酒正」 "辨三酒之物, 一曰事酒, 二曰昔酒, 三曰清酒) 술 이름에 대해 정사농은 술이 사용되는 상황에 따라 붙여진 이름으로 해석하였는데, 예를 들면 사주는 일이 있을 때 마시는 술, 석주는 일이 없을 때 마시는 술, 청주는 제사 때 사용하는 술이라고 하였다.(鄭司農云, 事酒, 有事而飮也. 昔酒, 無事而飮也.淸酒, 祭祀之酒.) 이에 대해 정현은 모두 祭酒로 보고 제사 때 제사와 관련된 사람(유사자)과 관련이 없는 사람(무사자)로 구분하고 있다. 그리고 오제와 마찬가지로 숙성의 정도에 따라 사주·석주·청주로 구분하고 있다.(玄謂事酒, 酌有事者之酒, 其酒則今之醳酒也. 昔酒, 今之酋久白酒, 所謂舊醳者也. 淸酒, 今中山冬釀, 接夏而成.)

108) 영기迎氣 의례 : 五郊 迎氣禮를 말한다. 입춘, 입하, 중하, 입추, 입동일에 동교, 남교, 서교, 북교에서 해당 방위의 상제를 맞이하는 의례이다.

109) 오방제 : 동방 청제 영위앙, 남방 적제 적표노, 중앙 황제 함추뉴, 서방 백제 백초거, 북방 흑제 즙광기이다.

110) 오인제五人帝 : 太皞, 炎帝, 黃帝, 少昊, 顓頊을 말한다. 오방제가 주신이고 배사되는 오제로 "春以太皞, 夏以炎帝, 季夏以黃帝, 秋以少昊, 冬以顓頊"(『通典』 「禮」2 '郊天'上)이다.

111) 육준六尊 : 원래 육준은 太尊·著尊·犧尊·象尊·壺尊·山尊인데, 「개원례」에 나열된 육준에는 山尊 대신 山罍를 쓰고 있다. 이것은 『周禮』 「春官·司尊彝」의 정현 주에 "山尊은 산뢰山罍이다"라고 한 데 따른 것으로 보인다.

112) 종사從祀 : 제사를 지낼 때 주신과 상대되는 대상을 짝하여 제사하는 것

범제를 담는데, 모두 2개 사용한다. 오인제를 명당에서 종향從享할 때에는 착준에 예제를 담는데, 모두 2개 사용한다. 일日·월月(제사)에는 태준에 예제醴齊를, 착준에 앙제盎齊를 담는데, 모두 2개 사용하고 산뢰 1개에는 술을 담는다. 원구에서의 종사從祀에는 태준 2개에 범제汎齊를 담는다. 신주지기神州地祇를 방구에서 종사할 때에는 태준 2개에 범제를 담는다. 오관五官·오성五星·삼신三辰·후직后稷의 제사에는 상준에 예제를 담고 칠수七宿에 대해서는 호준에 침제를 담고 2개 사용한다.

납향臘享 때 신농(씨)와 이기씨에는 착준 2개에 앙제를 담는다. 전준·용·기린[麟]·주조·추우·현무는 호준에 침제를 담는다. 린麟(앞에서는 鱗, 어류)·우羽·나臝·모毛·개介·구릉·분연·원습·정천·수용·방·우표철·호·묘·곤충에는 산준散尊[113]에 청주淸酒를 담는데, 모두 2개 사용한다. 악진과 해독은 산준에 제제醍齊를 담는다. 산·천·임·택은 신준蜃尊[114]에 침제를 담는데, 모두 2개 사용한다.

을 '配祀'라고 하고, 주신과 관련된 하위 개념의 신들 혹은 부속된 신령들을 제사하는 것을 '從祀'라고 한다.

113) 산준散尊 : 『周禮』 「春官·鬯人」에 "종묘에서는 유脩
[卣]의 술동이를 사용하고, 무릇 산천과 사방에 제사지낼 때에는 蜃의 술동이를 사용하고, 무릇 산림에 제사지낼 때에는 槪의 술동이를 사용하고, 무릇 사방의 작은 신들에게 제사지낼 때에는 散의 술동이를 사용한다.廟用脩, 凡山川·四方用蜃, 凡祼事用槪, 凡疈事用散."고 하였다. 산준은 검은 칠을 하였지만 별도의 문식이 없는 술동이이다.

散尊

114) 신준蜃尊 : 배 부위에 대합조개의 형상을 그려 넣어 장식한 술동이이다.

이기씨 이상은 모두 점(받침대)이 있다.

　태사太社[115]의 경우, 태뢰太牢에 제제를 담고 착준에 앙제를 담는데, 모두 2개씩 사용한다. 산뢰는 1개 사용한다. 태직太稷[116]의 경우, 후직씨 역시 이와 같이 한다. 그 나머지 중사에는 모두 희준에 제제를 담고 상준에 앙제를, 산뢰에 술을 담는데, 모두 2개 사용한다. 소사에는 상준 2개에 제제를 담는다.

　종묘 협향祫享[117]에는 묘실에 가이斝彝[118]에 명수明水[119]를 담고

『주례』에는 산천과 사방에 제사지낼 때 사용한다고 하였다.

蜃尊(『삼례도』)

115) 태사太社 : 왕이 백성들(관리를 포함)을 위해 설립한 토지신 제사[社]이다. 왕 개인이 자신을 위해 세운 사와는 구별하여 지칭한다.(『禮記』「祭法」 "王爲羣姓立社, 曰太社. 王自爲立社曰王社") 후대에 천자의 사를 태사라 하고 제후의 사를 국사라고 하여 구분하는 것과도 상통한다.

116) 태직太稷 : 太社와 마찬가지로 천자가 백성들을 위해 세운 곡신[稷] 제사이다. 제후의 경우는 國稷이라 한다.

117) 협향祫享 : 종묘에 모셔진 선조를 한꺼번에 다 같이 지내는 제사를 말한다. 협제는 3년에 1번 殷祭(성대한 제사)를 지내고 禘祭는 5년에 1번 지낸다.

118) 가이斝彝 : 六彝 중 하나이다. 섭숭의의 『삼례도』에 의하면, "가이에는 明水를 담는다. 先鄭(鄭衆)은 '斝'를 '稼(벼이삭)'로 읽었다. 다시 말해 술그릇에 벼이삭을 그려 넣었기 때문에 술그릇의 이름이 되었다고 한 것이다. 그러므로 嘉禾로 장식을 해야 한다"고 하여 '가'를 정중의 해석에 따라 '벼이삭'으로 보고 상서로운 벼이삭이 그려진 준으로 보았다. 한편 '斝'는 고대 주로 술을 데울 때 사용하던 酒器로, 신석기 시대 대문

황이黃彝[120]에 울창주를 담는데, 모두 1개씩 사용한다. 희준에는 범제를, 상준에는 예제를, 착준에는 앙제를, 산뢰에는 술을 담는데, 모두 2개씩 사용한다. 당상에 진설한다. 호준에는 제제를, 대(태)준에는 침제를, 산뢰에는 술을 담는데, 모두 2개씩 사용한다. 당하에 설치한다. 체향禘享[121]에는 계이雞彝와 조이鳥彝 1개씩 사용한다. 시향

구문화 이전부터 도기로 제작된 가가 출토될 정도로 매우 오래전부터 사용되었던 예기이다. 觚와 爵과 함께 세트로 사용되었으며 후대에는 주로 청동기로 제작되었다. 형태는 삼족에, 손잡이는 하나에 두 개의 기둥을 가지고 있어, 섭숭의의 『삼례도』에서 말하는 斝彝와 斝는 용도에 있어서 차이가 난다고 지적하였다.(丁鼎, 『新定三禮圖』, 447쪽).

斝彝
(『삼례도』)

119) 명수明水 : 제사에 사용하는 정화수를 말한다. 정화수를 취하는 방법은 거울[陰鑑]로 달을 바라보면서 취한다고 한다. 『周禮』「秋官 · 司烜」 정현의 주에 "鑒은 거울의 등속이다. 물을 취하는 기구를 세상에서는 '方諸'(큰 조개)라고 한다. 해에서 불을 취하고, 달에서 물을 취하는 것은 음과 양의 맑은 기운을 얻고자 하는 것이다. 明燭으로 음식물을 비추고, 明水를 진설하여 玄酒로 삼는다.'鑒', 鏡屬. 取水者, 世謂之方諸取. 日之火, 月之水, 欲得陰陽之潔氣也. 明燭以照饌, 陳明水以爲玄酒."고 하였다.

120) 황이黃彝 : 울창주를 담는 술그릇이다. 『周禮』「春官 · 司尊彝」에 "가을 종묘제사[嘗]와 겨울 종묘제사[烝]에 강신례를 행할 때 斝彝와 黃彝를 사용하는데, 모두 받침대[舟]가 있다"라고 하였다. 이에 대해 정현은 "황이는 黃目을 말하며 황금으로 눈을 (새겨) 만든 것이다"라고 하였다.

黃彝
(『삼례도』)

時享에는 봄과 여름에 묘실에 계이와 조이 1개씩 사용하고 가을과 겨울에는 가이와 황이 1개씩 사용하며 모두 점(받침대)이 있다.[122]

칠사七祀 및 공신 배향에는 호준 2개에 제제를 담는다. 별묘別廟의 제향[123]에는 봄과 여름에 계이에 명수를 담고 조이에 울창주를

---

121) 체향禘享 : 禘祭를 말한다. 종묘에 모셔진 선조를 5년에 1번 성대히 제사[殷祭]하는 것을 지칭한다.

122) 시향時享에는 … 모두 점坫이 있다 : 『周禮』「春官·司尊彝」에는 "봄 종묘제사[祠]와 여름 종묘제사[禴]를 지낼 때 강신하면서 계이와 조이를 쓰고, 가을 종묘제사[嘗]와 겨울 종묘제사[烝]에 강신례를 행할 때 가이와 황이를 사용한다. 모두 舟(받침대)가 있다.春祠·夏禴, 祼用雞彝·鳥彝…秋嘗冬烝, 祼用斝彝·黄彝, 皆有舟."라고 하여 육이에 모두 舟(받침대)가 있다고 하였다. 鄭司農은 "舟는 술동이의 아래 받침대로 오늘날의 승반과 같다.舟, 尊下臺, 若今時承槃."고 하였다. 즉 「사준이」의 '舟'를 「예악지」2에서는 '坫'이라고 한 것이다. 그런데 섭숭의는 『삼례도목록』에서 '爵坫(술잔 받침대)'을 설명하면서 "禮文에는 점坫에 두 가지가 있다. 술잔을 되돌려놓는 받침대는 작고, 홀[圭]을 떠받치는 받침대는 크다"라고 하면서 『禮記』「明堂位」의 "'반점反坫'은 술잔 바깥쪽에 설치하고, 숭점崇坫은 홀[圭]을 떠받친다. 천자의 종묘에 설치하는 장식물이다"라는 구절을 인용하여 그 증거로 삼고 있다. 이것을 보면 헌주 후 술잔을 제자리에 되돌려 놓는 받침대를 반점이라 한 정현의 주에 따라 술잔 받침대, 즉 爵坫이라 하여 「준이도」에 별도의 항목을 설정하여 설명하고 계이 등 육이에는 술동이 받침대, 즉 舟라고 하여 육이 항목에 별개로 두어 설명하고 있다. 문제는 「예악지」2에서 말한 '점'이 과연 섭숭의가 말한 '작점'인지 아니면 계이 등 육이에 부속된 '주'인지 명확하지 않다는 점이다. 다만 뒤 구절에 이 구절에 대한 설명으로 '준작의 수'라고 하였는데, 본문에서 준에 대한 설명만 있고 작에 대한 별도의 설명이 없는 상황에서 "모두 점이 있다"라고 할 때의 '점'은 섭숭의가 말한 '작점'을 포함한다고 보아도 무방할 듯하다.

담으며 모두 1개씩 사용한다. 희준에는 예제를 담고 상준에는 앙제를 담으며 산뢰에는 술을 담는데, 모두 2개씩 사용한다. 가을과 겨울에는 가이와 황이를 모두 1개씩 사용한다. 착준과 호준 그리고 산뢰는 모두 2개씩 사용한다. 태자의 묘(제사)에는 희준에 예제를 담고 상준에 앙제를, 산뢰에 술을 담는데, 모두 2개씩 사용한다. 모든 제사 때 오제를 담는 상준上尊에는 반드시 명수를 담으며 산뢰의 상준에도 반드시 명수를 담는다. 소사의 상준 또한 명수를 담는다.124) 이 것이 준작尊爵의 수이다.

---

123) 별묘의 제향 : 別廟는 소목의 차서에 따라 정식으로 종묘에 선조를 모시는 것 외에 별도로 묘를 세우는 것을 말한다. 별묘는 親盡하여 훼천해야될 경우나 사후 별도로 추증한 경우에 해당한다.『신당서』「예악지」3에는 "황후 추증, 황대후 추증, 황대자 추증 때 종종 별묘를 세운다.其追贈皇后·追尊皇太后·贈皇太子往往皆立別廟."라고 하였다.

124) 여기에서 上尊은 제사 때 진열되는 술그릇 중 가장 앞에 놓이는 술동이를 말한다.『禮記』「郊特牲」에 "황목은 향기나는 울창주를 담는 술동이중 최상의 술동이이다.黃目, 鬱氣之上尊也."라고 하였고, 이에 대해 孔穎達의 疏는 "제사 때 진열하는데 여러 술그릇 중 가장 위에 있기 때문에 '상'이라 한 것이다.祭祀時列之, 最在諸尊之上, 故云上也."라고 해석하였다. 하였다. 그런데 또『禮記』「文王世子」의 "以及取爵於上尊也"의 '上尊'에 대해서는 '堂上之尊' 즉 '당 위의 술동이'이라고 하였으니, 술동이를 어디에 두느냐에 따라서도 존비가 구분된다. 한편『세종실록오례의』도『禮書』를 인용하여 계이와 조이를 설명하면서 "봄에는 鷄彝에 明水를 채우고, 鳥彝에 鬱鬯을 채우며, 여름에는 조이에 明水를 채우고, 계이에 鬱鬯을 채운다. 斝彝와 黃彝의 서로 사용됨도 역시 이와 같다"고 한 것을 보면, 제사 시기와 종류에 따라 상준으로 결정되는 술동이가 있음을 알 수 있다. 즉 다섯 종류의 술을 담는 육준을 진열할 때무엇보다 명수를 담는 술동이가 상준이 된다는 의미이다.

冬至, 祀昊天上帝以蒼璧. 上辛, 明堂以四圭有邸, 與配帝之幣
皆以蒼, 內官以下幣如方色. 皇地祇以黃琮, 與配帝之幣皆以黃.
青帝以青圭, 赤帝以赤璋, 黃帝以黃琮, 白帝以白琥, 黑帝以黑
璜; 幣如其玉. 日以圭‧璧, 幣以青; 月以圭‧璧, 幣以白. 神州‧
社‧稷以兩圭有邸, 幣以黑; 嶽鎮‧海瀆以兩圭有邸, 幣如其方
色. 神農之幣以赤, 伊耆以黑, 五星以方色, 先農之幣以青, 先蠶
之幣以黑, 配坐皆如之. 它祀幣皆以白, 其長丈八尺. 此玉‧幣之
制也.

동지에 호천상제에게 창벽蒼璧으로 제사한다. (정월) 상신일 (제사),
(계추) 명당明堂 제사125) 때에는 사규유저四圭有邸로 제사한다.126) 배
사제의 속백[幣]도 모두 푸른색[蒼]을 사용하고 내관 이하의 속백은
해당 방위에 따른 색을 사용한다. 황지기皇地祇는 황종黃琮을 쓰고
배사제의 속백도 모두 황색을 쓴다. 청제는 청규青圭를 쓰고 적제는
적장赤璋을 쓰며, 황제는 황종黃琮을 쓰고 백제는 백호白琥를 쓰며,
흑제는 흑황黑璜을 쓴다. 속백은 그 옥(과 같은) 색을 쓴다. 해에는
규圭와 벽璧을 쓰고 속백은 청색으로 한다. 달에는 규와 벽을 쓰며,

---

125) 본문의 "上辛, 明堂"의 표점은 "上辛‧明堂"로 중점을 찍어야 한다. 명
     당 제사는 「개원례」에서는 계추에 행해졌기 때문에 "상신일 명당 제사"
     로 보기보다는 정월 상신일 남교에서 행해지는 기곡 제사와 (계추) 명당
     제사로 보는 것이 타당하다. 따라서 "(정월) 상신일 (제사), (계추) 명당
     明堂 제사"로 번역하였다.
126) 동지 호천상제에는 창벽을 사용하고, 정월 상신일 남교 제사와 명당 제
     사에는 사규유저를 사용하여 구분하고 있다. 정월 상신일 기곡제사와 명
     당 제사의 주신은 모두 호천상제이지만 제사의 격에 따라 옥의 사용을
     달리한 것이다.

속백은 백색을 쓴다. 신주神州·사社·직稷은 양규유저兩圭有邸를 쓰고 속백은 흑색을 쓴다. 악진과 해독은 양규유저를 쓰고 속백은 해당 방위 색에 따라 쓴다. 신농의 속백은 적색으로 하고 이기는 흑색, 오성은 해당 방위 색에 따라 쓰며, 선농의 속백은 청색을, 선잠의 속백은 흑색을 쓰고 배좌配坐도 모두 그와 같이 한다. 다른 제사의 속백은 모두 백색으로 하며 그 길이는 1장 8척이다. 이것이 옥과 속백의 제도이다.[127]

冬至祀圓丘, 昊天上帝·配帝, 籩十二·豆十二·簠一·簋一·甄一·俎一. 五方上帝·大明·夜明, 籩八·豆八·簠一·簋一·甄一·俎一. 五星·十二辰·河漢及內官·中官, 籩二·豆二·簠一·簋一·俎一. 外官衆星, 籩·豆·簠·簋·俎各一. 正月上辛, 祈穀圓丘, 昊天·配帝·五方帝, 如冬至. 孟夏雩祀圓丘, 昊天·配帝·五方帝, 如冬至. 五人帝, 籩四·豆四·簠一·簋一·俎一. 五官, 籩二·豆二·簠一·簋一·俎一. 季秋大享明堂, 如雩祀. 立春祀青帝及太昊氏, 籩豆皆十二·簠一·簋一·甄一·俎一. 歲星·三辰·句芒·七宿, 籩二·豆二·簠一·簋一·俎一. 其赤帝·黃帝·白帝·黑帝皆如之. 禘祭百神, 大明·夜明, 籩十·豆十·簠一·簋一·甄一·俎一. 神農·伊耆, 籩·豆各四, 簠·簋·甄·俎各一. 五星·十二辰·

---

127) 이것이 옥과 속백의 제도 : 천지 제사나 제후와의 회동에서 예를 갖출 때 사용되는 예물로, 제사 대상과 주제자의 신분에 따라 옥과 속백을 구분한다. 본문에서 서술한 것처럼 제천 의례 중 동지 호천상제에 제사 지내는 교사에는 창벽과 같은 색의 속백으로, 정월 상신 남교 기곡 제사와 계추 명당 대향의 오방제에는 사규유저를 사용한다는 식이다.

后稷‧五方田畯‧岳鎭‧海瀆‧二十八宿‧五方山林川澤, 籩‧豆各
二, 簋‧簠‧俎各一. 丘陵‧墳衍‧原隰‧龍‧麟‧朱鳥‧白虎‧玄武‧
鱗‧羽‧毛‧介‧於菟等, 籩‧豆各一, 簋‧簠‧俎各一. 又井泉, 籩
‧豆各一, 簋‧簠‧俎各一. 春分朝日, 秋分夕月, 籩十‧豆十‧簋一
‧簠一‧甒一‧俎一. 四時祭風師‧雨師‧靈星‧司中‧司命‧司人‧
司祿, 籩八‧豆八‧簋一‧簠一‧俎一. 夏至祭方丘, 皇地祇及配帝,
籩豆皆十二‧簋一‧簠一‧甒一‧俎一. 神州, 籩四‧豆四‧簋一‧
簠一‧甒一‧俎一. 其五岳‧四鎭‧四海‧四瀆及五方山川林澤, 籩
二‧豆二, 簋‧簠‧俎各一. 孟冬祭神州及配帝, 籩豆皆十二‧簋一
‧簠一‧甒一‧俎一. 春‧秋祭太社‧太稷及配坐, 籩豆皆十‧簋二
簠二‧鉶三‧俎三. 四時祭馬祖‧馬社‧先牧‧馬步, 籩豆皆八‧簋
一‧簠一‧俎一. 時享太廟, 每室籩豆皆十二‧簋二‧簠二‧甒三‧
鉶三‧俎三. 七祀, 籩二‧豆二‧簋二‧簠二‧俎一. 祫享‧功臣配
享, 如七祀. 孟春祭帝社及配坐, 籩豆皆十‧簋二‧簠二‧甒三‧鉶
三‧俎三. 季春祭先蠶, 籩豆皆十‧簋二‧簠二‧甒三‧鉶三‧俎三.
孟冬祭司寒, 籩豆皆八‧簋一‧簠一‧俎一. 春‧秋釋奠於孔宣父,
先聖‧先師, 籩十‧豆十‧簋二‧簠二‧甒三‧鉶三‧俎三 ; 若從祀,
籩豆皆二‧簋一‧簠一‧俎一. 春‧秋釋奠於齊太公‧留侯, 籩豆皆
十‧簋二‧簠二‧甒三‧鉶三‧俎三. 仲春祭五龍, 籩豆皆八‧簋一‧
簠一‧俎一. 四時祭五岳‧四鎭‧四海‧四瀆, 各籩豆十‧簋二‧簠
二‧俎三. 三年祭先代帝王及配坐, 籩豆皆十‧簋二‧簠二‧俎三.
州縣祭社‧稷‧先聖, 釋奠於先師, 籩豆皆八‧簋二‧簠二‧俎三.

동지에 원구에서 제사할 때 호천상제와 배사제는 변籩(대나무 제
기) 12개, 두豆(나무로 만든 제기) 12개, 궤簋(둥근 밥그릇) 1개, 보簠
(네모난 밥그릇) 1개, 등甒(질그릇 제기)[128] 1개, 俎(희생 제기) 1개

를 쓴다. 오방상제·대명·야명은 변 8개, 두 8개, 궤 1개, 보 1개, 등 1개, 조 1개를 쓴다. 오성·십이신十二辰·하한河漢 및 내관·중관은 변 2개, 두 2개, 궤 1개, 보 1개, 조 1개를 쓴다. 외관 중성衆星은 변·두·궤·보·조를 각각 1개씩 쓴다.

정월 상신일 원구에서의 기곡 제사는 호천(상제)·배사제·오방제의 경우 동지와 같다.

맹하 원구에서의 우사雩祀는 호천·배사제·오방제의 경우 동지와 같다. 오인제의 경우 변 4개, 두 4개, 궤 1개, 보 1개, 조 1개를 쓴다. 오관은 변 2개·두 2개·궤 1개·보 1개·조 1개를 쓴다. 계추 명당 대향은 우사와 같이 한다.

입춘에 청제와 태호씨에 제사할 때 변과 두는 모두 12개, 궤 1개, 보 1개, 등 1개, 조 1개를 쓴다. 세성·삼신·구망·칠수는 변 2개, 두 2개, 궤 1개, 보 1개, 조 1개를 쓴다. (입하)적제·(계하 토왕일) 황제·(입추) 백제·(입동) 흑제도 모두 같이 한다.

납향 제사[禘祭] 때 대명과 야명은 변 10개, 두 10개, 궤 1개, 보 1개, 등 1개, 조 1개를 쓴다. 신농씨와 이기씨는 변·두 각각 4개를,

---

128) 등甄(질그릇 제기) : 일반적으로 '豆'이라고 한다. 흙을 구워서 만든 제기로 '鐙' 또는 '豆'이라고도 한다. 『爾雅』「釋器」에 "나무로 만든 제기를 '豆'라 하고, 대나무로 만든 제기를 '籩'이라 하고, 흙을 구워서 만든 제기를 '豆'이라 한다.木豆謂之'豆', 竹豆謂之'籩', 瓦豆謂之'豆'."고 하였다. 『詩』「大雅·生民」 毛傳에는 "豆에는 야채절임과 고기젓갈을 담고, 豆에는 나물을 넣지 않은 고깃국을 담는다.豆, 薦菹醢, 豆, 大羹也."고 하였다. 『周禮』「考工記」에 의하면 '瓦豆'는 용량이 4승이고, 높이는 1척, 두께 2.5촌이며, 고깃국을 담기 때문에 뚜껑이 있다고 하였다.

궤·보·등·조는 각각 1개를 쓴다. 오성·십이신·후직·오방 전준田畯[129]·악진·해독·이십팔수·오방 산림천택은 변과 두 각각 2개씩 쓰고 궤·보·조는 각각 1개씩 쓴다. 구릉·분연·원습·용·기린[麟]·주조朱鳥·백호白虎·현무玄武·(비늘이 있는) 물고기[鱗어류]·(깃털이 있는) 동물[羽조류]·(털이 있는) 동물[毛포유류]·딱지가 있는 동물[介갑각류]·오도於菟(호랑이) 등은 변과 두 각각 1개씩, 궤·보·조 각각 1개씩 쓴다. 그리고 정천井泉은 변과 두 각각 1개씩, 궤·보·조 각각 1개씩 쓴다.

춘분 조일朝日제사와 추분 석월夕月제사에는 변 10개, 두 10개, 궤 1개, 보 1개, 등 1개, 조 1개를 사용한다. 사계절에 풍사風師·우사雨師·영성靈星·사중司中·사명司命·사인司人·사록司祿에 지내는 제사는 변 8개, 두 8개, 궤 1개, 보 1개, 조 1개를 쓴다.

하지에 방구에 지내는 제사에 황지기 및 그 배사제는 변·두 모두 12개, 궤 1개, 보 1개, 등 1개, 조 1개를 쓴다. 신주는 변 4개, 두 4개, 궤 1개, 보 1개, 등 1개, 조 1개를 쓴다. 오악·사진·사해·사독 및 오방 산림천택은 변 2개, 두 2개, 궤·보·조 각각 1개씩 쓴다.

---

129) 오방 전준田畯 :『唐六典』권제4「尙書禮部」에는 "五田畯"으로 되어 있다. 여기에서 '오방'은 다섯 방위를 뜻하며, 전준은 두 가지 해석이 있다. 하나는 농사 담당 관리이며, 또 하나는 農神이다. 『周禮』「春官·籥章」에 "擊土鼓以樂田畯"이라고 하였고 이에 대해 鄭司農은 "전준은 고대 밭 가는 법을 제일 먼저 가르쳐 준 사람.田畯, 古之先敎田者."이라고 해석하였다. 여러 경전 주석에서 先嗇, 司嗇, 田嗇夫로 칭해지는데, 후직과 같이 살아 농사를 담당하던 관리가 죽어 신으로 제사 대상이 된 경우이기 때문에 고대 농사 담당관이 농신으로 추앙받아 제사 대상이 되었다고 한다면, 다른 존재가 아닌 같은 사람을 가리킨다고 보는 편이 옳다.

맹동에 신주와 그 배사제에 지내는 제사는 변·두 모두 12개, 궤 1개, 보 1개, 등 1개, 조 1개를 쓴다.

봄과 가을에 태사太社와 태직太稷 및 그 배좌配坐는 변과 두를 모두 10개 쓰고 궤 2개, 보 2개, 형鉶[130] 3개, 조 3개를 쓴다. 사계절에 마조馬祖[131]·마사馬社[132]·선목先牧[133]·마보馬步[134]에 지내는 제사

---

130) 형鉶:『集韻』에 의하면 '鈃'으로도 통한다. 국을 담는 국그릇이다. 섭숭의는 '형'은 국을 담는 그릇이라 했는데, 국을 담는 측면에서는 '鉶羹'이라 하고, 그릇을 형태로 말하면 '鉶鼎'이라 하고, 그릇 안에 庶羞(여러 가지 맛난 음식)를 담는 측면에서는 '羞鼎'이라 하여 기실 모두 같은 것이라고 하였다.(『삼례도집주』권13「鼎俎圖」참조) 그러나 청대 黃以周는 大羹 즉 나물을 넣지 않고 끓인 고깃국물은 登(질그릇 제기)에 담고, 형갱 즉 나물을 넣어 간을 맞춘 고깃국은 형에 담으므로, '형'은 희생을 담는 정에 속하는 것이 아니라고 하였다. '형'은 국그릇이고, '정'은 희생그릇으로 두 그릇은 구별되어야 한다고 하였다.(황이주,『禮書通故』권47 참조)

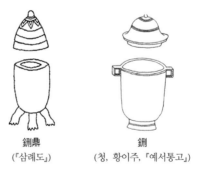

鉶鼎
(『삼례도』)

鉶
(청, 황이주,『예서통고』)

131) 마조馬祖 : 별이름으로 곧 天駟星을 가리킨다.『周禮』「夏官·校人」에 "春祭馬祖, 執駒"라고 되어 있다.

132) 마사馬社 : 말을 기르는 곳에 설치한 后土를 제사지내는 社로서 처음 승마한 사람에게 제사지내는 것이다.『周禮』「夏官·校人」에 "秋祭馬社·臧僕"이라고 되어 있다.

는 변과 두 모두 8개, 궤 1개, 보 1개, 조 1개씩을 쓴다. 태묘에서 지내는 시향時享은 묘실마다 변과 두 모두 12개, 궤 2개, 보 2개, 등 3개, 형 3개, 조 3개를 쓴다.

칠사에는 변 2개, 두 2개, 궤 2개, 보 2개, 조 1개를 쓴다. 협향祫享 과 공신배향功臣配享에는 칠사와 같이 한다.

맹춘에 지내는 제사帝社 및 그 배좌에는 변과 두를 모두 10개, 궤 2개, 보 2개, 등 3개, 형 3개, 조 3개를 쓴다.

계춘에 지내는 선잠先蠶 제사에는 변과 두 모두 10개, 궤 2개, 보 2개, 등 3개, 형 3개, 조 3개를 쓴다.

맹동에 사한司寒에 지내는 제사에는 변과 두 모두 8개, 궤 1개, 보 1개, 조 1개를 쓴다.

봄과 가을에 공선보孔宣父(공자)에 지내는 석전釋奠에서 선성先聖 과 선사先師는 변 10개, 두 10개, 궤 2개, 보 2개, 등 3개, 형 3개, 조 3개를 쓴다. 종사從祀의 경우, 변과 두는 모두 2개, 궤 1개, 보 1 개, 조 1개를 쓴다.

봄과 가을에 제태공齊太公과 유후留侯[135]에 지내는 석전에는 변 과 두 모두 10개, 궤 2개, 보 2개, 등 3개, 형 3개, 조 3개를 쓴다.

---

133) 선목先牧 : 처음 목장을 창시한 사람으로 뒤에 司牧의 神으로 제사되었 다. 『周禮』「夏官·校人」에 "夏祭先牧"이라고 되어 있다.

134) 마보馬步 : 말에게 재앙을 주는 馬神의 이름이다. 『周禮』「夏官·校人」 에 "冬祭馬步"라고 되어 있다.

135) 제태공齊太公과 유후留侯 : 제태공은 太公望 呂尙을 말하고 留侯는 한 고조 智囊으로 알려졌던 張良을 말한다. 현종 開元 19년 4월에 兩京과 諸州에 太公廟를 각각 1곳씩 설치하고 장량을 배향해서 봄과 가을 두 번째 달 上戊일에 제사하도록 하였다.

중춘에 오룡五龍에 지내는 제사에는 변과 두 모두 8개, 궤 1개, 보 1개, 조 1개를 쓴다.

사계절에 오악·사진·사해·사독에 지내는 제사에는 각각 변과 두 10개, 궤 2개, 보 2개, 조 3개를 쓴다.

3년마다 선대제왕 및 그 배좌에 지내는 제사에는 변과 두 모두 10개, 궤 2개, 보 2개, 조 3개를 쓴다.

주현의 사·직·선성의 제사와 선사의 석전에는 변과 두 모두 8개, 궤 2개, 보 2개, 조 3개를 쓴다.

籩以石鹽·藳魚·棗栗榛菱芡之實·鹿脯·白餅·黑餅·糗餌·粉餈. 豆以韭菹醓醢[三]136)·菁菹鹿醢·芹菹兔醢·筍菹魚醢·脾析菹豚胉·酏食·糝食. 中祀之籩無糗餌·粉餈, 豆無酏食·糝食. 小祀之籩無白餅·黑餅·豆無脾析菹豚胉. 凡用皆四者, 籩以石鹽·棗實·栗黃·鹿脯；豆以芹菹兔醢·菁菹鹿醢. 用皆二者, 籩以栗黃·牛脯；豆以葵菹鹿醢. 用皆一者, 籩以牛脯, 豆以鹿醢. 用牛脯者, 通以羊. 凡簠·簋皆一者, 簋以稷, 簠以黍. 用皆二者, 簋以黍·稷, 簠以稻·粱. 實甒以大羹, 鉶以肉羹. 此籩·豆·簠·簋·甒·鉶之實也.

변에는 석염石鹽, 고어藳魚(말린 생선), 조조棗(대추)·율栗(밤)·진榛

---

136) [교감기 3] "豆以韭菹醓醢"는 『周禮』 「天官·醢人」의 "醢人掌四豆之實, 朝事之豆, 其實韭菹醓醢 …"라고 하였고 그 鄭玄의 注에 "… 담醓은 고기 육즙이다.醓, 肉汁也."라고 하였다. 『開元禮』 권1의 '俎豆'(조) 역시 "其豆實以韭菹醓醢 …"이라고 하였으니, '醯醢'는 마땅히 '담醓' 이 되어야 한다.

(개암)·능릉菱(마름)·검검茨(가시연밥)의 열매, 녹포鹿脯(말린 사슴고기포), 백병白餅(멥쌀떡), 흑병黑餅(수수떡), 구이糗餌(콩가루를 묻힌 경단),[137] 분자粉餈(콩가루를 묻힌 인절미)를 담는다.

두에는 구저韭菹(부추 절임)와 담해(醓)해醢(고기 젓갈),[138] 청저菁菹(순무 절임)와 녹해鹿醢(사슴고기 젓갈), 근저芹菹(미나리 절임)와 토해兔醢(토끼고기 젓갈), 순저筍菹(죽순 절임)와 어해魚醢(생선 젓갈), 비석저脾析菹(소의 천엽)[139]와 돈박豚拍(돼지 어깻죽지 살을

---

137) 『周禮』「天官·籩人」에서 "羞籩之實糗餌粉餈"라고 하여 변에 糗餌와 粉餈를 담는다고 하였는데, 정현은 이에 대해 "이 두 가지 물품은 모두 볍쌀[稻米]과 기장쌀[黍米]을 가루를 내어 만든 것이다. 이를 합하여 찐 것을 이餌라고 하고, 떡으로 만든 것을 자餈라고 한다. 구라는 것은 콩을 볶아서 가루로 만든 것으로, 이와 자가 끈적끈적하므로 가루로 만들어 묻히는 것일 뿐이다. 이라고 할 적에는 구를 말하고, 자라고 할 적에는 粉을 말한 것은 서로 보충한 것이다.玄謂此二物皆爲也. 稻米黍米所爲也. 合蒸曰餌, 餅之曰餈. 糗者, 擣粉熬大豆爲餌, 餈之黏著以粉之耳. 餌言糗, 餈言粉, 互相足."라고 하였다.

138) '해醢'는 고기로 장을 담은 것 즉 고기젓갈을 말한다.

139) 비석저脾析菹 : 정현이 말한 칠저(七菹, 韭·菁·茆·葵·芹·箈菹)에는 보이지 않고, 『周禮』「天官·醢人」에 "饋食之豆, 其實葵菹·蠃醢·脾析·蜃醢, 蚳·蚳醢, 豚拍·魚醢"라고 되어 있어 고기젓갈과 함께 세트로 구성된 菹의 위치에 나열되어 있다. 『宋會要輯稿』「禮」14 '祭器' 조에는 "豆實以韭菹·魚醢·菁菹·鹿醢·芹菹·兔醢·筍菹·魚醢·脾析菹·豚胉"라고 하여 '脾析菹'라고 되어 「예악지」와 같다. 또 『조선왕조실록』「세종실록」 오례 ·『饌實圖說』注에는 "비석과 돈박에 저라고 하지 않은 것은 회이기 때문이다. 회는 저와 같은 유이며, 채소와 고기를 통틀어 얇게 썬 것이 저가 되고 가늘게 썬 것은 제가 된다.脾析豚拍不言菹者, 皆韲也. 韲, 菹之類, 菜肉通全物, 若腖爲菹, 細切爲韲."라

저민 회), 이식餌食(쌀을 넣어 만든 증편)140), 삼식糝食(나물을 넣어 만든 고기완자)141)를 담는다.

중사中祀의 변에는 구이糗餌와 분자가 없고 두에는 이식과 삼식이 없다.

소사小祀의 변에는 백병과 흑병이 없고 두에는 비석저와 돈백이 없다.

무릇 4개를 쓸 때에는 변에 석염·조실(대추)·율황(깐밤)·녹포를 담고, 두에는 근저와 토해, 청저와 녹해를 담는다. 2개를 쓸 때에는 변에 율황과 우포牛脯(말린 소고기 포)를 담고 두에 규저葵菹(아욱 절임)와 녹해를 담는다. 1개를 쓸 때에는 변에 우포를 담고 두에는 녹해를 담는다. 우포를 사용할 경우에는 양(고기 포)을 써도 된다. 보와 궤 각각 1개씩일 경우에는 궤에는 직稷(찰기장밥)을 담고 보에

고 하였다. 이것을 보면 비석저는 소의 천엽을 얇게 썰어 만든 절임이라고 할 수 있다.

140) 이식餌食 :『周禮』「天官·醢人」에는 "豆之實, 酏食糝食"이라 하여 餌食는 '酏食'로 되어 있다. 鄭衆은 '이식'을 '酏食' 즉 단술을 넣어 만든 떡, 즉 증편으로 보았으나, 정현은 '酏'는 '餰'의 오자로 보고 '餰食'은 볍쌀과 이리의 가슴 비계를 반죽하여 만든(『禮記』「內則」의 鄭玄注, "此'酏'當爲'餰', 以稻米與狼臅膏爲餰, 是也") 죽으로 보았다. 뒤이어 언급된 '糝食'과 연계해보면, 증편보다는 전에 가까워 보인다.

141) 삼사糝食 : 鄭衆은 나물을 쪄서 만든 죽(糝食, 菜餗蒸)이라고 했는데,『禮記』「內則」에서는 "삼은 소·양·돼지의 고기에다 그 분량은 동일하게 하며, 고기를 잘게 썰고 거기에 쌀가루를 뿌려 쌀가루 2/3, 고기 1/3의 비율로 배합하여 완자를 만들고 그것을 (기름에) 지진다.糝, 取牛·羊·豕之肉, 三如一, 小切之. 與稻米, 稻米二, 肉一, 合以爲餌, 煎之."고 하였으니, 고기완자, 즉 일종의 전으로 보았다.

는 서黍(메기장밥)를 담는다. 2개를 쓸 때에는 궤에는 서와 직을 담고 보에는 쌀밥[稻]과 조밥[粱][142]을 담는다. 등甂에는 대갱大羹[143]을 채우고 형鉶에는 육갱肉羹을 채운다. 이것이 변·두·보·궤·등·형에 담는 제도이다.[144]

昊天上帝, 蒼犢 ; 五方帝, 方色犢 ; 大明, 靑犢 ; 夜明, 白犢 ; 神州地祇, 黑犢. 配帝之犢 : 天以蒼, 地以黃, 神州以黑, 皆一. 宗廟·太社·太稷·帝社·先蠶·古帝王·嶽鎭·海瀆, 皆太牢. 社·稷之牲以黑. 五官·五星·三辰·七宿, 皆少牢. 蜡祭 : 神農氏·伊耆氏·少牢 ; 后稷及五方·十二次·五官·五田畯·五嶽·四鎭·海瀆·日·月, 方以犢二 ; 星辰以降, 方皆少牢五 ; 井泉皆羊一. 非順成之方則闕. 風師·雨師·靈星·司中·司命·司人·司祿·馬祖·先牧·馬社·馬步, 皆羊一. 司寒, 黑牲一. 凡牲在滌, 大祀九旬, 中祀三旬, 小祀一旬, 養而不卜. 無方色則用純, 必有副焉. 省牲而犢鳴, 則免之而用副. 禁其棰朾, 死則瘞之, 創病者請代犢, 告祈之

---

142) 쌀밥[稻]과 조밥[粱] : 『韻會說文』에 "粱은 粟類이며, 쌀의 좋은 것이니, 오곡의 우두머리이다"라고 하였다. 양은 지금의 차조[秫粟]를 말한다.

143) 『禮記』의 정현의 주에 "大羹은 육즙뿐이요, 양념[鹽梅]을 더하지 않은 것이다. 아주 오랜 옛날에는 저민 날고기뿐이니, 다만 그 고기를 삶아서 그 즙만 마시고, 양념을 칠 줄은 알지 못하였다. 뒷세상사람이 제사지낼 적에는 이미 옛날의 제도를 존중하는 까닭으로, 다만 육즙만 담아 놓고 이를 大羹이라 이른다"고 하였다.

144) 여기까지 변과 두에 담는 菹(절임)와 醢(젓갈) 류의 제사 음식 용어는 김용천, 『의례』 역주본과 한국고전번역 DB의 규장각 「의궤」류, 『왕실문화도감 : 국가제례』, 국립고궁박물관, 2016을 많이 참조하였다.

牲不養. 凡祀, 皆以其日未明十五刻, 太官令帥宰人以鸞刀割牲,
祝史以豆斂毛血置饌所, 祭則奉之以入, 遂亨之. 肉載以俎, 皆升
右胖體十一：前節三, 肩·臂·臑；後節二, 肫·胳；正脊一, 脡脊
一, 橫脊一, 正脅一, 短脅一, 代脅一, 皆並骨. 別祭用太牢者, 酒
二斗, 脯一段, 醢四合；用少牢者, 酒減半. 此牲牢之別也.

호천상제에는 창독蒼犢(어린 송아지)을 쓴다. 오방제는 각 방위에
따른 색깔의 독을 쓴다. 대명은 청독靑犢, 야명은 백독白犢, 신주지기
神州地祇는 흑독黑犢을 쓴다. 배사제의 독은 다음과 같다. 천天의 배
사제에는 창독을, 지地의 배사제에는 황독을, 신주(의 배사제)는 흑독
을 쓰는데 모두 1마리이다. 종묘·태사·태직·제사·선잠·고제왕·악
진·해독에는 모두 태뢰太牢를 쓴다. 사·직의 희생에는 흑색을 쓴다.
오관·오성·삼진·칠수에는 모두 소뢰小牢를 쓴다.

납향 제사 때 신농씨·이기씨에는 소뢰를 쓰고 후직 및 오방·십
이차·오관·오전준·오악·사진·해독·일·월에는 방위에 따른 색깔
의 희생 2마리를 쓴다. 성신 이하는 방위에 따라 모두 소뢰 5를 쓴
다. 정천井泉에는 모두 양 1마리를 쓴다. 풍년이 들지 않은 곳(非順
成之方)[145]은 생략한다. 풍사風師·우사雨師·영성靈星·사중司中·사

---

145) 풍년이 들지 않은 곳(非順成之方) : 출처는 『禮記』「郊特牲」의 “順成之
方 … ”이다. “팔사八蜡를 통하여 사방의 豐凶을 기록한다. 사방의 농사
가 순조롭게 이루어지지 않으면 팔사를 지내지 않으니, 이는 백성으로
하여금 재물을 쓰는 것을 신중히 함을 알도록 하려는 것이다. 순조롭게
이루어진 지방에서는 비로소 사제를 똑같이 지내니, 이는 백성의 재물을
풀어서 쓰려는 것이다. 이미 사제를 지내고서 거두어들이면 백성이 쉰
다. 그러므로 이미 사제를 지낸 뒤에는 군자가 토목공사를 일으키지 않
는 것이다.八蜡以記四方. 四方年不順成, 八蜡不通, 以謹民財也. 順成

명司命·사인司人·사록司祿·마조馬祖·선목先牧·마사馬社·마보馬
步에는 모두 양 1마리를 쓴다. 사한司寒에는 흑생 1마리를 쓴다.

　모든 희생은 척실[滌]에 두는데, 대사에는 90일, 중사에는 30일, 소
사에는 10일을 두고 사육만 하고 점을 치지는 않는다[養而不卜].[146]
방위에 따른 색깔의 희생이 없으면 순색의 희생을 쓰고 반드시 대체
용[副] 희생을 두어야 한다. 희생을 점검할 때 송아지가 울면 풀어주
고 대체용을 쓴다. 회초리와 매질을 금하며 죽으면 묻어주고 병이
난 경우 대신할 송아지를 청하며, 고기告祈[147](의 제사에 사용되는)
희생은 사육하지 않는다.

　무릇 제사는 (제사) 당일 미명 15각에 태관령이 재인을 이끌고 난
도鸞刀로 희생을 가르고 축사祝史가 두에 모혈을 거둬 찬소에 두었
다가 제사지낼 때 모혈을 받들고 들어오고[祭則奉之以入][148] 마지막
에 (희생을) 삶는다.

之方, 其蜡乃通, 以移民也. 旣蜡而收, 民息已. 故旣蜡, 君子不興功."
라고 하였다.

146) 사육만 하고 점을 치지는 않는다(養而不卜) : 『역주당육전』 권제14 「태상
　　사·늠희령」에는 "凡大祀養牲在滌九旬, 中祀三旬, 小祀一旬"로만 되
　　어 있을 뿐 이 조항이 없다.

147) 고기告祈 : 정식의 제례로 정해진 제사가 아닌 신에게 복을 구하거나 재
　　앙을 없애달라고 기원하는 제사를 말한다.

148) 제사 지낼 때 모혈을 받들어 들어오고… : 『大唐開元禮』 권4, '皇帝冬至
　　祀圜丘'조에는 "祀日, 未明十五刻, 太官令帥宰人以鸞刀割牲, 祝史以
　　豆取毛血, 各置於饌所, 遂烹牲"이라 하였고, 『唐六典』 권제15 「光祿寺
　　·太官令」에도 "帥宰人以鸞刀割牲, 取其毛·血, 實之於豆, 遂烹牲焉"
　　로만 되어 있어 "제사지낼 때 모혈을 받들어 들어오고" 이 구절이 없다.

고기는 조에 담고 모두 우반右胖(희생의 오른쪽 몸체) 11곳 부위를 올린다. (우반의) 전절前節(앞쪽 마디 부분)은 세 부위인데, 견肩(위쪽 부위)·비臂(중앙 부위)·노臑(아랫쪽 부위)이고, 후절後節(뒷쪽 마디 부분)은 두 부위인데, 순肫(뒷다리 뼈의 윗쪽 부위)·각胳(중앙 부위)이다. (등뼈를 기준으로 할 때) 정척正脊(앞쪽 부위) 하나, 정척脡脊(중앙 부위) 하나, 횡척橫脊(뒤쪽 부위) 하나, (좌우의 갈비뼈를 기준으로 나눌 때) 정협正脅(중간 부위) 하나, 단협短脅(뒤쪽 부위) 하나, 대협代脅(앞쪽 부위) 하나를 올리는데, 모두 뼈를 포함한다.[149]

---

149) 희생을 뼈마디에 따라 자르고 나누어서 21體로 만드는 것을 '體解'라고 하고, 21體의 각 부위의 명칭을 '體名'이라고 한다. 좌우 앞다리의 뼈(肱骨)를 각각 셋으로 나누면 肩(위쪽 부위), 臂(중앙 부위), 臑(아래쪽 부위)의 6體가 된다. 좌우 뒷다리의 뼈(股骨)를 각각 셋으로 나누면 肫(위쪽 부위), 胳(중앙부위), 觳(아래쪽 부위)의 6體가 된다. 좌우의 갈비뼈(脅)를 각각 3으로 나누면 代脅(앞쪽 부위), 正脅(중간 부위), 短脅(뒤쪽 부위)의 6體가 된다. 등뼈(脊骨)를 3으로 나누면 正脊(앞쪽 부위), 脡脊(중앙 부위), 橫脊(뒤쪽 부위)의 3體가 된다. 모두 합해 21體이다. 凌廷堪의 『禮經釋例』「儀禮釋牲上」에 따르면 희생의 왼쪽 몸체를 '左胖'이라 하고, 오른쪽 몸체를 '右胖'이라 하고, 앞쪽 몸체를 '肱骨' 혹은 '前脛骨'이라고 하고, 뒤쪽 몸체를 '股骨' 혹은 '後脛骨'이라고 한다. '肫'(뒷다리 뼈의 위쪽 부위)은 '膞'이라고도 하고, '胳'(뒷다리 뼈의 중앙부위)은 '骼'이라고도 한다. 脊의 양 곁에 있는 것을 '脅' 또는 '胁'이나 '幹'이라고도 한다. '肩'(앞다리 뼈의 위쪽 부위)의 위를 '脈'(목덜미) 혹은 '胍'이라 한다. 肫(뒷다리뼈의 위쪽 부위)의 아래를 '髀'(넓적다리뼈)라고 하고, 나머지를 '儀'라고 한다. 땅을 밟는 부위를 '蹄'(발굽)이라 하고, 脊骨(등뼈)이 끝나는 곳을 '尻'(엉덩이뼈)라고 한다. 錢玄, 『三禮辭典』, 1286~1287쪽 참조.

별제別祭150)에 태뢰를 쓰는 경우는 술 2두斗, 포 1단段, 해醢(젓
갈) 4합을 쓰고 소뢰를 쓰는 경우는 술을 반으로 감한다. 이것이 희
생의 뇌구[牢牢]를 구별하는 법이다.

祝版, 其長一尺一分, 廣八寸, 厚二分, 其木梓·楸. 凡大祀·中
祀, 署版必拜. 皇帝親祠, 至大次, 郊社令以祝版進署, 受以出, 奠
於坫. 宗廟則太廟令進之. 若有司攝事, 則進而御署, 皇帝北向再
拜, 侍臣奉版, 郊社令受以出. 皇后親祠, 則郊社令預送內侍, 享
前一日進署, 后北向再拜, 近侍奉以出, 授內侍送享所. 享日之平
明, 女祝奠於坫. 此冊祝之制也.

축판祝版은 길이가 1척 1푼分, 너비가 8촌, 두께는 2푼이며 나무는
가래나무[梓]·개오동나무[楸]를 쓴다. 대사와 중사의 경우, 축판에
서명하고 반드시 절해야 한다. 황제의 친사의 경우, 대차大次(임시 천

희생 부위(송, 陳祥道, 『禮書』)

150) 별제別祭 : 『구당서』와 『신당서』에서 언급된 '別祭'의 용례는 감생오제를
　　왕조마다 각각 별도로 받들었다는 의미("別祭尊之")와 태묘 외에 별묘에
　　서 제사를 지낸다는 의미(『구당서』「예의지」6 "異廟別祭")로 사용되고
　　있다. 여기에서는 예전에 정식으로 규정된 제사 이외 특례로서 별도로
　　지내는 이른바 變禮로서의 '특별한 제사'를 통칭하는 것으로 보인다.

막)에 이르렀을 때 교사령이 축판을 드려 서명하도록 하고 (서명한 것을) 받아 밖으로 나와 점(받침대) 위에 놓는다. 종묘 제사의 경우는 태묘령이 드린다. 만약 유사섭사有司攝事(황제 대신 제사)의 경우, (미리) 축판을 드려 (황제가) 서명하도록 하는데, (서명한 다음) 황제는 북쪽을 향해 두 번 절하고 시신은 축판을 받들며 교사령이 이것을 받아 밖으로 나온다.

황후의 친사의 경우, 교사령이 미리 내시內侍를 보내 제사 하루 전날 축판을 드려 서명하도록 하는데, 이때 황후는 북쪽을 향해 재배하고 근시가 이것을 받들어 밖으로 나와 내시에게 주어 제사 장소로 보낸다. 제사 당일 새벽에 여축女祝151)이 (축판을) 점(받침대) 위에 놓는다. 이것이 책축冊祝의 규정이다.

---

151) 여축女祝 : 궁중에서 질병과 재해를 물리치는 기도를 담당하는 여성 관리를 말한다. 『주례』 「천관·여축」에 "왕후의 궁중 제사와 모든 궁중의 기도와 관련한 일을 담당한다. 사계절에 招·梗·獪·攘과 관계되어 재앙을 물리치는 일을 담당한다.掌王后之內祭祀, 凡內禱祠之事. 掌以時招梗獪攘之事, 以除疾殃."라고 하였다. 그 가공언의 소에 "초는 선한 상서를 불러오는 일을 말하고 경은 나쁜 일이 닥치지 못하게 막는 일을 말하며, 회는 현재의 재앙을 제거하는 일을 말하고, 양은 현재의 이상현상을 물리치는 일을 말한다.招者, 招取善祥 ; 梗者, 禦捍惡之未至 ; 檜者, 除去見在之災 ; 攘者, 推却見在之變異."라고 하였다.

禮樂三
예악 3

김현철 역주

自周衰, 禮樂壞于戰國而廢絶于秦. 漢興, 六經在者, 皆錯亂·
散亡·雜僞, 而諸儒方共補緝, 以意解詁, 未得其眞, 而讖緯之書
出以亂經矣. 自鄭玄之徒, 號稱大儒, 皆主其說, 學者由此牽惑沒
溺, 而時君不能斷決, 以爲有其擧之, 莫可廢也. 由是郊·丘·明堂
之論, 至於紛然而莫知所止.

주나라가 쇠퇴해지자 예악은 전국시대에 이르러 무너지고 진대에
명맥이 끊어져버렸다. 한나라가 흥기한 뒤 남아 있던 육경은 모두
착란錯亂되거나 (여기저기) 흩어져 사라지고 진짜와 가짜가 뒤섞이
게 되었으니, 여러 유자들이 다함께 보수하고 편집하고 자신의 견해
로 훈고를 하였으나 본래의 참된 모습을 얻기가 어려웠다. 게다가
참위서가 출현하여 경전을 어지럽혔다. 정현의 무리를 비롯하여 대
유大儒라 불리는 자들은 모두 자기의 설을 주장하였고 학자들은 여
기에 미혹되어 헤어나지 못하자 당시 군주는 결단을 내리지 못하고
이미 세워진 것은 폐지할 수 없다고 여겼다. 이 때문에 교구郊丘[1]와
명당明堂에 관한 논의는 중론이 분분하여 그칠 줄을 몰랐다.

禮曰:「以禋祀祀昊天上帝.」此天也, 玄以爲天皇大帝者, 北辰
耀魄寶也. 又曰:「兆五帝於四郊.」此五行精氣之神也, 玄以爲靑
帝靈威仰·赤帝赤熛怒·黃帝含樞紐·白帝白招拒·黑帝汁光紀

---

1) 교구郊丘 : 제천의 장소인 남교와 원구를 말하며, 여기에서 파생되어 '교
   제사 장소'로서의 의미를 가진다. 여기에서는 六天說에 기반하여 남교와
   원구로 제단을 구분하는 정현설과 호천상제를 유일한 천제로 보아 남교
   와 제단으로서의 원구를 하나로 보는 왕숙의 一天說을 둘러싼 논의를
   일컫는다.

者, 五天也. 由是有六天之說, 後世莫能廢焉.

『예禮』2)에 이르기를, "인禋 제사로 호천상제昊天上帝에게 제사를 지낸다"라고 하였다. 정현은 이때의 천을 천황대제天皇大帝이자 북신 요백보라고 하였다. 또 이르기를, "사교(사방의 교)에 오제의 조兆(조역 : 제사터)를 만든다[兆五帝於四郊]"3)라고 하였다. (여기에서 말한 오제는) 오행의 정기를 가진 신이며, 정현은 이를 청제 영위앙, 적제 적표노, 황제 함추뉴, 백제 백초거, 흑제 즙광기이며, 다섯 하늘 즉 오천五天이라고 보았다. 이 때문에 육천설이 생겨났으며 그 후 이 설을 무시할 수 없게 되었다.

唐初貞觀禮, 冬至祀昊天上帝于圓丘, 正月辛日祀感生帝靈威仰于南郊以祈穀, 而孟夏雩于南郊, 季秋大享于明堂, 皆祀五天帝. 至高宗時, 禮官以謂太史圓丘圖, 昊天上帝在壇上, 而耀魄寶在壇第一等, 則昊天上帝非耀魄寶可知, 而祠令及顯慶禮猶著六天之說. 顯慶二年, 禮部尚書許敬宗與禮官等議曰:「六天出於緯書, 而南郊·圓丘一也, 玄以爲二物 ; 郊及明堂本以祭天, 而玄皆以爲祭太微五帝. 傳曰 :『凡祀, 啓蟄而郊, 郊而後耕.』故『郊祀后稷, 以祈農事.』而玄謂周祭感帝靈威仰, 配以后稷, 因而祈穀. 皆繆論也.」由是盡黜玄說, 而南郊祈穀·孟夏雩·明堂大享皆祭昊天上帝.

당나라 초기 「정관례貞觀禮」에서는 동지에 호천상제를 원구에서

---

2) 『周禮』 「春官·大宗伯」
3) 『周禮』 「春官·小宗伯」

제사하고 정월 신일辛日에 남교에서 감생제感生帝 영위앙靈威仰에게 풍년을 기원하는 기곡祈穀 제사를 지냈으며, 맹하에 남교에서 우 제사를 지내고, 계추에 명당에서 대향을 올린다 하였으니, 모두 오천제에 제사하였다. 고종 때 이르러 예관이 말하기를, 태사太史의 「원구도圓丘圖」를 보니 호천상제는 단 위에 있고 요백보는 제단의 첫 번째 계단에 있는 것으로 보아 호천상제가 요백보가 아님을 알겠는데, 사령祠令과 「현경례顯慶禮」에는 여전히 육천설이 저록되어 있다고 하였다.

(고종) 현경顯慶 2년(657) 예부상서 허경종許敬宗과 예관 등이 의론하여 다음과 같이 말하였다.

> 육천설은 위서緯書에서 나왔으며 남교와 원구는 하나인데 정현은 다른 것으로 보았습니다. 교郊와 명당은 본래 천을 제사하는 곳인데, 정현은 둘 다 태미오제太微五帝를 제사하는 곳으로 보았습니다. 『전傳』에 "무릇 제사는 계칩啓蟄4)에 교사하고 교사한 뒤에야 농사를 시작한다"라고 하였습니다. 그러므로 "후직后稷을 교사郊祀하여 풍년을 기원한다"라고 하였던 것입니다.5) 하지만 정현은 주나라가 감생제인 영위앙에 제사하면

---

4) 계칩啓蟄 : 24절기 중 하나로, 음력 2월의 절기인 경칩을 달리 부르는 말이다. 啓蟄은 '땅속에 숨어 있는 벌레[蟄]'가 '(땅을) 열고[啓]' 나온다는 의미이다. 흔히 '경칩驚蟄'이라 하는데, 한나라 景帝의 이름이 '啓'라 이를 피휘하여 '驚'으로 대체하였기 때문이다.

5) 『전傳』에 … 기원한다 : 앞의 계칩에 교사한다는 구절은 『左傳』「桓公 5年」조이고, 후직을 교사하여 기곡한다는 구절은 『좌전』「襄公 7年」조이다. 『좌전』의 이 두 구절은 교사의 본질을 祈穀(풍년의 기원)으로 보는

서 후직을 배사하였기 때문에 그로 인해 풍년을 기원[祈穀]한 것이라고 하였습니다. 모두 잘못된 이론입니다.

이 때문에 정현설이 배척되고 남교의 기곡祈穀 제사, 맹하의 우사雩祀, 명당의 대향大享에서 모두 호천상제를 제사하게 되었다.

乾封元年, 詔祈穀復祀感帝. 二年, 又詔明堂兼祀昊天上帝及五

데 결정적인 근거로 제시되곤 한다. "郊祀后稷" 이 구절은 일반적으로 "후직을 교사하다"로 번역하였는데, 두예의 주는 "후직을 교사한다는 것은 천에 짝하여 제사하는郊祀后稷以配天" 것으로 설명하였다. 즉 교사는 교에서 천에 지내는 제사이므로 제사 대상이 천이다. 다만 제사 때 천 단독으로 제사를 지내지 않고 여기에 왕조의 시조를 배향하는(以祖配天) 형식을 취한다. 즉 「桓公 5년」조의 『公羊傳』에는 "교사에는 어째서 후직을 반드시 제사해야 하는가? 왕자는 그 선조를 배향하기 때문이다. 왕자는 어찌 그 선조를 배향해야 하는가? 안에서 나온 자는 짝 없이 행할 수 없고 밖에서 이른 자는 주 없이 머물 수 없기 때문郊則曷爲必祭稷. 王者必以其祖配. 王者則曷爲必以其祖配. 自內出者, 無(主)[匹]不行, 自外至者, 無主不止"이라고 하였다. 『공양전』에서는 후직 배향의 목적이 '풍년의 기원' 때문이 아니라 "제천의 경우는 천신이 객이 되니, 밖에서 이른 것이다. 반드시 사람이 주가 되고 나서야 천신이 이른다. 그러므로 시조를 높여 천신에 배향해서 천신을 모시고 곁에 앉아 제사를 받아먹는祭天則天神爲客, 是外至也. 須人爲主, 天神乃至. 故尊始祖以配天神, 侑坐而食之" 것이라 하여 '이조배천'의 형식의 필요성 때문이라고 보고 있다. 그러므로 이 형식이 교사의 핵심 내용이 되다 보니 "후직을 교사하다.郊祀后稷."라는 것은 엄밀히 말하자면 "천에 교사할 때 후직을 배향하다"는 의미가 된다. 따라서 "후직을 교사하다"라고 하는 것은 교사에서 그것이 천이든 상제든 주 대상이 있고 거기에 배향되는 선조 또는 시조가 있다는 뜻이 된다.

帝. 開元中, 起居舍人王仲丘議曰:「按貞觀禮祈穀祀感帝, 而顯慶禮祀昊天上帝. 傳曰:『郊而後耕.』詩曰:『噫嘻春夏, 祈穀于上帝.』[6] 禮記亦曰:『上辛祈穀于上帝.』而鄭玄乃云:『天之五帝迭王, 王者之興必感其一, 因別祭尊之. 故夏正之月, 祭其所生之帝於南郊, 以其祖配之. 故周祭靈威仰, 以后稷配, 因以祈穀.』然則祈穀非祭之本意, 乃因后稷爲配爾, 此非祈穀之本義也. 夫祈穀, 本以祭天也, 然五帝者五行之精, 所以生九穀也, 宜於祈穀祭昊天而兼祭五帝.」又曰:「月令, 大雩·大享帝, 皆盛祭也. 而孟夏雩·季秋大享, 貞觀禮皆祭五方帝, 而顯慶禮皆祭昊天上帝, 宜兼用之以合大雩·大享之義.」旣而蕭嵩等撰定開元禮, 雖未能合古, 而天神之位別矣.

　(고종) 건봉乾封 원년(666) 조를 내려 감생제에 지내는 기곡 제사를 복구하도록 하였다. (건봉) 2년(667) 다시 명당 제사에 호천상제와 오제를 함께 제사하도록 하였다. 개원開元 연간에 기거사인起居舍人 왕중구王仲丘[7]가 다음과 같이 의론하여 말하였다.

---

6) "噫嘻春夏, 祈穀于上帝"의 구두는 "噫嘻. 春夏, 祈穀于上帝"으로 되어야 한다. 이 구절은 『모시·서』로 〈희희〉장을 설명한 부분이다.

7) 왕중구王仲丘(미상): 당대 예악제도 제정에 주도적 역할을 했던 인물이다. 琅琊 사람이다. 開元 연간에 左補闕內供奉·集賢修撰·起居舍人 등을 역임하였다. 당시 전장제도가 미처 정비되지 않은 상태에서 그는 정관례와 현경례를 절충하여 『大唐開元禮』를 편찬하였다고 전한다. 『新唐書』권200「王仲丘傳」에 개원례와 현경례의 호천상제와 오방상제 제사에 대한 그의 논의가 상세히 실려 있다. 후에 그 공로를 인정받아 禮部員外郎으로 승진하였고 죽은 뒤에 秘書少監으로 추증되었다.

「정관례」를 살펴보면 감생제에 기곡의 제사를 지냈고 「현경례」에서는 호천상제에 제사를 지냈습니다. 『전傳』에 "교사한 뒤에 농사를 시작한다"라고 하였고, 『시詩』에 "〈희희噫嘻〉장은 봄과 여름에 상제에 풍년을 기원하는 제사[祈穀]를 노래한 것이다"라고 하였으며, 『예기』 또한 "상신上辛일에 상제에 풍년을 기원하는 제사를 지낸다"라고 하였습니다.[8]

그런데 정현은 도리어 "하늘의 오제五帝는 번갈아 왕이 되는데, 왕자가 탄생할 때에는 반드시 그중 하나에 감응한다. 때문에 (오제 각각) 별도로 제사하여 추존한다. 그러므로 하정夏正의 달에 감생한 (오제 중 한) 상제에게 남교에서 제사하며 그 조상을 배사한다. 그러므로 주나라는 영위앙을 제사하면서 후직을 배사하였는데, 이로 인하여 풍년을 기원하게 된 것이다"라고 하였습니다.

그러므로 기곡은 제사의 본래 목적이 아니며 후직을 배사하는 데 따른 것일 뿐으로 보았으니, 이는 기곡의 본래 취지가 아닙니다. 무릇 기곡이란 본래 하늘에 제사를 지내는 것으로, 오제는 오행의 정기이며 그로 인하여 곡식이 생성되므로 마땅히 기곡(제사)에는 호천에 제사하며 오제를 겸하여 제사해야 합니다.

또 이어서 말하였다.

---

8) 『禮記』 「月令」에 나오는 구절이다. 다만 「월령」에는 "天子乃以元日, 祈穀于上帝"라고 하여 上辛日이 元日로 되어 있다.

「월령月令」에서 말한 상제에 지내는 대우大雩와 대향大享 제 사는 모두 성대한 제사입니다. 그런데 맹하의 우 제사와 계추 의 대향 제사 때 「정관례」에서는 오방제에 제사하고 「현경례」 에서는 호천상제에 제사하였으니, 마땅히 이 둘(호천상제와 오 방제)을 겸용하여 대우와 대향의 취지에 부합해야 합니다.

얼마 안 있어 소숭蕭嵩9) 등이 「개원례」를 찬정하였는데, 비록 고 대의 제도에 완전히 부합하지는 못했으나 천신天神(호천상제와 오 방제)의 신위는 구별하였다.

其配神之主, 武德中, 冬至及孟夏雩·祭皇地祇于方丘·神州地 祇於北郊, 以景帝配;而上辛祈穀祀感帝于南郊, 季秋祀五方天 帝於明堂, 以元帝配. 貞觀初, 圓丘·明堂·北郊以高祖配, 而元帝 惟配感帝. 高宗永徽二年, 以太宗配祀明堂, 而有司乃以高祖配五 天帝, 太宗配五人帝. 太尉長孫無忌等與禮官議, 以謂:「自三代 以來, 歷漢·魏·晉·宋, 無父子同配於明堂者. 祭法曰:『周人禘 嚳而郊稷, 祖文王而宗武王.』鄭玄以祖宗合爲一祭, 謂祭五帝· 五神于明堂, 以文·武共配. 而王肅駁曰:『古者祖功宗德, 自是不 毀之名, 非謂配食於明堂.』春秋傳曰:『禘·郊·祖·宗·報, 五者

---

9) 소숭蕭嵩(?~749):字는 喬甫이고 당대 蘭陵(현재 江蘇省 丹陽市 訪仙 鎭) 사람이다. 梁武帝 蕭衍의 후예이다. 처음에 洛州參軍이 되었다가 宰 相 陸象先의 추천과 姚崇과의 친연으로 인해 尙書左丞, 兵部侍郎 등을 역임하였다. 吐蕃을 대패한 뒤에 조정에 들어와 宰相이 되고 中書令, 徐 國公에 진봉되었다. 현종의 명을 받아 「정관례」와 「현경례」를 절충 통합 하여 「개원례」를 개찬하는 데 중추적 역할을 담당하였다.

國之典祀也.」以此知祖·宗非一祭.」於是以高祖配于圓丘, 太宗配于明堂.

배사 대상은 (고조) 무덕武德 연간(618~626)에 동지 (교사) 및 맹하 우 제사, 방구에서의 황지기皇地祇 제사, 북교에서의 신주지기神州地祇 제사에 경제景帝[10]를 배사하였고, (정월) 상신일 남교에서 감생제에 지내는 기곡 제사와 계추 명당에서 오방천제五方天帝에 지내는 제사에는 원제元帝[11]를 배사하였다. 정관 연간 초에 원구·명당·북교 제사에는 고조를 배사하였고 원제는 다만 감생제에만 배사하였다. 고종 영휘永徽 2년(651), 태종을 명당 제사에 배사하게 되었는데, (이때) 담당관이 고조를 오천제五天帝[12]에 배사하고 태종은 오인제五人帝[13]에 배사하였다. 태위 장손무기長孫無忌 등이 예관과 더불어 논의하여 다음과 같이 말하였다.

---

10) 당 태조 이호李虎(?~551)의 시호이다. 당나라의 초대 황제인 李淵의 할아버지이자 李昞의 아버지로 사후 唐襄公에 추존되었다. 손자 이연이 황위에 오른 뒤에는 당나라를 세운 최초의 당국공이였기에 太祖란 묘호를 받아 太祖 景皇帝에 추존되었다.

11) 원제元帝 : 唐世祖 李昞(?~573)을 말한다. 당 고조 이연의 부친으로 사후에 唐仁公의 시호를 받았으나, 장남 이연이 당나라를 건국하고 황제가 되자, 황제에 추존되어 世祖 元皇帝로 추존되었다.

12) 오천제五天帝 : 정현이 말한 感生 五帝, 즉 청제 영위앙, 적제 적표노, 황제 함추뉴, 백제 백초거, 흑제 즙광기이다.

13) 오인제五人帝 : 오인제는 오천제의 보좌 신으로 태호, 염제, 헌원, 소호, 전욱이다. 오천제 제사 때 배사한다(이 경우는 從祀에 가깝다). 『通典』「郊天」下, "太昊配青帝, 炎帝配赤帝, 軒轅配黃帝, 少昊配白帝, 顓頊配黑帝."

삼대 이래 한漢·위魏·진晉·송宋나라를 거치면서 부자가 함께 명당에서 배사된 경우는 없었습니다. (『예기』)「제법祭法」에 "주나라 사람은 곡곡告嚳에게 체 제사하고 후직后稷에게 교사하며 문왕文王을 조祖로 삼아 제사하고 무왕武王을 종宗으로 삼아 제사하였다"라고 하였는데, 정현은 조祖와 종宗을 하나의 제사로 보고 오제五帝와 오신五神을 명당에서 제사하며 문왕과 무왕을 함께 배사하는 것으로 보았습니다.[14] 이에 왕숙王肅이 반박하여 "옛날 공이 있는 자를 조로 삼고 덕이 있는 자를 종으로 삼았는데, 이는 훼천하지 않는[不毁] (조상의) 명칭이지 명당에 배사함을 이르는 것은 아니다"라고 하였습니다. 『춘추전春秋傳』[15]에 "체禘·교郊·조祖·종宗·보報 이 다섯 가지 (제사)는 국가에서 제정한 제사이다"라고 하였으니, 조와 종이 한 제사가 아님을 알 수 있습니다.

그리하여 고조를 원구에서 배사하고 태종을 명당에서 배사하였다.

乾封二年, 詔圓丘·五方·明堂·感帝·神州皆以高祖·太宗並

---

14) 『예기』「제법」이 구절에 대한 정현의 주는 "禘·郊·祖·宗, 謂祭祀以配食也. 此禘, 謂祭昊天於圜丘也. 祭上帝於南郊曰郊. 祭五帝·五神於明堂曰祖·宗, 祖·宗通言爾"라고 하였다. 여기에서 체 제사는 원구에서 호천상제에 지내는 제사로, 교 제사는 남교에서 상제에 지내는 제사로 보았으며, 명당에서는 오제와 오신을 함께 제사하고 이것을 조와 종이라고 설명하였다.

15) 『舊唐書』「禮儀志」1에는 『春秋外傳』으로 되어 있다. 『國語』를 말하며, 左丘明이 지었다고 해서 『左氏外傳』이라고도 한다.

配. 則天垂拱元年, 詔有司議, 而成均助敎孔玄義·太子右諭德沈
伯儀·鳳閣舍人元萬頃范履冰議皆不同, 而卒用萬頃·履冰之說.
由是郊·丘諸祠, 常以高祖·太宗·高宗並配. 開元十一年, 親享圓
丘, 中書令張說·衛尉少卿韋縚爲禮儀使, 乃以高祖配, 而罷三祖
並配. 至二十年, 蕭嵩等定禮, 而祖宗之配定矣.

건봉 2년(667), 조를 내려 원구圓丘·오방五方·명당明堂·감생제感
帝·신주神州 제사에 모두 고조와 태종을 함께 배사하도록 하였다.
무측천 (예종) 수공垂拱 원년(685)에 담당관에게 조를 내려 (이 문제
를) 의론토록 하였는데, 성균조교成均助敎 공현의孔玄義, 태자우유덕
太子右諭德 심백의沈伯儀, 봉각사인鳳閣舍人 원만경元萬頃[16]과 범리
빙范履冰[17]이 논의하였으나 모두 주장하는 바가 달라 마침내 원만
경과 범리빙의 주장을 채택하였다. 이로써 교郊와 구丘의 여러 제사
에 항상 고조와 태종 그리고 고종을 함께 배사하게 되었다. 개원 11
년(723), (현종이) 친히 원구에서 제사를 올렸는데, 중서령 장열張
說[18]과 위위소경衛尉少卿 위도韋縚[19]가 예의사가 되자 고조(만)를

---

16) 원만경元萬頃(?~689경) : 唐 洛陽 사람. 생년은 미상이고 사망은 대략 측
천무후 永昌 원년(689)이다. 乾封 연간에 李勣을 따라 고구려 원정을 나
가 遼東總管記室이 된 적이 있었고, 측천무후 때 鳳閣舍人을 거쳐 鳳閣
侍郞에 발탁되는 등 당시 측천무후의 '北門學士' 중의 한 명이었다. 후에
徐敬業 형제와 친하게 지내다가 혹리의 모함을 받고 영남에 유배된 중에
사망하였다. 저서에 『樂書要論』 1권이 있다.

17) 범리빙范履冰(?~689) : 唐 邠州(현재 陝西 彬州) 사람. 이 역시 측천무후
의 '북문학사' 중의 한 명이다. 垂拱 연간(685~688)에 난대시랑과 천관시랑
을 역임하였고, 얼마 후 春官尙書와 同鳳閣鸞台平章事(이른바 '同中書門
下平章事' 즉 宰相)兼修國史를 지내는 등 측천무후의 총애를 받았다.

제사하고 세 명의 조상을 함께 배사하는 제도를 폐지하였다. (개원)
20년(732)에 소숭 등이 「개원례」를 찬정하면서 조종의 배사 제도가
확정되었다.

寶應元年, 太常卿杜鴻漸·禮儀使判官薛頎歸崇敬等言:「禘
者, 冬至祭天於圓丘, 周人配以遠祖. 唐高祖非始封之君, 不得爲
太祖以配天地. 而太祖景皇帝受封于唐, 卽殷之契·周之后稷也,
請以太祖郊配天地.」諫議大夫黎幹以謂:「禘者, 宗廟之事, 非祭
天, 而太祖非受命之君, 不宜作配.」爲十詰十難以非之. 書奏, 不
報. 乃罷高祖, 以景皇帝配. 明年旱, 言事者以爲高祖不得配之過
也. 代宗疑之, 詔群臣議. 太常博士獨孤及議曰:「受命於神宗, 禹
也, 而夏后氏祖顓頊而郊鯀; 纘禹黜夏, 湯也, 而殷人郊冥而祖
契; 革命作周, 武王也, 而周人郊稷而祖文王. 太祖景皇帝始封于

---

18) 장열張說(667~731) : 唐 河南 洛陽 사람. 선조는 范陽 사람이고, 河東에
살았다. 자는 道濟 또는 說之다. 武則天 때 應詔하여 太子校書에 임명되
었다. 中宗 때 黃門侍郎이 되었고, 睿宗 때 同中書門下平章事가 되어
예종에게 태자 李隆基에게 국사를 감독하게 할 것을 권했다. 玄宗 開元
초에 中書令에 오르고 燕國公에 봉해졌다. 나중에 兵部尙書와 同中書
門下三品를 역임하고, 朔方軍節度使를 겸임했다. 다시 중서령을 겸임하
고 修國史에 올라 麗正書院의 일을 맡았다. 文辭에 뛰어나 조정의 중요
한 문건이 대개 그의 손에서 나왔다. 許國公 蘇頲과 함께 燕許大手筆로
불렸다. 李林甫의 견제로 재상에서 파직되었다.
19) 위도韋縚(미상) : 『舊唐書』 권189하 「儒學下·韋叔夏列傳」에는 韋叔夏
의 아들로 太常卿이란 구절만 보이지만, 唐代 宗廟制, 封禪, 喪服禮 등
당대 예전에 관한 논의에 빠지지 않고 등장한다. 장열과 함께 개원 년간
당대 예전을 상정하는 데 큰 역할을 담당하였다.

唐, 天所命也.」由是配享不易. 嗚呼, 禮之失也, 豈獨緯書之罪
哉! 在於學者好爲曲說, 而人君一切臨時申其私意, 以增多爲盡
禮, 而不知煩數之爲黷也.

(숙종) 보응寶應 원년(762), 태상경 두홍점杜鴻漸[20]과 예의사 판관
判官 설기薛頎, 귀숭경歸崇敬[21] 등이 다음과 같이 말하였다.

> 체禘란 동지에 원구에서 천에 제사하는 것이며, 주나라 사람
> 은 원조遠祖를 배사하였습니다.[22] 당 고조는 시봉始封의 군주
> 가 아니니 태조로서 천지 제사에 배사할 수 없습니다. 그런데
> 태조 경황제[23]는 당에 봉건되었으니 이는 곧 은나라의 설契이

<hr />

20) 두홍점杜鴻漸(708~769) : 唐 濮陽(현재 河南省 濮陽市) 사람. 자는 之巽
이다. 進士 출신으로 안사의 난 때 숙종을 맞이하여 세웠고 그로 인해
衛國公에 봉해졌으며, 代宗 때까지 이어져 재상에 오르기도 하였다. 大
曆 4년(769)에 재상직을 사임한 지 3일 만에 사망하였다. 향년 61세였다.
21) 귀숭경歸崇敬(712~799) : 唐 吳 땅 사람. 자는 正禮이다. 玄宗 天寶 연간
에 博通墳典科에 올라 對策이 제일로 뽑혀 左拾遺에 임명되었다. 主客員
外郎까지 올랐다. 代宗이 陝州로 行幸했을 때 불러 정치의 득실을 물으니
피폐한 민생의 현실을 극력 말하면서 儉素함으로 천하를 교화해야 한다고
주장했다. 大曆 초에 倉部郎中에 임명되어 弔祭와 冊立新羅使 등의 일을
했다. 德宗 때 관직이 工部尚書에 올랐고, 병부상서로 致仕했다.
22) 주나라 사람은 원조遠祖를 배사 … : 은나라를 쳐서 주나라를 건국한 사람
은 무왕이지만 신화적 조상인 후직이 원조이기 때문에 교사에서 후직을
배사한 것을 두고 한 말이다.
23) 태조太祖 경황제景皇帝 : 李虎(?~551)를 말한다. 李虎는 서위 때 각지에
서 공을 세워 開府儀同三司로 임명되었으며 隴西郡公으로 봉해졌다.
548년에는 右軍大都督·少師로 임명되었고, 550년에는 太尉·柱國大將
軍으로 임명되었다. 당시 우문태와 李弼, 元欣, 獨孤信 등 8명과 함께

요 주나라의 후직后稷입니다. 청컨대 태조(경황제)를 천지 교
제사에 배사하십시오.

그러자 간의대부諫議大夫 여간黎幹[24]은 "체禘란 종묘와 관련 있
지 천 제사는 아니며, 태조는 수명受命의 군주가 아니니 배사해서는
안됩니다"라고 말하며 「십힐십난十詰十難」을 지어 반박하였다. 글을
지어 상주하였으나 비답을 받지 못했다. 그리하여 고조를 파하고 경
황제를 배사하였다.

다음해(보응 2년, 763) 가뭄이 들자 말하기 좋아하는 사람이 고조
를 배사하지 않은 탓이라고 하였다. 대종代宗이 이를 의문시하여 조
를 내려 군신들에게 의논토록 하였다. 태상박사 독고급獨孤及[25]이

'八大柱國'이라고 불렸다. 551년에 사망했을 당시 서위 조정은 그에게 鮮
卑族의 大野氏라는 성을 내렸으며, 서위의 뒤를 이어 北周가 건국된 뒤
인 564년에는 唐國公으로 봉해져 襄公이라는 시호를 받았다. 여기에서
'당에 봉건되었다'고 한 것은 당국공에 봉해져 뒤에 손자인 이연이 국명
을 당이라고 한 근원이 여기에 있음을 말한 것이다.

24) 여간黎幹(미상) : 唐 戎州(현재 四川 宜賓) 사람이다. 字는 貞固이며, 원
래 壽春 출신으로 관직은 銀靑光祿大夫 · 兵部侍郞 · 壽春郡開國公에까
지 올랐으며, 緯書와 術數 계통의 지식에 뛰어나 代宗의 총애를 받았으
며, 환관 劉忠翼과 결탁하여 권력을 농단하다가 藍田에서 사사당하였다.
『舊唐書』 권145 「黎幹列傳」에는 그의 「十詰十難」의 글이 들어 있지 않
으나 『舊唐書』 「禮儀志」와 『新唐書』 본전에는 「十詰十難」의 글을 전재
하고 있다.

25) 독고급獨孤及(725~777) : 唐 河南 洛陽 사람. 자는 至之이다. 玄宗 天寶
13년(754) 道擧에 응시하여 장원으로 급제하여 벼슬길에 올라 代宗 때
左拾遺로 벽소되어 太常博士를 지내고, 禮部員外郞을 거쳐 濠州와 舒
州의 刺史에까지 역임하였다. 치적이 좋아 檢校司封郞中이 더해졌다. 얼

의론하여 다음과 같이 말하였다.

> 신종神宗(종묘)에서 천명을 받은 것[26]은 우禹인데, 하후씨夏后氏는 전욱顓頊을 조조로 삼아 제사하고 곤鯀을 교사하였습니다. 우의 뒤를 이어 하나라를 물리친 것은 탕湯인데 은나라 사람은 명冥에게 교사하고 설契을 조로 삼아 제사하였습니다. 천명을 바꾸어 주나라를 만든 것은 무왕武王인데, 주나라 사람은 후직에게 교사하고 문왕을 조로 삼아 제사하였습니다. 태조 경황제는 당에 처음 봉건되었으니 하늘이 명하신 바입니다.

이 때문에 배향의 제도는 바뀌지 않았다. 오호라, 예의 차서를 잃었으니 어찌 위서緯書의 잘못만이겠는가! 이에 학자들은 왜곡된 주장을 일삼기를 좋아하고 군주는 임시방편의 개인의 의사에 따라 예의를 늘리는 것을 예를 다하는 것으로 여겼을 뿐 그 수를 (늘려) 번잡하게 하는 것이 신을 모독하는 일임을 알지 못했구나!

古者祭天於圓丘, 在國之南, 祭地於澤中之方丘, 在國之北, 所

마 후 常州刺史로 승진했다가 재직 중에 죽어 세간에서는 獨孤常州라 부른다. 李華, 蕭穎士 등과 이름을 나란히 했으며, 저서에 『毘陵集』 20권이 있다. 『全唐詩』에서 시를 2권으로 편집했고, 『全唐文』에서 문장을 10권으로 편집했다. 고문을 잘 지었고 의론에 뛰어나 병려체에 반대했으며 韓愈와 柳宗元의 고문운동의 선구자 가운데 한 사람이다.

26) 신종神宗에서 천명을 받은…: 출처는 『尙書』 「虞書・大禹謨」의 "正月朔旦受命于神宗"이다. 그 주에 "文祖之宗廟, 言神尊之"라고 하여, 여기에서 神宗은 종묘를 높여 부른 말이다.

以順陰陽, 因高下, 而事天地以其類也. 其方位旣別, 而其燎壇·
瘞坎·樂舞變數亦皆不同, 而後世有合祭之文. 則天天冊萬歲元
年, 親享南郊, 始合祭天地.

옛날 원구에서 하늘에 제사하는데, (그 장소가) 도성[國]의 남쪽에
있고 택중 방구에서 땅에 제사하는데, 도성의 북쪽에 있었던 것은
음양(의 원리)를 따르고 하늘의 높음과 땅의 낮음(의 속성)에 따라
같은 부류에 맞춰 하늘과 땅에 제사한 것이다. (천지의) 방위가 이미
다르니 요단燎壇(희생을 태우는 제단), 예감瘞坎(희생을 묻는 구덩
이), 악무樂舞의 변수變數(천 제사와 지 제사 때 연주하는 악무 구
성) 역시 모두 달랐으나 이후에 천과 지를 함께 제사하는 합제合祭
에 관한 조문이 생겼다. 무측천 천책만세天冊萬歲 원년(695) 친히 남
교에서 제사를 지냈는데, 처음으로 천지를 합제하였다.[27]

27) 무측천 천책만세 … 합제하였다 : 『구당서』「예의지」1에는 이와 관련하여
    좀더 자세히 실려 있다. "측천무후가 왕조의 명운을 바꾸면서 천책만세
    원년에 천책금륜대성황제라는 칭호를 더하고 친히 남교에서 천과 지를
    합해 제사하였다. 이때 무씨 시조인 주문왕을 시조문황제로 추존하고 측
    천무후의 아버지 응국공을 무상효명고황제로 추존하여 건봉 연간의 예와
    같이 이 둘을 함께 배사하였다.及則天革命, 天冊萬歲元年, 加號爲天冊
    金輪大聖皇帝, 親享南郊, 合祭天地. 以武氏始祖周文王追尊爲始祖文
    皇帝, 后考應國公追尊爲無上孝明高皇帝, 亦以二祖同配, 如乾封之
    禮." 교사에서 천과 지를 합해 제사하는 이른바 합제는 전한 말 왕망의
    교사개혁에서 그 시원을 찾아볼 수 있는데, 실제 제도로서 시행된 것은
    무측천 천책만세 원년이 처음이었다. 무측천 이후 당 후반에는 천지 합제
    가 지속되었고 북송 초까지 합제하였다가 신종 때 이르러 천지 分祭냐
    合祭냐를 두고 치열하게 논쟁이 지속되었다.

睿宗卽位, 將有事於南郊, 諫議大夫賈曾議曰:「祭法, 有虞氏
禘黃帝而郊嚳, 夏后氏禘黃帝而郊鯀. 郊之與廟, 皆有禘也. 禘於
廟, 則祖宗合食於太祖;禘於郊, 則地祇群望皆合於圓丘, 以始祖
配享. 蓋有事之大祭, 非常祀也. 三輔故事:『祭于圓丘, 上帝·后
土位皆南面.』則漢嘗合祭矣.」國子祭酒禇無量·司業郭山惲等皆
以曾言爲然. 是時睿宗將祭地於北郊, 故曾之議寢.

예종睿宗이 즉위하여[28] 남교에 제사를 지내려 할 때 간의대부諫
議大夫 가증賈曾[29]이 다음과 같이 의론하여 말하였다.

> 「제법祭法」에 유우씨는 황제에 체 제사를 곡에게 교 제사를
> 지냈고, 하후씨는 황제에게 체 제사를 곤에게 교 제사를 지냈
> 다고 했습니다. 교郊 제사와 종묘 제사에는 모두 체禘 제사가
> 있습니다. 종묘에서의 체 제사는 태조와 조종을 합사하는 것이
> 고 교에서의 체 제사는 지기地祇와 군망群望을 모두 다 함께
> 원구에서 제사지내며 시조를 배향하는 것입니다. 대개 유사시
> 지내는 대제는 상사常祀가 아닙니다. 『삼보고사三輔故事』[30]에

---

28) 태극 원년(712)에 당 예종이 복위한 것을 두고 말한다.

29) 가증賈曾(?~727) : 唐 河南 洛陽 사람. 賈言忠의 아들이다. 睿宗 景雲
(710~711) 중에 吏部員外郎을 지냈다. 현종의 동궁 시절 太子舍人이 되
었으며, 開元 초에 中書舍人에 올랐다. 蘇晉과 함께 制誥를 관장했는데,
모두 문장으로 칭송을 들어 '蘇賈'로 불렸다. 나중에 일에 연좌되어 洋州
刺史로 쫓겨났다. 이어 慶州와 鄭州 등지의 刺史를 지내고 조정으로 돌
아와 光祿少卿이 되었다. 마지막 관직은 禮部侍郎이었다.

30) 『삼보고사三輔故事』 : 古書로 長安과 그 부근의 궁전, 누대, 정원 등에
관련된 자료를 보존하고 있으며, 진한시대 역사 관련 내용도 포함하고

"원구에서 제사지낼 때 상제上帝와 후토后土의 신위는 모두 남
면한다"고 하였습니다. 그런즉 한대漢代에 이미 합제가 있었던
것입니다.

국자좨주 저무량褚無量31)과 국자사업 곽산휘郭山惲32) 등은 모두
가증의 말이 옳다고 여겼다. 이때 예종이 북교에서 지地 제사를 지
내려고 할 때였기 때문에 가증의 안건은 묻히고 말았다.

玄宗旣已定開元禮, 天寶元年, 遂合祭天地于南郊. 是時, 神仙
道家之說典, 陳王府參軍田同秀言:「玄元皇帝降丹鳳門.」乃建玄
元廟. 二月辛卯, 親享玄元皇帝廟; 甲午, 親享太廟; 丙申, 有事于
南郊. 其後遂以爲故事, 終唐之世, 莫能改也. 爲禮可不愼哉!

현종玄宗은 「개원례」를 찬정한 뒤 천보天寶 원년(742)에 마침내

있다. 원서는 이미 망실되었고 청대 張澍의 집록본이 남아 있다.

31) 저무량褚無量(645~719) : 唐 杭州 鹽官(현재 浙江 海寧市) 사람. 자는
홍도弘度다. 어릴 때 아버지를 잃고 가난했지만 학문에 힘썼다. 明經으로
발탁되어 國子司業과 修文館學士를 지냈다. 國子博士도 역임했다. 玄
宗이 태자가 되자 侍讀을 겸하면서 『翼善記』를 편찬해 바쳤다. 沈子正에
게 수학했으며, 三禮에 정통했다. 현종이 즉위하자 左散騎常侍 겸 國子
祭酒가 되고 舒國公에 봉해졌다. 內府의 舊書를 간행하여 經籍을 널리
반포하자고 상소를 올리기도 했다.

32) 곽산휘郭山惲 : 蒲州 河東(현재 山西省 永濟市) 사람이다. 어려서부터
『三禮』에 정통했다. 중종 景龍 연간에 국자사업에 올랐다. 축흠명과 함께
황후의 교사 참여 논의를 주도했고, 『舊唐書』「經籍志」에는 『大享明堂
儀注』 2권과 『親享太廟儀』 3권이 그의 저서로 나와 있다.

남교에서 천과 지를 합제하였다. 이 당시 신선도가神仙道家의 설이
극성이라 진왕부陳王府 참군參軍 전동수田同秀가 "현원황제玄元皇帝
(노자)께서 단봉문丹鳳門33)에 내리셨다"라고 하여 이에 현원묘玄元
廟를 중건하였다.34) (천보 원년) 2월 신묘辛卯일에 친히 현원황제묘

---

33) 단봉문丹鳳門 : 대당제국의 정궁인 대명궁 정남문으로 당제국의 상징이
며 장안 북측에 자리잡고 있다. 고종 龍朔 2년부터 조성되었으며 성문
위에 높고 거대한 단봉루가 있다. 북으로 含元殿, 宣政殿, 紫宸殿과 서로
호응하며 大明宮의 중추선을 구성하였다. 당 황제가 궁성을 출입하는 주
요 통로이자 당대 황제가 즉위, 개원, 대사 선포 및 연회를 거행하는 중요
한 정치적 장소이기도 하다. 여기에 老子神이 강림하였다는 것은 현종의
도선불후 정책의 시작을 알리는 신호탄이기도 하다.

34) 『舊唐書』 권5 「高宗本紀」하에 "(乾封元年) 二月己未, 次亳州. 幸老君
廟, 追號曰太上玄元皇帝, 創造祠堂 ; 其廟置令 · 丞各一員"라고 하여
노군묘를 방문했다가 노자를 '태상현원제'로 추존하였다. 또한 『구당
서』 권9에 "(開元)二十九年春正月丁丑, 制兩京 · 諸州各置玄元皇帝廟
并崇玄學, 置生徒, 令習老子 · 莊子 · 列子 · 文子, 每年准明經例考試"라
고 하여 장안과 낙양 그리고 각 주에 현원황제묘를 설치하고 현학을 추숭
하여 명경에 준하여 국가고시를 실시하여 생도를 양성하라는 조치를 내
린다. 그리하여 "(天寶元年)二月丁亥, 上加尊號爲開元天寶聖文神武皇
帝. 辛卯, 親享玄元皇帝于新廟. 甲午, 親享太廟. 丙申, 合祭天地于南
郊"라고 하여 천보 2년 2월에 현종은 자신을 '개원천보성문신무황제'라
하고 신묘일에 새로 조성된 현원황제묘에 제사를 지낸다. 갑오일에는 태
묘에서 제사하고 병신일에 남교에서 천지를 합제하였는데, 이것이 새로운
의례절차로 자리잡아 현종 이후 당이 망하기까지 지속되었다. 『신당서』
본문에 언급한 사건은 『舊唐書』 권9 「玄宗本紀」 天寶 元年조에 현원묘
를 대녕방에 설치한 것으로 나와 있다.("天寶元年春正月丁未朔, 大赦天
下, 改元, 常赦不原咸赦除之. 百姓所欠負租稅及諸色並免之. 前資官及
白身人有儒學博通 · 文辭秀逸及軍謀武藝者, 所在具以名薦. 京文武官

에 제사하고 갑오甲午일에 친히 태묘에 제사하였으며 병신丙申일에 남교에서 제사를 지냈다. 이후 이것이 선례가 되어 당대가 끝날 때까지 바뀌지 않았다. 예를 제정하는 일을 어찌 신중하지 않을 수 있겠는가!

夫男女之不相褻於內外也, 況郊廟乎? 中宗時, 將享南郊, 國子祭酒祝欽明言皇后當助祭, 太常博士唐紹·蔣欽緖以爲不可, 左僕射韋巨源獨以欽明說爲是. 於是以皇后爲亞獻, 補大臣李嶠等女爲齋娘, 以執籩豆焉. 至德宗貞元六年, 又以皇太子爲亞獻, 親王爲終獻.

무릇 남녀는 서로 친압하지 않고 내외하는데, 하물며 교사와 종묘에서야 말할 것도 없다. 중종中宗 때 남교에서 제사를 지내려고 할 때 국자좨주 축흠명祝欽明[35]이 황후가 보조함이 마땅하다고 하였고

才堪爲刺史者各令封狀自擧. 改黃鉞爲金鉞. 內外官各賜勳兩轉. 甲寅, 陳王府參軍田同秀上言：「玄元皇帝降見于丹鳳門之通衢, 告賜靈符在尹喜之故宅.」 上遣使就函谷故關尹喜臺西發得之, 乃置玄元廟於大寧坊.")

35) 축흠명祝欽明(미상) : 唐 京兆 始平 사람. 明經으로 천거를 받았고, 武周 長安 원년(701) 太子率更令이 되어 崇文館學士를 겸했다. 中宗이 복위하자 國子祭酒에 발탁되었다. 景龍 3년(709) 황제가 郊祀를 지내려할 때 郭山惲과 함께 몰래 韋后의 뜻에 영합하여 위후에게 천지에 교제사를 지내는 전례가 있다고 말하자 황제가 그 말을 받아들였다. 중종의 비위를 맞추어 群臣이 연회하는 자리에 손을 땅에 짚고서 八風舞를 추자, 盧藏用이 "五經을 흔적도 없이 만들었다"고 탄식했다. 睿宗 景雲 초에 탄핵을 받아 饒州刺史로 쫓겨났다. 나중에 洪州都督으로 옮겼다가 숭문관학

태상박사 당소唐紹36)와 장흠서蔣欽緒37)는 불가하다고 하였는데, 좌복야 위거원韋巨源38)이 홀로 축흠명의 주장이 옳다고 하였다. 그리하여 황후가 아헌이 되고 대신大臣 이교李嶠39) 등의 딸을 재랑齋娘

사로 들어왔는데, 얼마 뒤 죽었다.

36) 당소唐紹(?~713) : 唐 京兆 長安 사람이다. 貞觀 연간의 吏部尙書 唐臨의 손자이며, 박학다재한데다가 특히 『三禮』에 능하였다. 中宗 神龍연간에 太常博士에 제수되었고 얼마 후 左台侍御史 · 度支員外郞이 되었다. 睿宗 때에는 자주 정치의 득실에 관해 상소하여 給事中 兼太常少卿에까지 올랐다. 현종 先天 2년에 본문에서와 같이 講武에 실례를 범하여 참수를 당하였는데, 당시 金吾將軍 李邈가 너무 빨리 황제의 명을 전달하는 바람에 참수당했다고 하여 민간에서는 이막 때문에 죽었다고 전한다.

37) 장흠서蔣欽緒(660경~745경) : 唐 萊州 膠水縣(현재 山東省 平度) 사람. 高宗 때 進士科로 벼슬길에 올라 大理寺卿, 吏部侍郞 등을 역임하였고 禮部尙書에 추증되었다. 본문에서와 같이 중종 때 황후의 제사 참여에 대해 반대 입장을 표명하는 등, 강직한 성품으로 칭찬을 받았다. 玄宗 開元 연간에는 오랜 기간 동안 吏部의 員外郞과 侍郞을 역임하여 인재 선발에 개인의 은원을 개입시키지 않은 공평함으로 사람들의 칭송을 받았다. 만년에는 汴州와 魏州刺史를 역임하면서 좋은 평가를 받았다.

38) 위거원韋巨源(631~710) : 唐 京兆 萬年(현재 陝西 西安) 사람. 문음으로 벼슬길에 올라 則天武后와 中宗 연간에 전후 4차례에 걸쳐 재상을 역임하였으며, 尙書右僕射까지 지냈다. 위황후와 종친인 까닭에 결탁하여 위황후가 전횡을 휘두르는 데 일조하였다. 본문에서 황후의 제사 참여를 도운 사례가 대표적이다. 이융기가 쿠데타를 일으켜 위황후를 살해한 뒤 위거원도 병사들에게 살해당하였다.

39) 이교李嶠(645~714) : 唐 趙州 贊皇(현재 河北 石家莊) 사람. 자는 巨山이다. 20살 때 진사에 급제하고, 制策에 갑과로 합격했다. 측천무후 때 來俊臣이 狄仁杰의 옥사를 일으켰을 때 그의 무죄를 변론해 눈 밖에 나

에 보충하여 변두邊豆를 잡도록 하였다. 덕종德宗 정원貞元 원년
(785)에 이르러 다시 황태자皇太子를 아헌으로 삼고 친왕親王을 종
헌終獻으로 삼았다.40)

孝經曰：「宗祀文王於明堂, 以配上帝.」而三代有其名而無其
制度, 故自漢以來, 諸儒之論不一, 至於莫知所從, 則一切臨時增
損, 而不能合古. 然推其本旨, 要於布政交神於王者尊嚴之居而
已, 其制作何必與古同！然爲之者至無所據依, 乃引天地·四時·
風氣·乾坤·五行·數象之類以爲倣像, 而衆說亦不克成.

『효경』에 "명당에서 문왕을 종사宗祀하며 상제에 배사하였다"라
고 하였다. 그런데 삼대에 (명당) 명칭은 있으나 그것에 관한 제도가
없었으니 한나라 이후 여러 유자들의 주장이 일치하지 않아 누구의

<hr />

潤州司馬로 쫓겨났다. 얼마 뒤 입조하여 鳳閣舍人이 되었는데, 국가의
중요한 문서들은 대개 그가 주관했다. (무측천) 聖曆(698~700) 초에 姚崇
과 함께 同鳳閣鸞臺平章事로 옮겼다가 얼마 뒤 난대시랑으로 전직하고
監修國史가 되었다. 정치문화 양면으로 중용되었지만 측천무후가 죽은
뒤 실각했다. 中宗 神龍 초에 通州刺史로 폄적되었지만 몇 달 뒤 소환되
어 재상에 올랐다. 본문에서 대신이라 함은 그가 재상이었을 때를 말한다.
睿宗이 즉위하자 다시 폄적되었고, 얼마 뒤 나이를 이유로 致仕했다. 玄
宗 때 廬州別駕로 쫓겨났다가 죽었다. 나이 일흔이었다. 詩文에 뛰어났
고, 蘇味道와 이름을 나란히 해 蘇李로 불렸다. 또 소미도, 崔融, 杜審言
과 함께 '文章四友'로도 불렸다. 당시 궁정시인의 거두로, 저서에 『李嶠
雜詠』이 전해진다.
40) 「예악지」3 처음부터 이 단락까지 당대 天地 교사 제도의 연혁에 대해 기술하
였다.

설을 따를지 알 수가 없게 되었다. 그런즉 일체 그때그때 사정에 맞게 늘리고 줄이기를 거듭하니 옛날 제도에 부합할 수 없었다. (명당의) 본래 취지를 미루어보면 핵심은 그곳에서 정교를 베풀고[布政] 신과 교섭하여[交神] 왕자의 존엄함을 드러내는 데 있을 뿐,41) 명당을 건설하는 데 반드시 고대의 제도와 똑같을 필요가 있겠는가! 그러나 명당을 건설하는 자는 근거할 바가 없기에 천지天地·사시四時·풍기風氣·건곤乾坤·오행五行·상수象數와 같은 것들42)을 끌어들여 비슷한 형상을 만들었으나 여러 가지 학설이 많아 끝내 완성을 보지 못하였다.

隋無明堂, 而季秋大享, 常寓雩壇 ; 唐高祖·太宗時, 寓於圓丘. 貞觀中, 禮部尚書豆盧寬·國子助教劉伯莊議 :「從崑崙道上層以祭天, 下層以布政.」而太子中允孔穎達以爲非. 侍中魏徵以謂「五室重屋, 上圓下方, 上以祭天, 下以布政. 自前世儒者所言雖異, 而以爲如此者多同. 至於高下廣狹丈尺之制, 可以因事制宜也.」祕書監顏師古曰 :「周書敍明堂有應門·雉門之制, 以此知爲王者之常居爾. 其靑陽·總章·玄堂·太廟·左右个, 皆路寢之名也. 文王居明堂之篇, 帶弓韣, 禮高禖, 九門磔禳, 國有酒以合三族, 推其事皆與月令合, 則皆在路寢也. 大戴禮曰在近郊, 又曰文王之廟也,

---

41) 명당의 주요 기능을 일반적으로 '布政' '交神(宗祀)' '朝諸侯' 이 세 가지를 말하는데, 여기에서는 '조제후'의 기능은 생략하였다.

42) 천지 … 상수와 같은 것들 : 명당을 지을 때 그 구조(오실 혹은 구실)와 창문의 개수, 층수 등에 하늘과 땅 그리고 주역에서 말하는 易象과 數에 상응하여 의미부여하는 것을 말한다.

此奚足以取信哉? 且門有皐·庫, 豈得施於郊野, 謂宜近在宮中.」
徵及師古等皆當世名儒, 其論止於如此.

　수隋나라에는 명당이 없어 계추 대향은 항상 우단雩壇에 의지하
여 진행하였다. 당나라 고조와 태종 때에는 원구에 의지하여 진행하
였다. 정관貞觀 연간에 예부상서 두노관豆盧寬[43]과 국자조교 유백장
劉伯莊[44]은 이 문제에 대하여 "곤륜도崑崙道[45]를 따라 상층에서 천

---

43) 『舊唐書』 권22 「禮儀志」2에는 '盧寬'으로 되어 있다.

44) 유백장劉伯莊(미상) : 唐 徐州 彭城(현재 江蘇 徐州) 사람. 太宗 貞觀
　　연간에 弘文館學士가 되었다가 國子博士가 되었다. 高宗 龍朔 연간에
　　崇賢館學士를 兼修하였다. 許敬宗 등과 함께 『文思博要』 『文館詞林』을
　　편찬하였고 저서에 『史記音義』 『史記地名』 『漢書音義』가 있다. 『舊唐
　　書』 「儒林傳」에 본전이 실려 있다.

45) 곤륜도崑崙道 : 『史記』 권12 「孝武本紀」 元年 『史記索隱』에, "공옥대가
　　바친 명당도에는 복도가 있고 루가 있어 서남쪽으로 진입하는데 그 길을
　　곤륜이라 하였다. 곤륜산에 5성과 12루가 있는 것 같다고 하여 그렇게
　　이름을 달았다.王帶明堂圖中爲復道, 有樓從西南入, 名其道曰崑崙. 言
　　其似崑崙山之五城十二樓, 故名之也."라고 한 것을 보면, 서남쪽에서 위
　　로 올라간다는 의미이다.

공옥대의 명당 상상도(楊鴻勛, 『궁전고고통론』)

에 제사하고 하층에서 정교를 반포한다"라고 주장하였다. 그런데 태자중윤太子中允 공영달孔穎達은 그렇지 않다고 보았다.[46] 시중侍中 위징魏徵[47]은 "(명당은) 오실五室에 중옥重屋[48]이며, 위는 둥글고 아래는 네모나다. 위에서는 하늘에 제사하고[祭天] 아래에서는 정교를 베푼다[布政]. 이전 왕조의 유자들이 한 말들이 각각 다르지만 (앞에 언급한) 바와 같은 경우가 가장 많다. (명당 건물의) 높이와 너비 등 구체적인 규정에 대해서는 사안에 따라 마땅한 제도를 정해야 한다[因事制宜]"고 하였다.

비서감 안사고顏師古[49]는 다음과 같이 말하였다.

---

46) 『구당서』「예의지」2에는 공영달이 유백장과 (두)노관의 주장에 대해 명당의 2층 구조와 기능의 분배, 화려한 장식 등이 고례에 위반된다는 점을 지적하며 반대한 상소문이 실려 있다.

47) 위징魏徵(580~643) : 唐 相州 內黃縣(현재 河南省 安陽) 사람. 隋末 혼란기에 群雄 李密에게 귀순했다가 高祖의 장자 李建成의 측근이 되어, 李世民과 대립했으나 太宗 즉위 후 간관으로 중용되어 태종의 포용성을 상징하는 인물이 되었다. 貞觀 3년(629) 秘書監으로 옮겨 조정에 참여했는데, 이때 학자를 불러 四部書를 정리할 것을 건의했다. 7년(633)에는 王珪를 대신해 侍中이 되었고, 당시 令狐德棻 등이 『周書』와 『隋書』를 편찬하는데, 명을 받아 撰定하여 良史란 칭송을 들었다. 직간을 거듭하여 태종의 분노를 사기도 했지만 끝까지 굽히지 않은 것으로 유명하며, 그의 말은 『貞觀政要』에 잘 나와 있다. 이외에도 『類禮』와 『群書治要』 등의 편찬에도 큰 공헌을 했다.

48) 중옥重屋 : 은대 명당의 대명사이다. 『禮記』「明堂位」에 "復廟重檐"이라 하였고, 이에 대해 鄭玄은 "復廟는 重屋"이라고 하였다. 『禮記集說』은 "복묘는 위 아래 지붕을 겹으로 하는 것(復廟, 上下重屋也)"이라고 하였다.

『(일)주서周書』에는 명당에 응문應門·치문雉門의 제도가 있
는데,50) 이것을 보면 (명당은) 왕이 상주하는 거처일 뿐임을

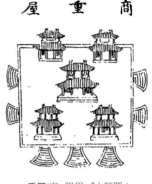

楼阁图形文字　　重屋图形文字　　↑
(《甲骨文编》　　(山东长清县兴　　甲骨文
附录587S23背)　复河发现殷代铜
　　　　　　　　鼎铭文)

갑골문의 重屋(『궁전고고학통론』)　　　重屋(宋, 陽甲, 『六經圖』)

49) 안사고顔師古(581~645) : 唐 京兆 萬年 사람. 그의 집안은 대대로 학문
으로 이름을 날렸는데, 『顔氏家訓』의 저자 顔之推가 할아버지이며, 古
訓에 뛰어났던 顔思魯가 그의 부친이다. 이름은 주籀인데, 자로 행세했
다. 자는 思古로도 쓴다. 高祖 武德 연간에 中書舍人이 되어 機密을
전담, 대부분의 詔令이 그의 손을 거쳤다. 태종 때 일찍이 황명을 받아
秘書省에서 五經의 文字를 考定하여 『五經定本』을 편찬하였고 孔穎達
등과 함께 『五經正義』를 찬정했다. 貞觀 7년(633) 秘書少監으로 옮겨
출판물에 있는 奇書難字를 교정하는 일을 전담하였고, 秘書監을 거쳐
弘文館學士까지 올랐다. 『大唐儀禮』의 수찬에 참여하고, 그 후 이전의
여러 주석을 집대성하여 『漢書』에 주석을 가하였다. 그의 『漢書』의 주석
은 후대 문자학과 역사학 방면에 큰 영향을 주었으며 지금까지도 『한서』
해석에 없어서는 안될 중요한 자료이다. 그의 『漢書』注가 너무 유명하다
고 보니 그가 당대 의례를 편찬하는 데 중요한 역할을 했다는 점이 가려
졌는데, 저서에 『五禮』, 『匡謬正俗』 등이 있을 정도로 예악제도에도 해
박했다고 전한다.
50) 『주서周書』에는 … 있는데 : 『周書』는 보통 『尙書』의 편명이거나 『逸周

알 수 있다. (명당의) 청양靑陽·총장總章·현당玄堂·태묘太廟
·좌우 곁방[个]은 모두 노침路寢[51]의 이름이다. 「문왕거명당文
王居明堂」편[52])에는 (중춘에) 활 전대를 차고 고매신高禖神에게

書」를 말한다. 여기에서는 『逸周書』 제55 「明堂解」를 말한다. 「明堂解」
에는 (성왕) 6년에 제후들의 조회를 받는 이른바 명당에서의 '朝諸侯' 의
식을 서술하고 있다. 천자부터 三公·諸侯·八蠻·六戎·五狄·四塞九采
之國에서 온 자의 위치를 지정하는 가운데 문 내외, 동문, 남문, 서문,
북문, 응문 등을 언급하고 있다. 이것을 그림으로 나타낸 것이 「周公明堂
圖」이다.

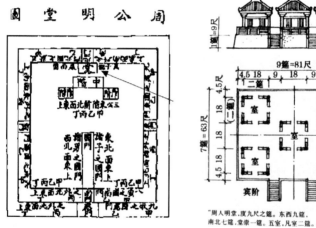

주공명당도(宋, 陽甲, 『六經圖』)　　　주대 명당 예시도(『堂而皇之』)

51) 노침 : '寢'은 일반적으로 왕의 거처를 말하며 생전이나 사후 동일하게 적
　　용된다. 생전에 거처하는 시설은 正寢, 燕寢, 路寢 등으로 구분하는데,
　　여기에서 노침은 일반적으로 正殿을 의미한다. 천자가 명당에서 정삭을
　　반포하고 제후의 조회를 받는 등의 행사가 정전에서의 행사와 일맥상통
　　한다고 본 것이다.
52) 「문왕거명당文王居明堂」편 : 「王居明堂禮」를 말한다. 『隋書』 권49 「牛

예를 갖추고53) (중추에) 구문九門에서 희생을 찢어 제사[磔禳]하며 54) (계동에) 나라에 술을 내려 삼족과 더불어 화합한다55)고 되어 있는데, 그러한 일들이 「월령」에 부합함을 미루어볼 때 모두 노침에서 행해진다는 사실을 알 수 있다. 『대대례(기)大戴禮』에서는 (명당이) 근교近郊에 있다고 하고서 또 문왕의 묘라고도 하였으니,56) 이 어찌 믿을 근거로 삼을 수 있겠는가?

弘傳」에 "案劉向別錄及馬宮 · 蔡邕等所見, 當時有古文明堂禮 · 王居明堂禮 · 明堂圖 · 明堂大圖 · 明堂陰陽 · 太山通義 · 魏文侯孝經傳等, 並說古明堂之事"라고 하여 고대 명당에 관한 책으로 소개하고 있고, 『禮記』「月令」의 孔穎達의 疏에 의하면 逸禮의 편명이라고 하고 있다.

53) 『예기』「월령」의 仲春의 행사 중 고매신에게 아들 낳기를 기원하는 의식을 설명한 구절이다. 『禮記』「月令 · 仲春之月」에 "乃禮天子所御, 帶以弓韣, 授以弓矢, 于高禖之前"라고 하였고 정현의 주에서 「왕거명당례」는 "활집을 차고서 고매신 아래에서 예를 표하면 그 아들은 반드시 하늘의 재목을 얻는다.帶以弓韣, 禮之禖下, 其子必得天材."라고 하였다.

54) 磔禳은 磔攘으로도 쓴다. 개의 사지를 찢어 그 피를 문에 발라 재앙을 물리치는 의식을 말한다. 「월령」에 季春과 仲秋의 행사에 나온다. 『禮記』「月令 · 季春之月」에 "나라에 명하여 나제를 지내 구문에서 희생을 찢어 봄의 기운을 마치게 한다.命國難, 九門磔攘, 以畢春氣."라고 하였고, 정현주에 인용된 『왕거명당례』는 "계춘에 교에서 역병을 몰아내고 봄의 기운을 물리친다.季春出疫于郊, 以攘春氣."라고 하였다. 또 같은 의식이 「月令 · 仲秋之月」에도 보이는데, 仲秋에는 陽氣를 모두 쓰게 하여 역병을 몰아내도록 한다.

55) 季冬의 행사로 연말에 술을 빚어 다 같이 즐기는 행사를 말한다. 「王居明堂禮」에는 "季冬命國爲酒, 以合三族, 君子說, 小人樂"로 되어 있다.

56) 『大戴禮記』「明堂」에 "明堂者…在近郊, 近郊三十里"라고 하였고, "或以爲明堂者, 文王之廟也"라고 한 것을 두고 한 말이다. 그런데 『大戴禮

또 문에는 고문皐門과 고문庫門57)이 있는데, 어떻게 교외 들판에 설치할 수 있겠는가? 마땅히 궁중 근처에 있음을 말한다.

위징과 안사고 등은 모두 당대의 명유인데 그들의 주장은 이러한 수준에 그쳤다.

記』 또한 "此天子之路寢也, 不齊不居其屋"라고 하여 명당을 천자의 노침으로 본 점은 顔師古와 같은데, 이 구절은 생략하고 '或曰'로 인용한 구절을 『大戴禮記』의 주장인 것처럼 말하고 있다.

57) 천자의 五門 중 제일 바깥쪽 2개의 문을 말한다.

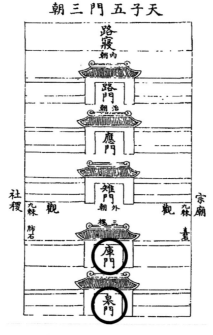

천자오문삼조(『欽定禮記義疏』)

高宗時改元總章, 分萬年置明堂縣, 示欲必立之. 而議者益紛
然, 或以爲五室, 或以爲九室, 而高宗依兩議, 以帟幕爲之, 與公
卿臨觀, 而議益不一. 乃下詔率意班其制度. 至取象黃琮, 上設鴟
尾, 其言益不經, 而明堂亦不能立.

고종 때 총장總章으로 개원하고 만년萬年현을 나누어 명당현明堂
縣을 설치하여 명당을 반드시 건설할 뜻을 내비쳤다. 그러나 의론하
는 자들은 점점 더 의견이 분분하여 어떤 이는 오실이라 하고 어떤
이는 구실이라 하니, 고종이 두 가지 안에 근거하여 장막으로 만들
어58) 공경과 함께 가서 지켜보기도 하였지만 논의는 더욱더 일치되
지 않았다. 그리하여 조를 내려 (고종의) 뜻대로 명당에 관한 제도를
반포하였다. 황종黃琮의 형태를 취하고59) 위에는 치미鴟尾60)를 설치

---

58) 장막으로 만들어 … : 『舊唐書』 권5 「高宗本紀」 下에는 "丙寅, 以明堂制
度歷代不同, 漢·魏以還, 彌更訛舛, 遂增損古今, 新制其圖. 下詔大赦,
改元爲總章元年. 二月戊寅, 幸九成宮. 己卯, 分長安·萬年置乾封·明堂
二縣, 分理於京城之中"라고 하여 새로운 「명당도」를 제정하였고 장안과
만년을 나누어 건봉현과 명당현을 설치하였다고 되어 있다. 『신당서』에서
말하는 '장막으로 만들어 공경과 함께 가서 보았다'는 기사는 보이지 않는
다. 『구당서』 「예의지」2에도 이 기사는 보이지 않는다. 장막으로 모형을
만들었다는 이야기인지는 모르겠다. 다만 명당에 관한 설계도는 영휘 3년
설계안[內樣]와 총장 2년 설계안이 『구당서』 「예의지」에 실려 있다.

59) 황종黃琮의 형태 … : 黃琮은 황색의 옥으로, 안쪽은 둥글고 바깥쪽은 8
방으로 네모진 형태이다. 하지에 地祇에 제사지낼 때 사용한다. 『주례』
「춘관·대종백」 정현의 주에 "하지에 땅을 제사지낸다고 한 것은 곤륜에
있는 신을 제사지낸다는 뜻이다. … 신을 제사지낼 때에는 반드시 그 부
류를 본뜨니, 벽璧이 둥근 것은 하늘을 본뜬 것이고, 琮이 팔방으로 네모
진 것은 땅을 본뜬 것이다.禮地以夏至, 謂神在崐崙者也. … 禮神者, 必

象其類, 璧圜象天, 琮八方象地."라고 하였다. 섭숭의는 『삼례도』에서 팔방으로 네모졌다는 데 초점을 맞추었는데, 그림의 형태는 네모진 것보다는 원형에 가깝다. 그에 반해 청대 황이주는 실선으로 가운데 원형을 표시하여 종의 형태를 시각적으로 잘 드러내고 있다. 명당의 형태를 황종을 본 땄다는 것은 황이주가 그림으로 표시한 대종의 형태에 가장 부합한다고 보인다.

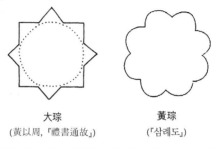

大琮
(黃以周, 『禮書通故』)

黃琮
(『삼례도』)

60) 치미鴟尾 : 용마루 양단에 장식하는 구조물이다. 그 모양이 솔개의 꼬리처럼 생겼기 때문에 치미라고 하였다. 치미에 대해서는 『唐會要』 권44 「雜災變」 開元 15년조 興敎門의 치미 화재 사건에 대한 蘇冕(734~805)의 말에 그 명칭의 유래가 보인다. 즉 동해에 虯(뿔없는 용)라는 물고기가 있는데, 그 꼬리의 생김새가 솔개처럼 생겼다 하여 치미라고 이름하였다. 그런데 虯는 꼬리로 솔개처럼 물결을 치면 비가 내렸다고 하여 한 무제 때 백량대에 화재가 발생하였을 때 월나라 무당이 그 압승법으로 건장궁을 대대적으로 지을 것을 건의하였다. 이후 용마루에 그 형상을 설치하였으며, 조정의 문양을 대들보 위에 그려 넣어 화재를 진압하고자 하였다고 한다. 당나라 때에는 이를 鴟吻이라고 하였는데, 이는 잘못이라고 지적하고 있다.("蘇氏駁曰, 東海有魚, 虯尾似鴟, 因以爲名. 以噴浪則降雨. 漢柏梁災, 越巫上厭勝之法, 乃大起建章宮. 遂設鴟魚之像於屋脊, 畫藻井之文於梁上. 用厭火祥也, 今呼爲鴟吻, 豈不誤矣哉?") 이 설명에 의하면, 한무제 때 월나라 무당의 건의로 용마루에 치미가 장식된 것으로 보인다. 그런데 한무제 때 월나라 무당의 건의대로 건장궁을 크게 지은 일은 사실이지만 치미를 용마루에 올려 화재를 진압하고자 했다는 설은 『史

하는 데 이르러서는 그 말이 더더욱 경전에 부합하지 않아 결국 세워지지 못했다.

至則天始毀東都乾元殿, 以其地立明堂, 其制淫侈, 無復可觀, 皆不足記. 其後火焚之, 旣而又復立 ; 開元五年, 復以爲乾元殿而不毀. 初, 則天以木爲瓦, 夾紵漆之. 二十五年, 玄宗遣將作大匠康聱素毀之. 聱素以爲勞人, 乃去其上層, 易以眞瓦. 而迄唐之世, 季秋大享, 皆寓圓丘.

측천무후 때 이르러 비로소 동도東都의 건원전乾元殿을 허물어 그 부지에 명당을 세웠으나 그 제도는 지극히 사치스러워 더 볼 만한 것이 없어 모두 기록할 만한 것이 없다. 그 뒤 화재로 불태워졌으나 얼마 안 있어 다시 세웠다. (현종) 개원開元 5년(727)에 다시 건원전으로 복구하되 허물지 않았다. 당초 측천무후는 나무로 기와를 만들

記』와 『漢書』 그리고 각각의 注들에는 보이지 않는다. 아마도 소면이 활동했던 당대에는 이러한 전설이 유행한 듯하다. 胡璩(미상, 唐代)의 『譚賓錄』에는 같은 내용이 보이는데(宋代 『營造法式』에 인용), 한무제 때 월나라 무당 일화는 없다.

鴟尾
(『중국건축도해사전』)

당대 대명궁 출토 치미
(박물관 직접촬영)

고 협저 방식61)으로 칠을 하였다. (개원) 25년(747) 현종은 장작대장 將作大匠 강변소康꿘素62)를 파견하여 명당을 허물도록 하였다. 강변소는 명당을 허무는 일이 인력 소모가 많다고 여겨 상층만 제거하고 (나무가 아닌) 진짜 기와로 대체하였다. 당대가 끝나기까지 계추의 대향은 모두 원구에서 진행되었다.63)

書曰:「七世之廟, 可以觀德.」而禮家之說, 世數不同. 然自禮記王制·祭法·禮器, 大儒荀卿·劉歆·班固·王蕭之徒, 以爲七廟者多. 蓋自漢·魏以來, 創業之君特起, 其上世微, 又無功德以備祖宗, 故其初皆不能立七廟.

『상서』에서는 "7대의 묘로 (조상의) 덕을 볼 수 있다"라고 하였지만64) 예학가들이 주장하는 세대 수는 동일하지 않다. 그러나 『예기

---

61) 협저夾紵 방식 : 옻을 바르고 말린 뒤 반복해서 칠하는, 이른바 '건칠'을 말한다. 동양에서는 오래전부터 사용된 방식으로 모시나 삼베에 옻칠을 하기 때문에 夾紵라고 한다. 먼저 나무로 심을 만든 후 잘 반죽된 진흙으로 메워 대체적인 형태를 만든 후 표면에는 생칠을 적신 천을 여러 겹 바른다. 이후 표면에는 칠을 바르고, 식물성 기름을 바른 연마제로 광택을 낸다. 이러한 건칠을 완성 후 안쪽의 심과 진흙을 제거하기 때문에 이를 脫空夾紵 혹은 脫活夾紵라고 부른다.

62) 강변소康꿘素 : 『正字通』은 꿘字의 오자라고 하였다. 속칭 巧言을 꿘라고 하는데, 꿘는 舜으로 읽으며 이것이 꿘로 잘못 쓴 것이라고 하였다. 그러므로 '변'으로 읽어야 한다. 내력에 대해서는 알려진 바가 없다.

63) 『효경』에 "명당에서 ⋯ 원구에서 진행되었다 : 여기까지는 당대 명당 제도의 연혁에 관한 기술이다.

64) 『尙書』「咸有一德」편이다. 천자의 묘는 三昭, 三穆에 太祖를 더하여

禮記』「왕제王制」·「제법祭法」·「예기禮器」편에서부터 대유大儒 순경
荀卿[65]·유흠劉歆[66]·반고·왕숙[67]과 같은 이들은 7묘로 보는 경우

七廟이다. 親盡 즉 제사지내는 대수가 다하면 七廟에서 그 해당 신주는
옮겨지게 되는데(毁遷), 유덕한 왕만은 영원히 옮겨지지 않는다(不毁之
廟). 그러므로 이 편은 商나라 재상 伊尹이 "덕이 있나 없나는 칠묘에서
볼 수 있다"라고 하여 太甲에게 덕을 닦도록 권하는 내용이다.

65) 순경荀卿(기원전298경~기원전238경) : 荀子를 말한다.『舊唐書』권25「禮
儀志」5에는 "순경자가 말하기를, 천하를 가진 자는 7대를 제사하고 한
나라를 가진 자는 오대를 제사한다.荀卿子曰 : 有天下者祭七代, 有一國
者祭五代."라고 하여, '荀卿子'로 되어 있다. 현존하는『荀子』20권 32편
은 전한 劉向이 그 시대의 것을 편집하여『孫卿新書』32편으로 편찬한
것을, 唐代 楊倞이 순서를 바꾸고 주를 붙여『孫卿子』라 했고, 나중에
간단히 하여『순자』라고 하게 되었다. 천자 7묘제에 대해서는 현행본『荀
子』「禮論」편에 보인다.

66) 유흠劉歆(?~기원전 23) : 전한 말 沛縣 사람. 자는 子駿, 나중에 穎叔으로
고쳤다. 한나라 종친인 劉向의 아들이다.『시』와『서』에 정통했고, 성제
때 아버지인 유향과 함께 많은 서적을 교정했다. 육예의 여러 서적을 정리
하여『칠략』을 썼으며,『좌전』,『일례』,『고문상서』등 고문을 학관에 세우
는 데 큰 역할을 하였다. 이러한 작업은 결국『주례』에 입각하여 왕망이
신을 건국하는 데 결정적인 역할을 하였고, 왕망이 칭제한 뒤에 國師로
임명되었다. 나중에 왕망을 죽이려다가 음모가 발각되자 자살했다. 본문
에서 말한 천자 7묘에 관한 내용은『舊唐書』권72「褚亮列傳」에서 褚亮
의 상소문에 인용되어 있다. "元帝 때 공우와 광형의 무리가 처음으로
종묘 의례를 논의하기 시작하였다. 고제를 태조로 하고 4친묘를 세워 오
묘제를 주장하였다. 오직 유흠만이 천자칠묘, 제후오묘, 이후 둘씩 감하는
제도를 주장하였다. 칠은 정법이요 상수라 할 수 있다.至元帝時, 貢禹
·匡衡之徒始議其禮, 以高帝爲太祖, 而立四親, 是爲五廟. 唯劉歆以爲
天子七廟, 諸侯五廟, 降殺以兩之義, 七者其正法, 可常數也."

67) 왕숙의 7묘제 :『通典』「禮」7 '천자종묘'에 "王肅云 : 尊者尊統於上, 故

가 많다. 한·위 이래 창업의 군주가 홀로 일어나 그 윗세대는 한미하고 또 공덕으로 조종의 반열에 들어설 만한 자가 없어 초창기에는 모두 7묘를 세울 수 없었다.

唐武德元年, 始立四廟, 曰宣簡公·懿王·景皇帝·元皇帝. 貞觀九年, 高祖崩, 太宗詔有司定議. 諫議大夫朱子奢請立七廟, 虛太祖之室以待. 於是尙書八座議:「禮曰:『天子, 三昭三穆, 與太祖之廟而七.』晉·宋·齊·梁皆立親廟六, 此故事也.」制曰:「可.」於是祔弘農府君及高祖爲六室. 二十三年, 太宗崩, 弘農府君以世遠毁, 藏夾室, 遂祔太宗 : 及高宗崩, 宣皇帝遷于夾室, 而祔高宗. 皆爲六室.

당나라 (고조) 무덕武德 원년(618), 처음으로 4묘를 세웠는데, 이른바 선간공宣簡公68)·의왕懿王69)·경황제景皇帝70)·원황제元皇帝71)이다. (태종) 정관貞觀 9년(635), 고조高祖가 붕어하자 태종은 담당

天子七廟. 其有殊功異德, 非太祖而不毁, 不在七廟之數, 其禮與太祖同, 則文武之廟是"라고 하여 왕숙은 천자 칠묘제를 말하고 있다.

68) 선간공宣簡公 : 고조 때 추증한 李熙(443~490)의 시호이다. 고조 이연의 고조부이다. 玄宗 開元 10년(722)에 9묘제를 실시하면서 李熙를 獻祖에 추존하였다. 시호는 宣皇帝이다.

69) 의왕懿王 : 선간공 李熙의 아들이며 태조 李虎의 아버지인 李天錫이다. 고종 咸亨 5년(674)에 의조로 추존되었고 시호는 光皇帝이다.

70) 경황제景皇帝 : 당 고조 이연의 할아버지인 李虎이다. 당나라를 세운 최초의 당국공이기에 고조 이연이 당을 건국한 뒤 태조 경황제로 추증되었다.

71) 원황제元皇帝 : 당 고조 이연의 부친인 李昞이다. 후에 대조로 추증되었다. 시호는 元皇帝이다.

관에게 조를 내려 의론을 정하도록 하였다. 간의대부諫議大夫 주자사朱子奢72)는 7묘를 세우고 태조의 묘실은 비워두고 대기할 것을 청하였다. 이에 상서팔좌尙書八座가 의론하기를, "『예禮』에 '천자는 삼소三昭에 삼목三穆 그리고 태조太祖의 묘를 더하여 칠묘이다'라고 하였습니다. 진晉·송宋·제齊·양梁도 모두 친묘親廟 여섯을 세웠으니, 이것이 전례입니다"라고 하였다. 황제가 제를 내려 "허락한다"고 하였다. 그리하여 홍농부군弘農府君73)과 고조(의 신주)를 부묘祔廟하여74) 6실이 되었다.

(정관) 23년(649), 태종이 붕어하자 홍농부군은 세대가 멀어 (묘수

---

72) 주자사朱子奢(?~641) : 唐 蘇州 吳人(현재 강소성 오현) 사람, 자는 미상이다. 문장을 잘 지었고 『춘추』에 통달한 것으로 알려졌다. 수 大業 연간에 直秘書學士를 지냈으나, 수말 천하가 혼란하자 병을 칭하고 귀향하였다. 당 고조 武德 4년(621)에 杜伏威를 따라 당에 투신하여 國子助敎에 제수되었다. 정관 연간에 고구려와 백제가 신라를 공격하자 원외산기랑으로 삼국의 문제에 관여하였다. 이후 벼슬은 간의대부, 홍문관학사까지 올랐다. 일찍이 태종이 사관의 기거주를 보려고 하자 후세 사관의 재앙을 여는 길이라고 극간하였다. 문사에 능했고 논변을 잘 했다.

73) 홍농부군弘農府君 : 당 고조 이연의 5대조인 李重耳를 말한다. 이중이는 西凉을 개국한 李暠의 후계자 이흠의 아들이었다. 이중이의 아들이 바로 李熙, 손자는 李天錫이고 李虎의 증조부이며 李昞의 고조부이다. 당 고조 李淵의 5대조이다. 『舊唐書』와 『新唐書』에 의하면 그는 西凉이 망한 후, 北魏에 귀순하여 북위에서 弘農太守를 지냈기 때문에 그를 일컬어 홍농부군이라 한 것이다.

74) 부묘祔廟 : 祔太廟라고도 한다. 祔廟의 '祔'자는 '合祀한다'는 뜻이다. 일반적으로 삼년상이 끝난 뒤에 태묘에 신주를 안치하는 것을 부묘라고 하는데, 「예의지」에서는 삼년상과 상관없이 태묘에 신주를 안치하여 합사할 때 사용하였다.

에서) 빼어 협실夾室에 안치하고 마침내 태종을 (대신) 부묘하였다.
고종이 붕어하자 선황제를 협실로 옮기고 고종을 부묘하였다. (이렇
게 하여) 모두 육실이 되었다.

武氏亂敗, 中宗神龍元年, 已復京太廟, 又立太廟于東都. 議立
始祖爲七廟, 而議者欲以涼武昭王爲始祖. 太常博士張齊賢議以
爲不可, 因曰:「古者有天下者事七世, 而始封之君謂之太祖. 太
祖之廟, 百世不遷. 至祫祭, 則毀廟皆以昭穆合食于太祖. 商祖玄
王, 周祖后稷, 其世數遠, 而遷廟之主皆出太祖後, 故合食之序,
尊卑不差. 漢以高皇帝爲太祖, 而太上皇不在合食之列, 爲其尊於
太祖也. 魏以武帝爲太祖, 晉以宣帝爲太祖, 武·宣而上, 廟室皆
不合食于祫, 至隋亦然. 唐受天命, 景皇帝始封之君, 太祖也, 以
其世近, 而在三昭三穆之內, 而光皇帝以上, 皆以屬尊不列合食.
今宜以景皇帝爲太祖, 復祔宣皇帝爲七室, 而太祖以上四室皆不
合食于祫.」博士劉承慶·尹知章議曰:「三昭三穆與太祖爲七廟
者, 禮也. 而王跡有淺深, 太祖有遠近, 太祖以功建, 昭穆以親崇.
有功者不遷, 親盡者則毀. 今以太祖近而廟數不備, 乃欲於昭穆之
外, 遠立當遷之主以足七廟, 而乖迭毀之義, 不可.」天子下其議大
臣, 禮部尚書祝欽明兩用其言, 於是以景皇帝爲始祖, 而不祔宣皇
帝. 已而以孝敬皇帝爲義宗, 祔于廟, 由是爲七室, 而京太廟亦七
室. 中宗崩, 中書令姚元之·吏部尚書宋璟以爲「義宗, 追尊之帝,
不宜列昭穆, 而其葬在洛州, 請立別廟于東都, 而有司時享, 其京
廟神主藏于夾室」. 由是祔中宗, 而光皇帝不遷, 遂爲七室矣.

무씨武氏의 난정이 패망하고 중종 신룡神龍 원년(705)에 장안[京]
의 태묘를 복구하였는데, 다시 동도에 태묘를 세웠다. 시조를 세워

7묘로 할 것을 논의하였는데, 논자는 양무소왕涼武昭王[75]을 시조로 삼고자 하였다. 태상박사 장제현張齊賢[76]은 불가하다고 주장하며 그 이유를 다음과 같이 말하였다.

옛날 천하를 옹유한 자는 7대를 섬기며 처음 봉건된 군주를 태조라고 하였습니다. 태조의 묘는 백대라도 옮기지 않습니다. 협제祫祭의 경우 체천된 묘는 모두 소목의 차서에 따라 태조(묘)에서 다 함께 합사合食[77]합니다. 상나라는 현왕玄王[78]을 조祖로 하였고 주나라는 후직后稷을 조로 하였는데, (주나라

---

75) 양무소왕涼武昭王 : 李暠(351~417)를 말한다. 자칭 전한 飛將軍 李廣의 16대 손이라 하였고 西涼을 건국한 인물로 본문에서 말한 대로 시조로 삼고자 하였으며, 나중에 흥성황제로 추숭하였다.

76) 장제현張齊賢(미상) : 당대 陝州 陝人(현재 河南省 陝縣). 측천무후 聖曆 연간에 太常奉禮郎이 되었고, 측천무후 명당 건설 과정에서 명당에 관한 논의에 참여하였으며, 社主에 관한 논의에도 참여하는 등 당대 예의 제도를 제정하는 데 큰 역할을 하였다. 간의대부에까지 올랐으며『新唐書』권199「儒學列傳」에 입전되어 있다.

77) 합사合食 : 다함께 식사를 한다는 의미인데, 죽은 조상에게 올리는 것이므로 合祀의 의미와 같다.

78) 현왕玄王 : 商나라 시조 契을 말한다. 출처는『詩』「商頌·長發」의 “玄王桓撥, 受小國是達”이다. 鄭玄의『箋』에 “承黑帝而立子, 故謂偰爲玄王”라고 하여 흑제의 정기를 받았기 때문에 설을 현왕이라 한다고 해석하였다. 한편으로 설은 그 어머니가 玄鳥의 알을 먹고 태어났기 때문에 붙여진 이름으로 보기도 한다.『國語』「周語下」에 “玄王勤商, 十有四世而興”에 대한 韋昭注에 “현왕은 설이다. 은나라 시조는 현조로 인하여 태어났기 때문이다. 탕 역시 수덕이므로 현왕이라 한다.玄王, 契也. 殷祖由玄鳥而生, 湯亦水德, 故曰玄王.”라고 해석하였다.

왕들 중) 세대수가 멀어져 체천한 신주들이 모두 태조 뒤에 나왔기 때문에 태묘 묘에 모아서 합사해도 존비에 어긋남이 없었습니다. 한나라는 고황제高皇帝를 태조로 삼았는데, 태상황太上皇을 합사의 반열에 두지 않았던 것은 태조보다 (항렬이) 더 높았기 때문입니다. 위나라는 무제武帝(조조)를 태조로 삼았고 진나라는 선제宣帝(사마의)를 태조로 삼았는데, 무제와 선제 이전 세대의 선조들은 모두 협제祫祭 때 태조 묘실에서 합사하지 않았고, 수대까지도 마찬가지였습니다.

당나라가 세워진 후에는 경황제景皇帝79)가 시봉始封 군주로서 태조가 되고 세대가 가까워 삼소 삼목 안에 들었으나, 광황제光皇帝80) 이상은 모두 종실의 웃어른으로 합사의 반열에 들지 않습니다. 이제 경황제를 태조로 하고 다시 선황제宣皇帝 (태조의 조부 이희)를 부묘祔廟하여 7묘로 하되, 태조 이상 4실

---

79) 경황제景皇帝 : 太祖로 추숭된 李虎(?~551)를 말한다. 李虎는 서위 때 각지에서 공을 세워 開府儀同三司로 임명되었으며 隴西郡公으로 봉해졌다. 548년에는 右軍大都督·少師로 임명되었고, 550년에는 太尉·柱國大將軍으로 임명되었다. 당시 우문태와 李弼, 元欣, 獨孤信 등 8명과 함께 '八大柱國'이라고 불렸다. 551년에 사망했을 당시 서위 조정은 그에게 鮮卑族의 大野氏라는 성을 내렸으며, 서위의 뒤를 이어 北周가 건국된 뒤인 564년에는 唐國公으로 봉해져 襄公이라는 시호를 받았다. 처음으로 당에 봉건되어 후대 당이란 국명을 사용하게 되었기에 당의 기원을 여기에 두었던 것이다.

80) 광황제光皇帝 : 이호의 아버지 李天錫을 말한다. 字는 德眞이며 北魏 때 大臣이었다. 고조가 즉위한 뒤 隴西懿王에 추봉하였고, 高宗 咸亨 5년(674)에 光皇帝로 추증하고 묘호를 懿祖라 하였다.

은 모두 협제에 합사하지 말아야 합니다.

박사 유승경劉承慶과 윤지장尹知章[81])이 논의하여 말하였다.

삼소에 삼목 그리고 태조를 합해 7묘가 되는 것은 예에 정해
진 규정입니다. 그러나 왕의 발자취에는 옅고 깊음이 있고 태
조에는 멀고 가까움이 있으니, 태조는 공덕으로 세워지고 소목
은 친정親情으로 존중됩니다. 공이 있는 자는 옮기지 않으며
친진한 자는 체천합니다. 지금 태조(의 세대)가 가깝고 묘수가
갖춰지지 않았다 하여 소목(의 차서) 바깥에 있으면서 마땅히
체천해야 하는 신주를 세워 7묘를 채우려고 하니, 이는 체천하
는 도리에 어긋나 불가합니다.

천자가 이 안건을 대신들에게 내려 논의하도록 하자, 예부상서 축
흠명祝欽明이 양쪽의 의견을 수렴하여 경황제를 시조로 삼되 선황
제를 부묘하지 않기로 하였다. 얼마 안 있어 효경황제孝敬皇帝를 의
종義宗[82])으로 삼아 부묘하니 이로써 7묘가 되었으며, 장안의 태묘

---

81) 윤지장尹知章(660~718) : 唐 絳州 翼城縣(현재 山西省 翼城縣) 사람. 어
   려서부터 학문을 좋아하여 육경에 통달하였고 무측천 長安 연간(701)에
   定王府文學으로 발탁된 뒤 太常博士로 승진하였다. 얼마 후 張說의 추
   천으로 禮部員外郎이 되었고 國子博士가 옮겼다. 한가할 때 『周易』·
   『老子』·『莊子』를 강의하기도 했으며 가난한 제자들을 후원하기도 하였
   다. 일설에는 『管子』에 주를 달기도 하였다 전한다. 『舊唐書』 권189하
   「儒學下·尹知章傳」
82) 의종義宗 : 李弘(652~675)을 말한다. 당 고종과 측천무후 사이에서 태어
   난 아들이며 中宗과 睿宗에게는 친형이 된다. 이복 형 이충이 폐위되자

역시 7묘가 되었다. 중종이 붕어하자 중서령 요원지姚元之[83])와 이부 상서 송경宋璟[84])은 "의종은 추존된 황제로 소목의 반열에 마땅하지 않고 그 장지도 낙주洛州에 있으니, 청컨대 동도에 별묘를 세워 담당관이 시제를 올리도록 하고 장안에 있는 묘의 신주는 협실에 안치하도록 하십시오"라고 주장하였다. 이로써 중종을 부묘하였으나 광황제는 옮기지 않아 7묘가 되었다.

태자로 책봉되었지만 어머니 측천무후에게 밉보여 폐출되었다. 사후 孝敬皇帝로 추존되었다가 다시 동생인 중종 때 義宗이라는 묘호를 받았다. 그는 당 玄宗의 양아버지이기도 하다.

83) 요원지姚元之 : 당대 명재상인 姚崇(651~721)을 말한다. 본명은 元崇인데 玄宗의 연호를 피해 姚崇으로 바꾸었다. 자가 元之다. 陝州 硤石(현재 河南省 陝縣) 사람이다. 측천무후, 睿宗, 玄宗 3대에 걸쳐 宰相 겸 兵部尙書를 역임하였다. 則天武后 때 발탁되어 鳳閣侍郎과 同鳳閣鸞臺三品을 지냈다. 張柬之 등이 張易之를 죽이려 모의할 때 그도 참여했다. 睿宗이 즉위하자 中書令에 오르고 太平公主를 東都로 내보낼 것을 주청했다가 申州刺史로 내쫓겼다. 玄宗 先天 2년(713) 「治政十事」를 올렸는데, 황제가 모두 받아들였다. 다시 紫微令으로 옮겨 불필요한 관원을 파직하고 제도를 정비했다. 開元 4년(716) 山東에 메뚜기 떼가 큰 피해를 끼치자 各道에 메뚜기를 잡을 것을 지시해 재앙을 막을 것을 주청했다. 宋璟과 함께 開元의 명재상으로 숭앙되었다. 그리하여 '姚宋'은 당나라 명재상의 대명사가 되었다. 불교와 도교가 존숭되던 시대임에도 불구하고 죽을 때 "승려나 도사를 부르지 말라"고 유언했다는 유명한 일화를 남겼다.

84) 송경宋璟(663~737) : 唐 邢州 南和(현재 河北省 邢台市 南和區) 사람. 자는 廣平이며, 요숭과 함께 당대 명재상으로 알려졌다. 측천무후, 중종, 예종, 상제, 현종까지 5대에 걸쳐 관직을 역임하였으며 사후 현종이 太尉에 추증할 정도로 우대하였으며 당대 '開元盛世'를 현창하는 데 공을 세웠다.

睿宗崩, 博士陳貞節·蘇獻等議曰:「古者兄弟不相爲後, 殷之盤庚, 不序於陽甲;漢之光武, 不嗣於孝成;而晉懷帝亦繼世祖而不繼惠帝. 蓋兄弟相代, 昭穆位同, 至其當遷, 不可兼毁二廟. 荀卿子曰:『有天下者事七世.』謂從禰以上也. 若傍容兄弟, 上毁祖考, 則天子有不得事七世者矣. 孝和皇帝有中興之功而無後, 宜如殷之陽甲, 出爲別廟, 祔睿宗以繼高宗.」於是立中宗廟于太廟之西.

예종이 붕어하자, 박사 진정절陳貞節[85]과 소헌蘇獻 등이 다음과 같이 의론하였다.

옛날에 형제간에는 서로 (왕위를) 계승하지 않았습니다. 은나라의 반경盤庚[86]은 양갑陽甲[87]과 차서가 맞지 않으며[88] (후

---

85) 진정절陳貞節(미상) : 唐 潁川(현재 安徽省 阜陽縣) 사람. 玄宗 開元 초에 右拾遺를 지냈다. 隱태자·章懷태자·懿德태자·節湣태자를 모두 능묘를 세워 八署에 분배하고 官吏와 卒士를 배치하였는데, 이에 대해 진정절은 잘못이라고 주장하여 상서하니 조를 내려 이졸을 반으로 삭감하였다. 관직은 태상박사까지 지냈다.『新唐書』권200「儒學下·陳貞節」에 입전되어 있다.

86) 반경盤庚(기원전 1290~기원전1263) : 상나라 20대 군주다. 태어날 때 이름은 子旬이다. 상나라 수도를 은허로 옮긴 것으로 잘 알려져 있다. 그 치세에 탕 시절 선정을 회복해서 상나라는 부흥하였다.『史記』에 의하면 형인 陽甲에 이어 상나라의 20대 군주가 되었다. 丙寅년에 즉위하였고 奄을 수도로 삼았다. 재위 7년에 그에게 경의를 표하기 위해 應侯가 찾아왔다. 재위 14년에 北蒙으로 천도하였고 殷으로 개칭하였다. 이 때문에 상나라를 은나라로도 부른다. 재위 15년에 새로운 수도에서 자신의 군대를 사열하였고 재위 19년에 亞圉를 邠侯에 임명하였다. 서기와『竹書紀年』모두 28년간 재위에 있었고 시호는 반경이며 동생인 소신이 뒤를 이었다고 적혀 있다. 은허에서 발굴된 갑골문에 따르면 반경은 상나라의

한) 광무제는 (전한) 효성제孝成帝의 계승자가 아닙니다.[89] 진晉나라 회제懷帝[90] 또한 세조世祖(사마염)[91]를 계승하였지 혜제惠帝[92]를 계승하지 않았습니다. 대개 형제간에 계승할 경우

18대 군주이다.

87) 양갑陽甲 : 상나라의 19대 군주이다. 태어날 때의 이름은 子和이다. 『史記』에 의하면 아버지의 삼촌인 南庚에 이어 상나라의 19대 군주가 되었다. 壬戌년에 즉위하였고 奄을 수도로 삼았다. 재위 3년에 西戎인 丹山의 융적의 반란을 진압하기 위해 원정을 떠났다. 재위 17년(어떤 사료에는 7년)만에 사망하였다. 양갑이라는 시호를 받았고 동생인 반경이 뒤를 이었다. 은허에서 발굴된 갑골문에 따르면 상나라의 17대 군주로 象甲으로 되어 있다.

88) 양갑의 동생인 반경이 왕위를 계승한 것을 두고 한 말이다.

89) 광무제는 … 계승자가 아니다 : 『全唐文』 권281 陳貞節의 「太廟遷祔議」에는 "漢之光武, 不嗣於孝成, 而上承於元帝"라고 하여 "그 위로 원제를 계승하였다"는 구절이 더 보인다. 전한 成帝는 후사 없이 죽고 조카인 哀帝 劉欣(기원전 25~기원전 1)이 그 뒤를 계승하였기 때문에 성제의 계승자가 아니라고 한 것이다.

90) 회황제懷皇帝 : 서진 제3대 황제 司馬熾(284~313)이다. 자는 豊度다. 서진의 초대 황제인 武帝 司馬炎의 25번째 아들이다. 290년 사마염이 붕어하기 직전에 豫章王에 봉해졌고, 307년 이복형 惠帝 司馬衷이 독살당하자 황위에 올랐다. 그러나 311년 흉노족이 세운 漢의 열종 소무제 劉聰에 의해 사로잡혀 이른바 '永嘉의 亂' 시대에 치욕스러운 삶을 살다가 313년 독살당하였다.

91) 세조世祖 : 西晉 武皇帝 司馬炎(236~290)을 말한다. 西晉의 초대 황제이다. 그의 조부는 위나라의 대신으로 제갈량과 결전을 벌이고 노년에는 정권을 잡은 司馬懿이며, 백부는 司馬師, 아버지는 司馬昭이다.

92) 혜제惠帝 : 서진 제2대 황제인 司馬衷(259~307)이다. 290년 아버지 司馬炎이 죽자 사마충은 나이 32세에 황제로 즉위하였다. 사마염이 생전에

소목의 항렬이 서로 같아 체천할 때가 되면 두 묘를 함께 체천할 수가 없습니다. 순경자荀卿子는 "천하를 옹유한 자는 칠대를 섬긴다"[93]라고 하였으니, 이는 부묘父廟 이상으로부터 헤아린 것을 말합니다. 만약 곁으로 형제를 맞아들여 위로 조고를 체천해야 한다면 천자로서 칠대를 섬긴다고 할 수 없습니다. 효화황제孝和皇帝(중종)는 중흥中興의 공이 있으나 후손이 없으니 마땅히 은의 양갑처럼 (태묘에서) 내보내 별묘를 짓도록 하고 예종睿宗을 부묘하여 고종을 계승하도록 하십시오.

그리하여 태묘 서쪽에 중종묘를 세웠다.

開元十年, 詔宣皇帝復祔于正室, 謚爲獻祖, 幷謚光皇帝爲懿祖. 又以中宗還祔太廟, 於是太廟爲九室. 將親祔之, 而遇雨不克行, 乃命有司行事. 寶應二年, 祧獻祖·懿祖, 祔玄宗·肅宗. 自是之後, 常爲九室矣.

(현종) 개원 10년(722), 조를 내려 선황제를 다시 정실正室에 부묘하도록 하고 시호를 헌조獻祖라 추존하였으며 아울러 광황제의 시호

그의 자질을 의심했을 정도로 황제로서의 자격이 부족했던 터라 즉위 후 賈皇后(賈充의 딸 가남풍)에 의해 국정이 농단되었고 결국 팔왕의 난이 발생하는 원인을 제공하였다.

93) 『荀子』「禮論」에 나오는 말로 "故有天下者事七世, 有一國者事五世, 有五乘之地者事三世, 有三乘之地者事二世, 持手而食者不得立宗廟"라고 하여 천자 7대 - 제후5대 - 대부 3대 - 사 2대 - 서인 등 사회신분에 따라 종묘의 수를 구분하고 있다.

를 의조懿祖로 추존하였다. 또한 중종을 다시 태묘로 부묘하였으니, 이리하여 태묘는 구실九室이 되었다. (황제가) 친히 부묘하려고 할 때 비가 와 진행하지 못하자 담당관에게 대신 진행하도록 하였다. (숙종) 보응寶應 2년(763), 헌조獻祖와 의조懿祖를 조천祧遷94)하고 현종玄宗과 숙종肅宗을 부묘하였다. 이때부터 언제나 구실이 되었다.

代宗崩, 禮儀使顏眞卿議:「太祖·高祖·太宗皆不毁, 而代祖元皇帝當遷.」於是遷元皇帝而祔代宗. 德宗崩, 禮儀使杜黃裳議:「高宗在三昭三穆外, 當遷.」於是遷高宗而祔德宗, 蓋以中·睿爲昭穆矣. 順宗崩, 當遷中宗, 而有司疑之, 以謂則天革命, 中宗中興之主也. 博士王涇·史官蔣武皆以爲中宗得失在己, 非漢光武·晉元帝之比, 不得爲中興不遷之君. 由是遷中宗而祔順宗.

대종代宗이 붕어하자 예의사 안진경顏眞卿95)은 "태조·고조·태종

---

94) 조천祧遷 : 친진한 遠祖를 合祀하는 사당에 옮기는 것을 말한다.
95) 안진경顏眞卿(709~785) : 唐 琅邪 臨沂(현재 山東省 臨沂) 사람. 자는 淸臣이고, 魯郡開國公에 봉해졌기 때문에 顏魯公이라고도 한다. 남북조 시대 顏之推의 5대손이다. 玄宗 開元 22년(734) 진사에 급제하고 또 制科에 발탁되었다. 거듭 승진하여 武部員外郎이 되었다. 楊國忠의 견제를 받아 平原太守가 되었을 때 安祿山의 난을 맞이하게 되었는데, 양국충의 형 楊杲卿과 함께 의병을 거느리고 나가 싸운 전적이 있다. 그래서 肅宗 즉위 후 河北招討使가 된 적도 있고, 御史大夫를 거쳐 憲部尙書에 임명된 적도 있다. 안진경은 글씨체로도 유명한데 왕희지와 비교하여 남성적이면서도 균제미를 발휘한 것으로 그의 필체를 安體라고도 한다. 한편 안진경은 오랫동안 禮儀使 직책을 맡아 당대 예의제도를 찬정하는 데 참여하였다. 본문에서 언급한 종묘제도 외에 고대 명장 64인을 위해 묘를

은 모두 불훼묘이고 대조代祖 원황제元皇帝는 체천해야 합니다"라
고 하였다. 그리하여 원황제를 체천하고 대종을 부묘하였다. 덕종이
붕어하자 예의사 두황상杜黃裳96)이 "고종은 삼소삼목의 항렬 바깥
에 있으니 옮겨야 합니다"라고 하였다. 그리하여 고종을 체천하고
덕종을 부묘하였으니, 이는 중종과 예종을 소목으로 한 셈이다. 순
종順宗이 붕어하자 중종을 체천해야 하는데, 담당관이 이에 문제를
제기하여 측천무후가 혁명하였을 때 중종이 중흥의 군주이었기 때
문이라고 말하였다. 박사 왕경王涇97)과 사관史官 장무蔣武98)는 모두

세울 것을 건의하기도 하였다.
96) 두황상杜黃裳(738~808) : 唐 京兆郡 萬年縣(현재 陝西省 西安市) 사람.
   자는 遵素다. 두황상은 京兆杜氏 출신으로 진사에 급제하여 郭子儀 幕府
   에 들어가 朔方軍從事의 임무를 맡았으며, 侍御史・太子賓客・太常寺卿
   등의 관직을 역임하였다. 順宗 때는 門下侍郎・同平章事에 제수되었다.
   예제와 관련해서는 禮儀使를 오랫동안 겸직하였으며, 당대 후반 예의 제
   도에 관해 다양한 의견을 제시하였다. 元和 3년(808)에 병으로 사망하자
   사도에 추증하였다. 『舊唐書』 권147 「杜黃裳列傳」에 입전되어 있다.
97) 왕경王涇(미상) : 당 나라 사람. 德宗 貞元 9년(793) 河南密縣尉・太常禮
   院修撰을 지냈다. 憲宗 元和 원년 太常博士가 되었고 예학에 밝았다. 역
   대 교묘 제사제도와 당대 연혁에 관해 서술한 『大唐郊祀錄』을 편찬하였다.
98) 장무蔣武(747~821) : 蔣義라고도 한다. 당 義興(현재 宜興) 사람. 字는 德
   源이다. 조부 蔣瓌는 현종 開元 연간에 弘文館學士를 지냈고 부친 蔣將
   明은 集賢殿學士였으며, 『정관정요』로 유명한 吳兢의 외손이기도 하다.
   安史의 난 이후 아버지를 따라 集賢院藏書를 정리하였다. 憲宗이 王承
   宗을 토벌한 뒤 의로 개명할 것을 요청하였는데, 헌종에게 무를 억제하고
   문을 닦으라는 권고가 들어 있었다고 한다. 관직은 右諫議大夫까지 올랐
   으며 義興縣公에 봉해졌다. 저서로 『大唐宰輔錄』 70권과 『凌煙閣功臣』
   『秦府十八學士』『史臣』 등 40권이 전해지고 있다.

중종의 경우 황위에 올랐다가 잃은 것은 (그 책임이) 그 자신에게 있다고 여겨 후한의 광무제나 (동)진의 원제元帝[99]와 비교할 바가 못 되니 중흥의 군주로서 불훼천의 군주가 될 수 없다고 하였다. 이로써 중종을 체천하고 순종을 부묘하였다.

　　自憲宗·穆宗·敬宗·文宗四世祔廟, 睿·玄·肅·代以次遷. 至武宗崩, 德宗以次當遷, 而於世次爲高祖, 禮官始覺其非, 以謂兄弟不相爲後, 不得爲昭穆, 乃議復祔代宗. 而議者言 : 「已祧之主不得復入太廟.」 禮官曰 : 「昔晉元·明之世, 已遷豫章·潁川, 後皆復祔, 此故事也.」 議者又言 : 「廟室有定數, 而無後之主當置別廟.」 禮官曰 : 「晉武帝時, 景·文同廟, 廟雖六代, 其實七主. 至元帝·明帝, 廟皆十室, 故賀循曰 : 『廟以容主爲限, 而無常數也.』」 於是復祔代宗, 而以敬宗·文宗·武宗同爲一代. 初, 玄宗之復祔獻祖也, 詔曰 : 「使親而不盡, 遠而不祧.」 蓋其率意而言爾, 非本於禮也. 而後之爲說者, 乃遷就其事, 以謂三昭三穆與太祖祖功宗德三廟不遷爲九廟者, 周制也. 及敬·文·武三宗爲一代, 故終唐之世, 常爲九代十一室焉.

　　헌종憲宗(제11대)·목종穆宗(제12대)·경종敬宗(제13대)·문종文宗

---

99) (동진) 원제元帝 : 동진의 초대 황제인 司馬睿(276~326)이다. 낭야왕인 그는 봉지가 동쪽인 낭야였기에 낙양 근교에서 벌어진 八王의 亂과 오호의 침략을 피할 수 있었다. 西晉의 마지막 황제인 愍帝가 前趙의 劉聰에게 살해당하자 재상 王導의 권유에 따라 317년 東晉을 세우고 제위에 올랐다. 그러므로 본문에서 후한 광무제나 동진의 원제 모두 '중흥의 군주'에 해당되므로 '불훼천의 군주'가 된다는 뜻이다.

(제14대) 4대를 각각 부묘하면서 예종·현종·숙종·대종을 차례대로 체천하였다. 무종이 붕어하자 다음 순서로 덕종을 체천해야 하는데, (앞서 체천한 대종이) 세차상 (현재 무종을 계승하여 황제가 된) 선종의 고조가 되므로 예관이 비로소 잘못되었음을 깨닫고 형제간에는 계승할 수 없고 소목이 될 수 없으니 다시 대종을 부묘하자고 건의하였다.100) 논의자들이 "이미 조천한 묘주는 다시 태묘에 들어갈 수 없습니다"라고 하였다. 예관은 "옛날 (동)진 원제元帝와 명제明帝 때 이미 체천한 예장(부군)豫章(府君)101)과 영천(부군)潁川(府君)102)을 모두 다시 부묘한 적이 있으니,103) 이것이 전례입니다"라고 하였다. 논의자들이 다시 "묘실에는 규정된 수가 있고 후손이 없는 묘주

---

100) 무종이 붕어하자 … 건의하였다. : 무종 다음 宣宗 李忱(810~859)이 즉위하였다. 이침은 憲宗의 13황자로 穆宗의 이복동생이며, 경종이나 문종, 무종에게는 숙부가 된다. 그러므로 선종을 기준으로 할 때 덕종은 7대조 즉 고조에 해당되므로 덕종을 체천하려고 하자 문제가 됨을 발견하였던 것이다.

101) 예장(부군)豫章(府君) : 晉 宣帝 司馬仲達의 高祖父인 司馬鈞의 아들이다. 이름이 景이고 章郡太守를 지냈으며 字는 公度이다.『通典』「禮」7에는 '章郡' 앞의 '豫' 자를 생략하여 '章府君'으로 되어 있는데, 이는 代宗의 廟를 기휘하여 삭제한 것이다.

102) 영천(부군)潁川(府君) : 司馬景의 아들로 이름은 준(儁)이고 삼국 위 때 潁川太守를 지냈으며 字는 元異이다.

103)『舊唐書』「禮儀志」5에는 "동진 시대 원제와 명제 때 이미 예장부군과 영천부군은 훼천하였는데, 간문제가 즉위한 뒤 원제의 아들이기에 예장부군과 영천부군 두 신주를 묘에 부묘하였다.按晉代元·明之時, 已遷豫章·潁川矣, 及簡文即位, 乃元帝之子, 故復豫章·潁川二神主於廟."라고 되어 있다.

는 별묘를 설치해야 합니다"라고 하였다.

예관은 "진晉 무제 때 경제와 문제가 같은 묘에 들었으니 묘의 세대수는 6대이지만 묘주는 7인입니다. 원제와 명제에 이르러 묘는 모두 10실이 되었기에 하순賀循104)이 '종묘는 신주를 용납하는 것을 기준으로 하지 일정한 수가 있는 것은 아니다'라고 하였습니다"라고 하였다. 그리하여 다시 대종을 부묘하고 경종敬宗·문종文宗·무종武宗105)을 같이 1대로 삼았다. 이전에 현종이 헌조를 다시 부묘하면서 조를 내려 "친정親情이 끊이지 않게 하고 세대가 오래되었다고 조천하지 않는다"라고 하였다. 이는 대개 자의에 따라 한 말일 뿐, 예에 근본한 것은 아니다. 이후 논자들은 그 사안에 대해 (자신의 뜻을 굽히고) 영합하여 말하기를 삼소와 삼목 그리고 태조에 유공자의 조와 유덕자의 종 삼묘를 불훼묘로 하여 9묘로 삼은 것은 주나라 때

---

104) 하순賀循(260~319) : 東晉 會稽 山陰 사람. 자는 彦先이다. 박학다식하며 예에 정통했다. 秀才로 천거되어 武康令, 吳國內史, 太常, 左光祿大夫, 開府儀同三司 등을 역임하였다. 顧榮 등과 함께 晉 元帝를 추대했다. 본문에서 '종묘는 신주를 용납하는 것을 기준으로 하지 일정한 수가 있는 것은 아니다'가 한 것은 西晉 武帝의 뒤를 아들인 惠帝가 계승하고 그 뒤를 동생인 懷帝가, 다시 그 뒤를 조카 愍帝가 계승하였기 때문에, 愍帝가 종묘를 세울 때 혜제와 회제를 각각 世로 계산하면 高祖로부터 7세가 넘기에 혜제와 회제는 형제이니 1세로 계산하자는 주장의 근거로 제시한 것이다.

105) 경종敬宗·문종文宗·무종武宗 : 경종 李湛은 13대 황제이며, 목종의 아들이다. 문종 李卬은 14대 황제이며, 목종의 둘째 아들이고 경종의 이복동생이다. 무종 李瀍은 15대 황제이며, 목종의 다섯째 아들로 경종과 문종의 이복동생이다. 이들은 모두 목종의 아들들로 종묘에서 각 세대로 계산하지 않고 1세로 계산한다는 의미다.

제도라고 하였다. 경종과 문종과 무종을 하나의 대로 삼으면서 당대
가 끝날 때까지 언제나 9대 11실이 되었다.

開元五年, 太廟四室壞, 奉其神主于太極殿, 天子素服避正殿,
輟朝三日. 時將行幸東都, 遂謁神主于太極殿而後行. 安祿山之
亂, 宗廟爲賊所焚, 肅宗復京師, 設次光順門外, 嚮廟而哭, 輟朝
三日. 其後黃巢陷京師, 焚毀宗廟, 而僖宗出奔, 神主法物從行,
皆爲賊所掠. 巢敗, 復京師, 素服哭于廟而後入.

개원 5년(727), 태묘의 4실이 무너져 신주를 태극전太極殿으로
모시면서 천자는 소복素服하고 정전正殿을 피하며 3일 동안 철조
輟朝(조회를 개최하지 않음)하였다. 당시 동도로 행행할 때에는 태
극전에서 신주를 알현한 뒤에 행차하였다. 안록산安祿山의 난으로
종묘가 난적에게 불탔으며 숙종肅宗이 경사를 회복하였을 때 광순
문光順門106) 바깥에 장막[次]을 설치한 다음 종묘를 향해 곡을 하
고 3일 동안 철조하였다. 그 뒤 황소黃巢가 수도를 함락시키고 종
묘를 불태워 훼손하니 희종僖宗이 도망치면서 신주와 의식에 쓰이

---

106) 광순문光順門 : 대명궁의 서쪽에 있는 성문이다. 광순문 안쪽에는 明義
殿과 承歡殿 등의 건축물이 있다. 대명궁 남북 건축물은 선정전을 기준
으로 동서로 뻗은 궁담이 대명궁의 허리를 관통하고 그 북쪽이 궁성이고
남쪽이 황성이 된다. 선정전 동서 양쪽에 각문이 있는데, 서쪽에 연영문
과 광순문이 있고 동쪽에 숭덕문이 있어 이것을 기준으로 내성과 외성으
로 구분된다. 중서성과 문하성이 선정전 앞 동서 양측에 궁성 바깥에
포진해 있다. 광순문에서는 擧哀, 恩賜, 황후에게 朝賀 등의 의식을 행
한 사실이 『舊唐書』 곳곳에서 확인되고 있다.

는 물건들도 뒤따랐는데, 모두 난적들에게 약탈당하였다. 황소가 패배한 뒤 다시 수도를 회복하자 소복하고 종묘에서 곡을 한 다음 들어갔다.

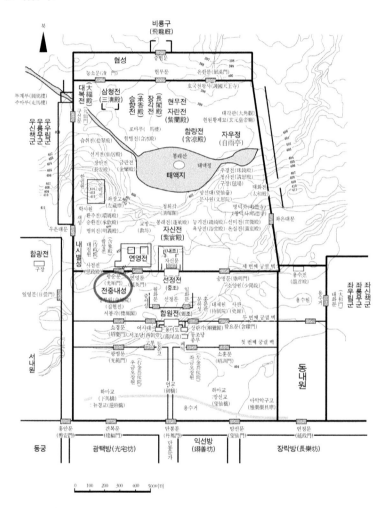

광순문 위치
(『장안은 어떻게 세계의 수도가 되었나』)

初, 唐建東·西二都, 而東都無廟. 則天皇后僭號稱周, 立周七廟于東都以祀武氏, 改西京唐太廟爲享德廟. 神龍元年, 中宗復位, 遷武氏廟主于西京, 爲崇尊廟, 而以東都武氏故廟爲唐太廟, 祔光皇帝以下七室而親享焉. 由是東西二都皆有廟, 歲時並享. 其後安祿山陷兩京, 宗廟皆焚毁. 肅宗卽位, 西都建廟作主, 而東都太廟毁爲軍營, 九室神主亡失, 至大曆中, 始於人間得之, 寓于太微宮, 不復祔享. 自建中至于會昌, 議者不一, 或以爲:「東西二京宜皆有廟, 而舊主當瘞, 虛其廟以俟, 巡幸則載主而行.」或謂:「宜藏其神主于夾室.」或曰:「周豐·洛有廟者, 因遷都乃立廟爾, 今東都不因遷而立廟, 非也.」又曰:「古者載主以行者, 惟新遷一室之主爾, 未有載群廟之主者也.」至武宗時, 悉廢群議, 詔有司擇日修東都廟. 已而武宗崩, 宣宗竟以太微神主祔東都廟焉.

이전에 당나라는 동도와 서도 수도 둘을 두었는데, 동도에는 종묘가 없었다. 측천무후가 주周나라를 참칭하면서 주의 칠묘를 동도에 세워 무씨를 제사하였고 서경의 당 태묘를 향덕묘享德廟라고 개칭하였다. (중종) 신룡神龍 원년(705), 중종이 복위하면서 무씨의 종묘 신주를 서경으로 옮겨 숭존묘崇尊廟라고 하고 동도東都의 무씨 옛 종묘를 당태묘唐太廟로 삼고 광황제 이하 7실을 부묘하고 친히 제향을 올렸다. 이 때문에 동도와 서도에 모두 태묘가 있게 되었고 세시歲時 봉사하였다. 그 뒤 안록산이 두 수도를 함락시키면서 종묘는 모두 불타 훼손되었다. 숙종이 즉위하면서 서도에 태묘를 세우고 신주를 만들었는데, 동도의 태묘는 헐어 군영軍營으로 삼으니 구실의 신주가 망실되었다.

(대종) 대력大曆 연간(766~779)에 이르러 비로소 민간에서 신주를

찾아 태미궁太微宮(노자묘)[107]에 임시 모셨을 뿐 다시 부향祔享하지 (노자묘에 부묘하여 합제하지) 않았다.

(덕종) 건중建中 연간(780~783)부터 (무종) 회창會昌 연간(841~846)에 이르기까지 논자들의 의견이 일치하지 않아 어떤 이는 "동도와 서도에 모두 태묘가 있어야 하고 옛 신주는 묻고 그 묘를 비워 다음 차례를 기다려야 하며, 순행할 때 신주를 싣고 행차해야 한다"고 주장하였다. 또 어떤 이는 "신주를 협실夾室에 안치해야 한다"고 주장하였다. 어떤 이는 "주대 풍豐(의 호경)과 낙양에 태묘가 있었던 것은 (낙양으로) 천도하면서 태묘를 세웠기 때문이며, 지금 동도는 천도하면서 묘를 세운 것이 아니니, 옳지 않다"고 주장하였다. 또 "고대 신주를 싣고 행차했던 것은 단지 새롭게 옮겼던 1실의 신주일 뿐이었지 여러 묘의 신주들을 실었던 것은 아니다"라고 하였다.[108]

무종武宗[109] 때 이르러 여러 가지 논의들을 전부 중지시키고 담당 관에게 조를 내려 택일하여 동도의 태묘를 수리하도록 하였다. 얼마 안 있어 무종이 붕어하자 선종宣宗[110]이 마침내 태미궁의 신주를 동

---

107) 태미궁太微宮 : 낙양에 설치된 玄元廟, 즉 老子廟를 말한다.『舊唐書』권9「현종본기」하에 의하면 천보 2년에 서경의 현원묘를 태청궁, 동경의 현원묘를 태미궁, 전국의 군에는 자극궁이라고 하였다."(天寶 2年 3月) 改西京玄元廟爲太淸宮, 東京爲太微宮, 天下諸郡爲紫極宮."

108) 여기까지의 神主를 부묘하는 일에 관한 논의는『舊唐書』권26「禮儀志」6 '祔主'편에 보다 자세히 실려 있다.

109) 무종武宗 : 당의 제15대 황제 李瀍(814~846, 재위 840~846)이다. 목종의 제5황자로 선제인 경종과 문종의 이복동생이다. 이름 瀍을 뒤에 炎으로 개명하였다. 840년에 즉위하여 1년간 승상 구사량과 환관의 대리청정을 거친 후 841년에서 846년에 붕어할 때까지 친정하였다.

도의 태묘에 부묘하였다.

其追贈皇后·追尊皇太后·贈皇太子往往皆立別廟. 其近於禮者,
後世當求諸禮. 其不合於禮而出其私意者, 蓋其制作與其論議皆
不足取焉, 故不著也.

　추증追贈된 황후皇后, 추존追尊된 황태후皇太后, (추)증된 황태
자111)는 모두 종종 별묘別廟를 세운다. 예법에 근접한 경우는 후대

---

110) 선종宣宗 : 당의 제16대 황제 李忱(810~859, 재위 846~859)이다. 憲宗의
　　　13황자로 穆宗의 이복 동생이며, 선대 경종이나 문종, 무종에게는 숙부
　　　가 된다. 무종이 도교와 금단에 빠져 갑자가 사망하자 환관 馬元贄에
　　　의해 皇太叔으로 추대되어 바로 즉위하였다. 당초 재야에서 본색을 감
　　　추고 어리석은 채 살았던 선종은 즉위 후 裵休를 기용하여 쇠퇴해진
　　　국세를 재건코자 하였고, 이른바 우이당쟁의 이덕유와 우승유 일파를 억
　　　제하고 환권 세력을 소멸하고자 내정에 힘을 쏟았다. 한편 무종 때 내려
　　　진 폐불조치를 거두고 불교를 보호책을 펴기도 하였다. 또한 본문에서
　　　언급하였듯이 당시 토번, 위구르가 약해진 틈을 타서 하황 땅을 차지하
　　　는 성과를 거두기도 하였다. 하지만 말년에 그 역시 금단에 빠져 50세의
　　　나이에 사망하였다.
111) 「예전」에서는 '증태자贈太子'로 별도의 항목이 있다. 생전에 태자로 책
　　　립되지 않았다가 사후 태자 또는 시호를 추증 받는 경우를 말한다. 『唐
　　　會要』 권4에서는 '追諡太子' 항목이 있는데, 11명의 이름이 나열되어
　　　있다. "懿德太子 重潤, 惠莊太子 撝, 惠文太子 範, 惠宣太子 業, 靖恭
　　　太子 琬, 恭懿太子 佋, 昭靖太子 邈, 敬太子 諿, 懷懿太子 湊, 悼懷太
　　　子 普, 靖懷太子 漢." 이외에도 玄宗의 長子인 李琮은 병사 후 처음엔
　　　靖德太子로 추증되었다가 뒤에 황제의 시호를 받은 매우 드문 사례가
　　　있고, 懿宗의 아들 李倚는 劉季述에게 살해당한 뒤 수년이 지난 뒤에야
　　　태자로 추증된 사례도 있다. 이렇게 하여 당대 황자나 황손 중에서 사후

에 그러한 예들을 찾아 실행해야 할 것이다. 예에 맞지 않고 사사로운 의도에서 나온 경우는 대개 그 제작과 논의가 모두 취할 바가 못 되므로 기재하지 않았다.

宣宗已復河·湟三州七關, 歸其功順宗·憲宗而加諡號. 博士李稠請改作神主, 易書新諡. 右司郎中楊發等議, 以謂:「古者已祔之主無改作, 加諡追尊, 非禮也, 始於則天, 然猶不改主易書, 宜以新諡寶冊告于陵廟可也.」 是時, 宰相以謂士族之廟皆就易書, 乃就舊主易書新諡焉.

선종은 하河·황湟간[112] 세 주州와 일곱 관關을 수복한 뒤 그 공을 순종順宗과 헌종憲宗에게 돌리고 시호를 추증하였다.[113] 박사 이조李稠[114]가 신주를 다시 제작하여 새로운 시호로 바꾸어 쓰기를 청하

태자로 추증된 자는 모두 13명이다. 추증된 시호에 담긴 함축된 의미에 대한 분석은 喬鳳岐, 「唐朝追贈之太子諡號及其釋義」, 『江漢論壇』, 2019-12-15 참조.

112) 하河·황湟간 : 黃河와 湟水 사이의 지역. 지금의 靑海省 동부와 甘肅省 남서부 일대에 걸친 지역이다.

113) 선종은 … 추증하였다 : 「선종본기」를 보면 '大中 3년' 춘정월에 토번이 秦, 原, 安樂 3주와 石門 등 7관의 병사와 백성을 이끌고 귀국을 청하였다고 하였고("三年春正月丙寅, 涇原節度使康季榮奏, 吐蕃宰相論恐熱以秦·原·安樂三州及石門等七關之兵民歸國") 같은 해 12월에 순종에게 지덕대성대안효황제, 헌종에게 소문장무대성효황제의 시호를 추증하였다(『舊唐書』 권18下 「宣宗本紀」 "十二月, 追諡順宗曰至德大聖大安孝皇帝, 憲宗曰昭文章武大聖孝皇帝")고 하였다.

114) 이조李稠(810~875) : 唐 泉州 晉江池店 李厝(현재 福建省 晉江) 사람.

였다. 우사랑중右司郎中 양발楊發115) 등이 논의하여 "고대에 이미 부묘한 신주는 다시 제작하지 않으며 시호를 더해 추존하는 것은 예가 아닙니다. 측천무후 때 그러한 사례가 처음 시작되었지만 그럼에도 신주를 다시 제작하여 (시호를) 고쳐 쓰지는 않았습니다. 마땅히 새로운 시호와 보책을 능과 묘에 고하는 것은 가능합니다"라고 하였다. 이때 재상116)이 사족士族들의 사당에는 모두 고쳐 쓰니 옛날 신주에 새로운 시호를 고쳐 쓸 수 있다고 말하였다.

禘·祫, 大祭也. 祫以昭穆合食于太祖, 而禘以審諦其尊卑, 此祫·禘之義, 而爲禮者失之, 至於年數不同, 祖·宗失位, 而議者莫

자는 易周이다. 明經으로 文宗 開成 3년(838)에 진사가 되었고 監察御史에 제수되었다. 뒤에 戶部員外郎, 大理寺丞을 거쳐 刑部右侍郎·轉戶部左侍郎·累晉工部尙書兼鹿坊·靈武和易定三鎭節度使 등을 역임하였고 僖宗 乾符 4년(875)에 집에서 사망하였다.

115) 양발楊發(미상): 唐 同州 馮翊(현재 陜西省 華陰市) 사람. 자는 至之이다. 越國公 楊素의 7대손으로 어려서부터 학문을 좋아했고 시로 이름을 떨쳤다. 大和 4년(830)에 진사로 급제하여 監察御史를 거쳐 殿中侍御禦史·禮部郎中·左司郎中 등을 역임하였다. 大中 3년(849) 이후에는 太常少卿을 거쳐 太中大夫·福州刺史, 檢校右散騎常侍·御史大夫·廣州刺史·嶺南東道節度觀察處置等使를 지내기도 하였다. 『舊唐書』 권177에 입전되어 있다.

116) 『新唐書』 권63 「宰相世系」下에 의하면 "(대중 3년)三月, 墀兼刑部尙書, 敏中爲尙書右僕射, 植檢校禮部尙書·天平軍節度使. 四月乙酉, 御史大夫崔鉉守中書侍郎·同中書門下平章事, 墀檢校刑部尙書·東川節度使, 兵部侍郎·判戶部事魏扶守本官·同中書門下平章事."라고 하였으니 이때 宰相은 周墀, 白敏中, 崔鉉 등이다.

知所從. 禮曰:「三年一祫, 五年一禘.」傳曰:「五年再殷祭.」高宗上元三年十月當祫, 而有司疑其年數. 太學博士史玄璨等議, 以爲:「新君喪畢而祫, 明年而禘. 自是之後, 五年而再祭. 蓋後禘去前禘五年, 而祫常在禘後三年, 禘常在祫後二年. 魯宣公八年禘僖公, 蓋二年喪畢而祫, 明年而禘, 至八年而再禘. 昭公二十年禘, 至二十五年又禘, 此可知也.」議者以玄璨等言有經據, 遂從之. 睿宗崩, 開元六年喪畢而祫, 明年而禘. 自是之後, 祫·禘各自以年, 不相通數. 凡七祫五禘, 至二十七年, 禘·祫並在一歲, 有司覺其非, 乃議以爲一禘一祫, 五年再殷, 宜通數. 而禘後置祫, 歲數遠近, 二說不同. 鄭玄用高堂隆[117]先三而後二, 徐邈先二後三. 而邈以謂二禘相去爲月六十, 中分三十, 置一祫焉. 此最爲得, 遂用其說. 由是一禘一祫, 在五年之間, 合於再殷之義, 而置祫先後, 則不同焉.

체禘와 협祫은 큰 제사이다. 협 제사는 소목을 태조(묘)에서 합사하는 것이고 체 제사는 그 존비를 상세히 살피는 것이니, 이것이 협과 체의 의미이다. 그런데 예의를 제정하는 자들이 본래 취지를 파악하지 못하여 제사 지내는 시기와 횟수, 조祖와 종宗의 지위에 관해서는 서로 의견이 달라 논의하는 자들이 어느 것을 따라야 할지

---

117) 『구당서』 권26 「예의지」6에는 "鄭玄宗高堂, 則先三而後二 ; 徐邈之議, 則先二而後三"라고 하여 '高堂'으로 되어 있다. 『신당서』는 '高堂'을 '高堂隆'이라고 하였으나, 정현(127~200)과 고당륭(?~237)이 활동했던 시기가 달라 정현이 과연 고당륭의 주장을 채용하였는지 여부는 알 수 없다. 『通典』 「禮」10 '禘祫'下 조에는 "鄭玄·高堂隆則先三而後二"라고 수정되어 있다. 『구당서』에서 말한 '고당'은 혹시 금문 예학의 대가인 高堂生의 약칭이 아닌지 모르겠다.

알지 못했다. 『예』에 "삼년에 한 번 협제를 지내고 오년에 한 번 체제를 지낸다三年一祫, 五年一禘"라고 하였다.[118] 『(공양)전』에 "5년에 두 번 성대히 제사를 지낸다五年再殷祭"라고 하였다.[119]

고종 상원上元 3년(676) 10월에 협제를 거행해야 하는데 담당관이 그 연수年數에 대해 의문을 제기하였다. 태학박사太學博士[120] 사현찬史玄璨[121] 등이 논의하여 다음과 같이 말하였다.

> 새로 즉위한 군주께서 상을 마친 뒤 협제를 지내고 그 다음 해에 체제를 지냅니다. 이런 뒤부터 5년에 두 번 제사를 지냅니다. 대개 두 번째 체제는 이전의 체제에서 5년이 지난 뒤에 지내며 협제는 항상 체제 뒤 3년에 지내고 체제는 항상 협제 뒤 2년 뒤에 지냅니다. 노나라 선공宣公 8년에 희공僖公에게 체제를 지냈다고 한 것은 아마도 2년 상을 마친 뒤 협제를 지내고 그 다음해 체제를 지내며 8년에 이르러 두 번째 체제를 지낸 것입니다. 소공昭公 20년에 체제를 지내고 25년에 다시 체제를 지냈으니, 이것을 보면 알 수 있습니다.

논의자들은 사현찬 등의 말이 경전에 근거가 있다 여겨 마침내

---

118) 여기에서 『예』라고 하였지만 정확히는 위서 『禮緯』를 말한다. 출처는 『禮記』「王制」의 "天子犆礿祫禘祫嘗祫烝"의 공영달의 疏이다.

119) 『春秋公羊傳』「文公 2년」조이다.

120) 태학박사太學博士 : 國子監 속관부 太學의 관직으로 정6품상이며 3인을 두었다. 태학박사는 문무관 5품 이상과 군공·현공의 아들·손자 그리고 종3품의 증손으로서 학생이 된 자를 가르치는 것을 관장한다.

121) 사현찬史玄璨 : 『舊唐書』 권26 「禮儀志」6에는 '史璨'으로 되어 있다.

그 의견을 따랐다. 예종이 붕어하자 개원 6년(718)에 상을 마치고 협제를 지내고 다음해 체제를 지냈다. 이때부터 체제와 협제가 각각 자신의 주기에 따라 거행되니, (협제와 체제가) 서로 연수가 맞지 않게 되었다. (지금까지) 협제 7번, 체제 5번을 지내게 되면서[122] 개원 27년(739)에 이르자 체제와 협제가 같은 해에 있게 되니 담당관이 잘못되었음을 깨닫고 한 번 체제를 지내고 한 번 협제를 지내며 오년에 두 번 제사를 지내 횟수를 맞춰야 한다고 주장하였다. 그런데 체제 뒤에 협제를 두어 연차와 횟수의 간격에 대한 두 주장이 서로 달랐다. 정현鄭玄과 고당륭高堂隆[123]은 '선先 3년 후後 2년'설을 취하였고 서막徐邈[124]은 '선先 2년 후後 3년설'을 취하였다. 서막은 2

---

122) 『唐會要』에는 "凡經五禘七祫"으로 되어 있다. 개원 6년(718)부터 개원 27년(739)까지 21년 동안 협제 7번(739년은 아직 안 지낸 상태, 겨울예정) 체제 5번(739년은 여름에 마침)을 지냈다.

123) 고당륭高堂隆(?~237) : 삼국 曹魏 泰山郡 平陽縣(현재 山東省 新泰) 사람. 자는 升平이다. 유명한 금문 예학의 대가인 高堂生의 후손이다. 魏 明帝 때 陳留太守·散騎常侍를 지냈으며, 關內侯에 봉해졌다. 靑龍 연간 명제가 궁전을 마구 지어대자 상소를 올려 극구 만류하였다. 뒤에 侍中·太史令·光祿勳을 역임하였다. 죽을 때 당시 풍속과 달리 薄葬할 것을 유언으로 남겼다. 문집 10권이 있었다고 하나 현재는 전하지 않으나 『全三國文』에 그가 올린 상주문 일부가 남아 있다. 예제와 관련해서는 吉禮를 비롯하여 喪禮에 이르기까지 언급하지 않은 것이 없을 정도로 밝았다.

124) 서막徐邈(172~249) : 삼국 曹魏 燕國 薊縣(현재 北京市 부근) 사람. 자는 景山이다. 일찍이 조조 휘하에서 丞相軍謀掾·奉高縣令·尚書郎·隴西太守 등의 관직을 역임하였다. 조비가 칭제한 뒤에는 譙國相·安平太守·潁川典農中郎將의 벼슬을 지냈다. 관직을 지낼 때마다 탁월한 업

번의 체 제사간의 기간이 60개월이라고 보고 이것을 30개월로 양분한 뒤에 한 번의 협제를 둔다고 보았다. 이 설이 가장 타당성이 있다고 하여 마침내 그 주장을 선택하였다. 이 때문에 한 번의 체제와 한 번의 협제는 5년 사이에 있게 되며 두 번의 큰 제사라는 취지에 부합하게 되는데, 다만 협제 전에 두느냐 후에 두느냐에 있어서는 의견이 달랐다.

禮, 禘·祫, 太祖位于西而東向, 其子孫列爲昭穆, 昭南向而穆北向. 雖已毀廟之主, 皆出而序于昭穆. 殷·周之興, 太祖世遠, 而群廟之主皆出其後, 故其禮易明. 漢·魏以來, 其興也暴, 又其上世微, 故創國之君爲太祖而世近, 毀廟之主皆在太祖之上, 於是禘·祫不得如古. 而漢·魏之制, 太祖而上, 毀廟之主皆不合食.

예에 체제와 협제 때 태조의 신위는 서쪽에 위치해서 동쪽을 향하고 그 자손들은 소목으로 나누어 배열하는데, 소는 남쪽을 향하고 목은 북쪽을 향한다. 이미 체천된 신주라도 모두 밖으로 내어 소목의 순서에 따라 배열한다. 은나라와 주나라가 흥기하였을 때에는 태조의 세대가 오래되었고 여러 신주들이 모두 그 뒤에 나왔기 때문에 그 예의는 쉽고 명확하다. 한나라와 위나라 이후는 건국이 갑작스럽

***

적을 내서 관내후에 봉해졌고 중임을 맡아 涼州刺史·使持節領護羌校尉의 임무를 맡았다. 이때 수전 개발과 빈민 구제, 이풍양속 등 서융을 안정시키고 그로 인해 서역을 개통하는 토대를 마련하는 공을 세우기도 하였다. 正始 원년(240) 입조하여 大司農에 제수되었고 뒤에 司隷校尉로, 만년에 광록대부에 제수되고 사공에 임명되었으나 고사하고 받지 않았다.

게 진행된 데다가 (황제의) 윗대가 한미하였기 때문에 창업의 군주가 태조가 되다보니 세대가 가까워 체천된 신주가 모두 태조보다 위에 있게 되어 체제와 협제를 고대처럼 할 수가 없었다. 그리하여 한 나라와 위나라의 제도에서 태조 이상 체천된 신주는 모두 합사하지 않았다.

唐興, 以景皇帝爲太祖, 而世近在三昭三穆之內, 至祫·禘, 乃虛東向之位, 而太祖與群廟列於昭穆. 代宗卽位, 祔玄宗·肅宗, 而遷獻祖·懿祖于夾室. 於是太祖居第一室, 禘·祫得正其位而東向, 而獻·懿不合食. 建中二年, 太學博士陳京請爲獻祖·懿祖立別廟, 至禘·祫則享. 禮儀使顔眞卿議曰:「太祖景皇帝居百代不遷之尊, 而禘·祫之時, 暫居昭穆, 屈己以奉祖宗可也.」乃引晉蔡謨議, 以獻祖居東向, 而懿祖·太祖以下左右爲昭穆. 由是議者紛然.

당나라가 흥기한 뒤 경황제景皇帝를 태조로 삼자 세대가 가까워 삼소와 삼목 안에 들었는데, 협제와 체제를 지낼 때에는 동향하는 신주의 자리를 비워둔 채 태조와 여러 묘(의 신주)를 소목으로 나누어 배열하였다. 대종代宗이 즉위하여 현종과 숙종을 부묘하면서 헌조와 의조를 협실로 체천하였다. 그리하여 태조가 제1실에 거하게 되니, 체제와 협제 때 본래의 자리(서쪽)에서 동향할 수 있게 되었으나 헌조와 의조는 합사하지 않았다.

(덕종) 건중建中 2년(781), 태학박사 진경陳京[125]이 헌조와 의조를

---

125) 진경陳京 : 唐 吳興(현재 浙江省 지역) 사람. 자는 慶復이며, 陳宜都王叔明 5대 손이다. 진사로 급제하여 太常博士를 거쳐 祕書少監을 지냈

위해 별묘를 세워 체제와 협제 때 배향할 것을 청하였다. 예의사 안진경顏眞卿은 "태조 경황제는 백대라도 체천되지 않는 존귀한 지위에 있지만 체제와 협제 때 잠시 소목의 반열에 거하면서 자신을 낮춰 조종을 받드는 것도 가능합니다"라고 하였다. 그리고 진晉나라 채모蔡謨[126]의 의견을 좇아 헌조를 동향(의 위)에 두고 의조와 태조 이하의 신주를 좌우로 하여 소목으로 배열하였다. 이 때문에 의론자들의 의견이 분분하였다.

　貞元十七年〔一〕,[127] 太常卿裴郁議, 以太祖百代不遷, 獻·懿二祖親盡廟遷而居東向, 非是. 請下百寮議. 工部郎中張薦等議與眞卿同. 太子左庶子李嶸等七人曰「眞卿所用, 晉蔡謨之議也. 謨爲『禹不先鯀』之說, 雖有其言, 當時不用. 獻·懿二祖宜藏夾室, 以

다. 문사에 능하였고 柳宗元이 그를 위해 行狀을 쓰기도 하였다. 일찍이 안사의 난 이후 어지러워진 도서를 정리할 것을 상주하였는데, 산일된 관찬 도서총목인『群書四部錄』에 따라 새롭게「藝文志」를 편집할 것을 건의하였다.『貞元御府群書新錄』을 완성하였고『宋史』「藝文志」에는『四庫搜訪圖書目』1권이 전해지는데, 모두 현재는 전하지 않고 있다.『新唐書』권200「儒學下·陳京傳」

126) 채모蔡謨(281~356) : 東晉 陳留郡 考城縣(현재 河南省 民權縣) 사람. 자는 道明이다. 諸葛恢, 荀闔와 함께 '中興三明'이라 불리며 또 郗鑒 등 8인과 더불어 '兗州八伯'이라 불린다. 박학다식하여 의술, 본초에도 뛰어났고 예학 방면에도『蔡氏喪服譜』,『論語蔡氏注』,『禮記音』,『漢書集解』등의 저서를 남겼고 종묘 예제와 관련한 상주문이 정사 곳곳에 남아 있다.

127) [교감기 1] "貞元十七年"은『通典』권50,『冊府元龜』권590,『唐會要』권13 및『新唐書』권200「陳京傳」에는 모두 "貞元七年"으로 되어 있다.

合祭法『遠廟爲祧, 而壇・墠有禱則祭, 無禱則止』之義.」吏部郎中
柳冕等十二人曰:「周禮有先公之祧, 遷祖[128]藏於后稷之廟, 其
周未受命之祧乎?又有先王之祧, 其遷主藏於文・武之廟, 其周已
受命之祧乎?今獻祖・懿祖, 猶周先公也, 請築別廟以居之.」司勳
員外郎裴樞曰:「建石室於寢園以藏神主, 至禘・祫之歲則祭之.」
考功員外郎陳京・同官縣尉仲子陵皆曰:「遷神主於德明・興聖
廟.」京兆少尹韋武曰:「祫則獻祖東向, 禘則太祖東向.」十一年,
左司郎中陸淳曰:「議者多矣, 不過三而已. 一曰復太祖之正位, 二
曰並列昭穆而虛東向, 三曰祫則獻祖, 禘則太祖, 迭居東向. 而復
正太祖之位爲是. 然太祖復位, 則獻・懿之主宜有所歸. 一曰藏諸
夾室, 二曰置之別廟, 三曰遷于園寢, 四曰祔於興聖. 然而藏諸夾
室, 則無饗獻之期; 置之別廟, 則非禮經之文; 遷于寢園, 則亂宗
廟之儀. 唯祔于興聖爲是.」至十九年, 左僕射姚南仲等獻議五十
七封, 付都省集議. 戶部尚書王紹等五十五人請遷懿祖祔興聖廟,
議遂定, 由是太祖始復東向之位.

　(대종) 정원貞元 (1)7년(791),[129] 태상경 배욱裴郁은 태조는 백대
불천의 지위이고 헌조와 의조는 친진하여 체천하였는데도 동향에
거하는 것은 옳지 않다고 주장하였다. 조를 내려 여러 관료들에게
이 문제를 논의할 것을 청하였다. 공부낭중工部郎中 장천張薦[130] 등

---

128) '遷祖'의 '祖'는 『舊唐書』「禮儀志」6과 『新唐書』「儒學・陳京傳」에는
　　'主'로 되어 있다. 신주이므로 주가 맞다.

129) [교감기 1]에 의하면 『通典』 권50, 『冊府元龜』 권590, 『唐會要』 권13 및
　　『新唐書』 권200 「陳京傳」에는 모두 貞元 7년(791)으로 되어 있다고 한다.
　　또한 이 뒷 구절에 11년 … 이라고 하였으니, 정원 7년이 타당해 보인다.

130) 장천張薦(744~804) : 唐 深州 陸澤(현재 河北省 深縣) 사람. 자는 孝擧이

은 안진경과 의견을 같이하였다. 태자좌서자太子左庶子 이영李嶸 등 7인은 "안진경이 인용한 것은 진나라 채모의 의견입니다. 채모는 '우禹는 곤鯀을 앞서지 않았다'[131]는 설을 말한 것인데, 그러한 말이 있기는 하지만 당시에는 그 의견을 채용하지 않았습니다. 헌조와 의조는 마땅히 협실에 안치해서 (『예기』)「제법祭法」의 '오래된 묘는 조묘祧廟에 합사하고 단壇과 제사터[墠]에 기도를 드릴 일이 있을 때에는 제사지내고 기도를 드릴 일이 없을 때에는 멈춘다'는 취지에 부합해야 합니다"라고 주장하였다.

　이부낭중 유면柳冕[132) 등 12인은 "『주례周禮』에 선공의 체천한 신

<hr />

다. 문장으로 이름이 높았던 장작張鷟의 손자이다. 大曆 연간(766~779) 浙西觀察使 李涵에 의해 천거되었으나 어머니의 병환으로 사양하였다가 어머니의 상을 마치고 禮部侍郎 于邵에 발탁되어 史館修撰이 되었다. 785년 太常博士가 되었고 788년 위구르와 화친을 맺을 때 화번공주 咸安公主를 보필하여 사신으로 나갔다. 위구르의 빌게카간(毘伽懷信可汗)이 죽었을 때에는 황제의 명을 받아 위구르에게 파견되어 책문을 지어 제사를 지냈다. 804년 토번의 젠뽀가 죽자 工部侍郎 등이 되어 토번에 사신으로 갔다가 사망하였다. 토번은 그의 시신을 보내왔고 順宗이 즉위하여 그를 禮部尙書에 추증했다. 『舊唐書』 권149 「張薦傳」; 『新唐書』 권161 「張薦傳」을 참조.

131) 『左傳』「文公 2年」조에 보인다. "예는 순하지 않은 것이 없다. 제사는 나라의 큰 일인데, (예법에) 거스른다면 그것이 예라고 하겠는가? 아들이 비록 위대하다고 해도 아버지 먼저 제사를 받지 않음이 오래되었다. 그러므로 우는 곤보다 앞서지 않고 탕은 설보다 앞서지 않았다.禮無不順. 祀, 國之大事也, 而逆之, 可謂禮乎? 子雖齊聖, 不先父食, 久矣. 故禹不先鯀, 湯不先契."

132) 유면柳冕(730~804) : 唐 蒲州 河東(현재 山西省 永濟) 사람. 자는 敬叔이다. 박학다식하고 대대로 사관을 지낸 집안이었으며, 아버지 柳芳은

주를 후직의 묘에 보관한다고 했으니 이는 주나라가 천명을 받기 전의 체천입니다. 또 선왕의 체천한 신주를 문왕 무왕의 묘에 보관한다고 했으니 이는 주나라가 천명을 받은 후의 체천입니다. 지금 헌조와 의조는 주나라 선공과 같으니, 청컨대 별묘를 지어 거하도록 하십시오"라고 주장하였다. 사훈원외랑司勳員外郞 배추裴樞[133])는 "침원寢園에 석실을 지어 신주를 안치하고 체제와 협제를 지내는 해에 제사지내도록 하십시오"라고 하였다. 고공원외랑 진경과 동관현위同官縣尉 중자릉仲子陵[134])은 "신주를 덕명묘德明廟(헌조묘)와 흥성묘興聖廟(의조묘)로 옮기십시오"라고 말하였다. 경조소윤京兆少尹

숙종 때 사관을 지냈으며 『국사』 130권을 편찬한 경력이 있다. 유면 역시 집현원에 몸담았다. 덕종 초에 태상박사가 되어 황제가 친히 교묘 제사를 지낼 때 교묘에 관한 전례에 대해 상세히 논의하였다. 정원 연간에는 어사중승, 복주자사에 임명되었다.

133) 배추裴樞(841~905) : 唐 絳州 聞喜(현재 山西省 聞喜) 사람. 자는 環中이다. 咸通 12년에 진사로 급제하여 藍田尉가 되었으며, 僖宗을 따라 촉에 들어가 殿中侍御史에 발탁되었다. 昭宗 龍紀 초년에 給事中에 이르고 다시 京兆尹이 되었다. 언제나 청류를 자처하였다. 소종 天佑 2년(905年) 5월 朝散大夫·登州刺史에 제수되었다. 얼마 후 다시 瀧州司戶로 강등되어 귀양을 갔다. 6월에 滑州에 도착했을 때 梁王 朱全忠이 사람을 보내 白馬驛에서 죽이고 황하에 시신을 던져버렸다고 한다. 『구당서』 권113에 입전되어 있다.

134) 중자릉仲子陵 : 唐 大曆(대종)·貞元(덕종) 연간에 활약했던 인물이다. 『예기』 등 예학방면에 밝았다. 대력 연간에 태상박사에 임명되어 예법에 관한 논의가 있을 때마다 조정에서 이름을 날렸다. 『예기』에 정통했는데, 이른바 후대 '촉학'이 흥기하는 데 영향을 끼쳤다고 평가된다. 저서로는 『五服圖』 10卷이 있으며 그밖에 적잖은 시들이 있는데, 「秦鏡」이 대표적이다.

위무韋武135)는 "협 제사에는 헌조가 동향하고 체 제사에는 태조가 동향해야 합니다"라고 하였다.

(정원) 11년(795), 좌사낭중 육순陸淳136)이 다음과 같이 말하였다.

논의자들은 많지만 주장은 세 가지일 뿐입니다. 첫째, 태조를 정위正位로 복원하라는 것, 둘째, (태조를) 소목의 대열에 두고 동향의 자리는 비워둘 것, 셋째, 협제일 때 헌조를, 체제일 때 태조를 번갈아 동향에 거하게 한다는 것입니다. 태조의 자리를 제자리로 복구하는 것은 옳습니다. 그런데 태조가 원래 자리로 복귀하면 헌조와 의조의 신주는 마땅히 갈 곳이 있어야 합니다. (그 방안으로) 첫째, 협실에 안치한다, 둘째, 별묘를 두어 안치한다, 셋째 원침園寢으로 옮긴다, 넷째, 흥성묘에 부묘

---

135) 위무韋武(752~806) : 唐 京兆 萬年(현재 陝西省 西安) 사람. 덕종이 교묘 제사를 지낼 때 안사의 난 이후라 전장제도도 미비하여 담당관이 언제나 위무에게 자문을 구하였는데, 위무가 형편에 따라 절약하면서도 예법에 맞게 하여 각 부처에서 그대로 준수하곤 하였다. 당 헌종 때에는 조정에 들어가 京兆尹이 되었으며 (순종의) 豐陵을 조성하는 일을 담당하다가 완성을 보지 못하고 사망하였다.

136) 육순陸淳(?~806) : 唐 吳郡(현재 江蘇省 吳縣) 사람. 자는 伯沖이며, 나중에 이름을 質(헌종의 이름을 기휘)로 바꾸었다. 당대 대표적인 경학가이다. 일찍이 啖助와 趙匡에게 배워 『춘추』학을 후학들에게 전하였다. 『左傳』은 서사에는 뛰어나지만 『춘추』의 대의를 현창하는 데 있어서는 『공양전』과 『곡량전』보다는 못하다고 평가하였다. 염조와 조광의 설을 종합하여 『春秋集傳纂例』·『春秋微旨』·『春秋集傳辨疑』 등을 편찬하였으며 송대 의고학 기풍의 선두가 되었다. 저서는 현재 『古經解彙函』에 수록되어 있다.

하는 방법이 있습니다. 그런데 협실에 안치하면 제사할 날을 기약할 수 없습니다. 별묘를 두어 안치하는 것은 예의 경문에 없는 일입니다. 침원으로 옮긴다면 종묘의 예법을 어지럽히는 일입니다. 오직 흥성묘로 부묘하는 것만이 옳습니다.

(정원) 19년(804)에 이르러 좌복야 요남중姚南仲[137] 등이 57건의 봉사封事[138]를 올려 도성都省(상서성) 집의集議[139]에 교부하였다. 호부상서 왕소王紹[140] 등 55인은 의조를 흥성묘로 옮겨 부묘할 것을

137) 요남중姚南仲(730~803) : 唐 華州 下邽(현재 陝西省 渭南市 동북) 사람. 자는 仲聞이다. 肅宗 乾元 원년(758)에 제과로 급제한 뒤 高陵·昭應·萬年 세 縣尉를 역임하고 太子校書郎에 제수되었다. 얼마 후 右拾遺·右補闕로 승진하였으나 재상 常袞과 불화하여 海鹽縣令으로 좌천되었다. 덕종 때에는 御史中丞·給事中·同州刺史·陝虢觀察使를 지내기도 하였다. 평소 덕종의 총애를 받던 宦官 薛盈珍과 불화하였는데, 貞元 16년(800)에 요남중의 측근이 설영진이 사주하여 요남중을 무고한 小吏 程務盈을 죽이고 자살한 사건이 벌어졌다. 덕종이 진상을 알게 된 후 요남중을 상서우복야에 임명하였다. 정원 19년(803)에 장안에서 74세의 나이로 사망하였다. 『新唐書』「藝文志」에 『姚南仲集』 10卷이 실려 있으나 현재 전하지 않는다. 『全唐文』 권435에 그의 문장이 1편 전한다. 『舊唐書』 권153와 『新唐書』 권162에 모두 입전되어 있다.

138) 봉사封事 : 신하가 군주에게 자신의 의견을 써서 밀봉하여 상주하는 것을 말한다.

139) 도성都省 집의集議 : 상서성 구성원 전체가 참여하여 토론에 부쳐진 문제를 논의하는 회의를 말한다.

140) 왕소王紹(743~814) : 唐 河東 太原(현재 山西省 太原市) 사람. 본명은 王純인데 헌종의 이름을 휘하여 紹로 바꾸었다. 자는 德素다. 貞元 연간에 倉部員外郎으로 당시 전란 때문에 악화된 재정 문제를 해결하기 위해 관리의 녹봉을 삭감하는 조정의 정책을 잘 수행하여 戶部侍郎, 鹽官

청하였는데, 마침내 의론이 확정되어 이로써 태조는 비로소 동향의
위치로 복구되었다.

若諸臣之享其親, 廟室·服器之數, 視其品. 開元十二年著令,
一品·二品四廟, 三品三廟, 五品二廟, 嫡士一廟, 庶人祭於寢. 及
定禮, 二品以上四廟, 三品三廟, 三品以上不須爵者141)亦四廟, 四
廟有始封爲五廟, 四品·五品有兼爵亦三廟, 六品以下達于庶人,
祭於寢. 天寶十載, 京官正員四品淸望及四品·五品淸官, 聽立廟,
勿限兼爵. 雖品及而建廟未逮, 亦聽寢祭.

대신이 자신의 혈친을 제사지낼 경우 묘실廟室 그리고 복장과 기
물의 수는 그 관품에 따른다. (현종) 개원 12년(724)에 영令에 저록
하여 1품과 2품은 4묘, 3품은 3묘, 5품은 2묘, 적사適士142)는 1묘, 서

度支를 거쳐 戶部尙書가 되었다. 그만큼 덕종의 신임을 얻어 덕종 치세
내내 대소 정사는 모두 그를 통해 행해졌다. 『舊唐書』 권123에 입전되어
있다.

141) '不須爵者'는 『通典』 「禮」8 '諸侯大夫士宗廟'조에는 "大唐制, 凡文武
官二品以上, 祠四廟. 三品以上須兼爵, 四廟外有始封祖, 通祠五廟. 五
品以上, 祠三廟. 牲皆用少牢. 六品以下, 達於庶人, 祭祖禰於正寢"라
고 하여 '須兼爵'로 되어 있다. 『대당개원례』에는 "凡文武官二品已上
祠四廟五品已上祠三廟"의 주에 "三品已上不須兼爵, 四廟外有始封
祖者, 通祠五廟"로 되어 있다. 이것을 보면 『대당개원례』에는 3품 이상
은 반드시 겸작할 필요는 없고, 4묘 외 시봉조가 있는 자는 합쳐 5묘를
두는 것으로 되어 있다. 『개원례』에 따라 『신당서』는 3품 이상 겸작하지
않는 자도 4묘라고 하였다. 『통전』은 "3품 이상은 겸작해야 한다"고 하
여 『통전』이 올바르게 수정한 것으로 보인다.

인庶人은 침寢에서 제사지내도록 하였다.[143] 예를 찬정하기에 이르러서는 2품 이상은 4묘, 3품은 3묘, 3품 이상으로 작위를 겸하는 자도 역시 4묘,[144] 4묘 중에 시봉始封의 묘가 있으면 합해 5묘, 4품과 5품 중 작위를 겸하는 자 역시 3묘를, 6품 이하 서인에 이르기까지는 침에서 제사지내도록 하였다.[145] (현종) 천보天寶 10재載(751),

---

142) 적사適士 : 上士를 말한다. 그 지위는 下大夫 다음이며 中士보다는 높다. 일반적으로 대종의 적자가 담당하기 때문에 적사라고 한다.『禮記』「祭法」에 "적사는 2묘에 1단을 둔다.適士二廟一壇."라고 하였고 정현의 주에 "적사는 상사이다.適士, 上士也."라고 하였다. 청대 孫希旦은 이에 대해 "적사는 대종 계열의 적자로서 사가 된 자를 말한다.愚謂適士, 謂大宗世適爲士者也."라고 하였다. 한편『周禮』「天官·序官」에 "宰夫, 下大夫四人, 上士八人, 中士十有六人, 旅下士三十有二人"라고 하여 '적사'란 단어는 보이지 않는데, 청대 孫詒讓은 "여러 관직의 상사는「왕제」편에서 말한 원사이며 또 '적사'를 말한다. 중사와 하사는 관사라고도 한다.凡諸官上士,「王制」謂之元士, 又謂之適士 ; 中下士又謂之官師."라고 하였다. 일설에 적사는 제후가 추천한 천자의 사 또는 제후의 사로서 공을 세워 천자가 작명을 수여한 자라고 한다. 적사에 대응되는 관품은 당대 6품 내지 7품에 해당한다.

143) 개원 12년에 … 하였다 :「개원례」에서 적사는 1묘로 규정하였는데, 앞의 주에서 인용한 대로「王制」에는 '적사'는 2묘로 규정되어 있다.

144) 앞의 주 141)에서 말했듯이,『대당개원례』에는 3품 이상은 반드시 겸작할 필요는 없고 2품 이상은 4묘인데, 3품 중 겸작할 경우는 원래는 3묘지만 4묘를 둘 수 있다는 말이다.

145) 예를 찬정하기에 … 라고 하였다 : 여기에서의 예는『대당개원례』를 말한다. 개원 20년에 반포되었고, 사묘를 두는 제도에 대해서는『대당개원례』권3 '雜制' 항목에 "凡文武官二品已上祠四廟五品已上祠三廟"라고 되어 있다. 그 주에 "三品已上不須兼爵, 四廟外有始封祖者, 通祠五廟"라고 되어 있어 구양수는 이 규정에 맞춰 풀어서 기술한 것으로 보인다.

경관京官 정원正員 4품의 청망淸望(관)과 4품과 5품의 청관淸官[146] 에게는 묘를 세우는 것을 허락하고 작을 겸해야 한다는 제한을 두지 않았다. 비록 관품은 해당되지만 미처 묘를 세우지 못하는 경우 역 시 집에서 제사지내는 것을 허락하였다.

　廟之制, 三品以上九架, 廈兩旁. 三廟者五間, 中爲三室, 左右廈 一間, 前後虛之, 無重栱·藻井. 室皆爲石室一, 於西墉三之一近 南, 距地四尺, 容二主. 廟垣周之, 爲南門·東門, 門屋三室, 而上 間以廟, 增建神廚於廟東之少南, 齋院於東門之外少北, 制勿逾於

146) 청망淸望과 청관淸官 : 위진남북조시대에 高門 土族들이 취임하던 관 직으로 淸官이 있었는데, 尙書·中書 등 지위가 매우 높은 관직을 제외 하고, 秘書省 屬官이나 東宮 官屬 등과 같이 반드시 실권을 가진 것은 아니지만 품계가 높고 업무는 번거롭지 않은 관직을 가리켜 淸官이라 했다. 淸官 중에도 정도의 차이가 있었는데, 淸의 정도와 관품의 고하 사이에 직접적인 관계는 없었으며, 일반적으로 文職이 武職보다 淸하였 다. 北魏에서는 第一淸, 第二淸, 第三淸의 구분이 있었다. 당대에는 이 를 淸望官과 淸官으로 구분하여, 중앙·지방의 3품이상관, 三省六部· 太常寺·秘書省·國子監·詹事府의 차관, 太子左右庶子·太子左右率 (이상 모두 4품) 등을 淸望官이라 칭하고, 상술한 관서의 기타 4품에서 8품까지의 관 및 左右衛·左右千牛衛의 4품에서 8품까지의 관을 모두 淸官이라 칭했다. 淸望官이나 淸官은 대부분 文人에서 충임되었으며, 伎術官이나 流外入流者는 일반적으로 선임될 수 없었다.(『唐六典』 권2 「尙書吏部」 주 32) 참조) 본문에서 "경관京官 정원正員 4품의 청망(관) 淸望과 4품과 5품의 청관淸官"라고 한 것은 청망과 청관을 모두 망라한 것이 아니라 청망의 경우는 경관 정원 4품에 한정하고 청관은 4품과 5품 에 한정한 것을 말한다.

廟. 三品以上有神主, 五品以上有几筵. 牲以少牢, 羊・豕一, 六品
以下特豚, 不以祖禰貴賤, 皆子孫之牲. 牲闕, 代以野獸. 五品以上
室異牲, 六品以下共牲. 二品以上室以籩豆十, 三品以八, 四品・
五品以六. 五品以上室皆簠二・簋二・甒二・鉶二・俎三・尊二・罍
二・勺二・爵六・盤一・坫一・箪一・牙盤胙俎一. 祭服, 三品以上
玄冕, 五品以上爵弁, 六品以下進賢冠, 各以其服.

묘의 규정은 3품 이상[147])은 9(량)가九架[148])에 (정전의) 양측에 하
廈(처마)를 둔다[廈兩旁].[149]) 3묘의 경우[150]) 5칸이며 가운데 3실이
있고 좌우에 행랑 각각 1칸을 두며 전후는 비워두며 중공重栱[151])과

---

147) 여기에서 3품 이상은 1품과 2품 그리고 3품 중 겸작한 사람을 말하며,
앞의 규정에 따르면 4묘를 설치할 수 있는 大臣에 해당한다.
148) 가架 : 기둥 및 도리로 구성된 건물의 단면 구조를 표현할 때는 '某架
某楹'이라고 표현한다. 또 기둥, 보, 도리 등 구조를 형성하는 주요 부재
의 가구 얽기를 표현하는 방법으로는 '某樑架'가 있다. 목조 건축을 구성
하는 주요 구조 부재가 어떤 모양으로 만들어지느냐에 따라 건축의 형식
이 결정되는데, 평면 규모와 형식은 단면상 도리 숫자에 의해 결정된다.
도리의 숫자에 따라 크게는 三樑架, 平四樑架, 半五樑架, 五樑架, 七樑
架, 九樑架, 十一樑架 등으로 구분한다. 평사량가와 반오량가는 도리가
4개이다. 당대 가묘 예상 평면도와 하량의 형태에 대해서는 甘懷眞, 『唐
代家廟制研究』, 臺灣商務印書館, 1991를 참조.
149) 양측에 하廈(처마)를 둔다[廈兩旁] : 묘의 정전은 "廈兩頭" "左右廈一
間"으로 되어 있다. 廈는 지붕의 형식을 가리키는데, 상반부는 두 면이
경사져 있고 하반부는 사면이 경사져 있다. 이러한 지붕 형식은 바깥으
로 양측 방향으로 꺾어져 경사지는데, 이때 「가묘 예상 평면도」에서 보
이는 '첨랑簷廊(처마로 인해 생긴 회랑)'이 동서 양측에 생겨 그 너비가
1칸 정도라고 보았다. 감회진은 「南禪寺 大殿 복원도」를 예로 들어 설명
하였다.(감회진, 앞의 책)

조정藻井152)은 하지 않는다. 묘실에 각각 석실 1칸을 두는데, 서쪽

南禪寺大殿立面復原圖。其屋蓋形式即「廈兩頭」。

廈兩의 형태(감회진)

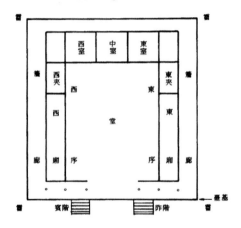

가묘 예상 평면도(감회진)

150) 3묘의 경우 : 여기에서 말하는 '3묘의 경우'는 '3묘를 세울 수 있는' 것을
말한다. 앞의 규정에 따르면 3품관이다. 3품관은 3묘를 둘 수 있다.

151) 중공重拱 : 이중으로 된 斗拱을 말한다. 두공은 목조 건축물에서 기둥
위에 지붕을 받치며 차례로 쌓아올린 구조물이다. 두는 공을 받치는 부
분이고 공은 두의 튀어나온 부분을 끼워 넣어 맞물리게 하는 목재이다.
(왕치쥔 주편/차주환 등 역, 『중국도해사전』, 고려출판사, 2016 참조) 두
공은 그림처럼 이층으로 되어 있고 아래층을 단공, 2층을 가리켜 중공이
라 한다. 단면이 활처럼 생겼으며 형태에 따라 瓜拱, 萬拱, 廂拱이라고
한다.(『中國古建築圖解』, 95쪽)

담에서 3분의 1 근처의 남쪽에 있고 (높이는) 지상에서 4척 정도이며 신주를 넣을 수 있다. 묘의 담이 빙 둘러싸고 남문과 동문을 만들고 문옥門屋은 3실[153]이며 (3실 중) 윗 칸은 묘로 하고 묘 동쪽의 조금 남쪽에 신주神廚(주방)를 증축하고 동문 바깥의 조금 북쪽에 재원齋院을 세우는데, 묘의 규격보다 크게 지어서는 안 된다.[154] 3품

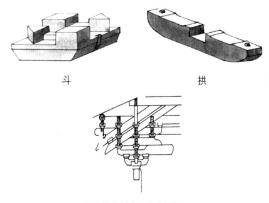

斗　　　　　　拱

唐斗拱(『中國古建築圖解』)

152) 조정藻井 : 건축물에서 장식적인 천정을 총칭한다. 화재 예방을 위하여 격천정의 격 사이에 '藻(수초)'를 그렸던 것에서 유래하였다. 본문에서처럼 신분에 따라 묘의 천정을 장식하는데 일정한 제한이 있었음을 알 수 있다. 한편

藻井(『中國建築圖解辭典』)

당대에는 불교 석굴 천정에 조정이 많이 보이는데, 막고굴의 조정이 대표적이다. 형태도 방형, 팔각형, 팔괘식 조정 등 다양하다.

153) 문옥門屋은 3실 … : 甘懷眞(『唐代家廟禮制研究』)은 여기에서 말한 '삼실'은 '삼칸'이 아닌가 의문을 제시하였다. 3실이나 3칸이나 모두 해석이 안된다고 하였다. 門屋은 묘의 출입구에 담장과 문을 설치하고 그 문 위에 지붕을 얹을 것을 말한다.

이상에는 신주가 있고 5품 이상에는 궤연几筵이 있다. 희생은 소뇌
少牢로 하되 양과 돼지 1마리를 쓰고 6품 이하는 특돈特豚(돼지 한
마리)을 쓰는데, 조부와 부친의 귀천에 따르지 않고 자손은 모두 희
생을 쓴다. 희생이 없으면 대신 들짐승을 쓴다. 5품 이상은 묘실마다
희생을 달리하고 6품 이하는 희생을 같이 쓴다. 2품 이상은 묘실에
변두邊豆 10개를, 3품은 8개, 4품과 5품은 6개를 쓴다. 5품 이상은
묘실마다 보簠 2개·궤簋 2개·등豋 2개·형鉶 2개·조俎 3개·준尊 2
개·뇌罍 2개·삭勺155) 2개·작爵 6개·반盤 1개·점坫(받침대) 1개·
비匪 1개·아반조조牙盤胙俎156) 1개를 쓴다. 제복祭服은 3품 이상은
현면玄冕을, 5품 이상은 작변爵弁을, 6품 이하는 진현관進賢冠을 쓰
고 각각 그에 상응하는 제복을 입는다.157)

---

154) 감회진(『唐代家廟禮制研究』)이 본문의 가묘에 대한 서술을 근거로 복
원한 평면도는 다음과 같다.

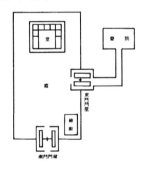

당대 가묘 건축평면도
(甘懷眞, 『唐代家廟禮制研究』, 63쪽)

155) 삭勺 : 술 뜨는 기구이다. 발음이 '삭'이다.(陸德明의 『經典釋文』 권8, 「周
禮音義」에 '勺'은 '上'과 '酌'의 반절) 용도와 형태에 따라 疏勺, 龍勺,
蒲勺, 洗勺 등으로 구분된다. 아래 삭 그림은 『삼례도』에서 인용하였다.

| 蒲勺 | 洗勺 | 龍勺 | 疏勺 |

156) 아반조조牙盤胙俎 : 상아로 만든 소반[牙盤]에 제사 고기를 담은 조를 받치는 것을 말한다. 종묘 제향에 별도로 아반식을 마련한 것은 현종 「개원례」 때부터라고 한다.

157) 제복은 … 입는다 : '冕服'은 면류관을 쓸 때 착용하는 복식 전체 즉 일습을 말한다. 시대에 따라 조금씩 다르지만 면류관, 상의[玄衣], 하상[纁裳], 중단, 바지, 버선, 신, 大帶, 혁대, 폐슬, 綬, 패옥, 劍, 圭로 구성된다. 경전에 의하면, 천자에게는 大裘冕, 袞冕, 鷩冕, 毳冕, 希冕[絺冕], 玄冕의 총 6가지가 있다. 천자를 기준으로 아래로 6-5-3-2-1 으로 입을 수 있는 면관과 복장에 제한이 있다. 唐代에는 『舊唐書』 권44 「職官志·殿中省」3 '尙衣局'조에 13가지 冕服을 착용하는 것으로 되어 있다.("尙衣局 : 奉御掌衣服, 詳其制度, 辨其名數. 直長爲之貳. 凡天子之服冕十有三 : 一大裘冕, 二袞冕, 三鷩冕, 四毳冕, 五黻冕, 六玄冕, 七通天冠, 八武弁, 九弁服, 十介幘, 十一白紗帽, 十二平巾幘, 十三翼善冠") 당대 제복은 관품에 따라 3품 이상(현면복), 5품 이상(작변복), 6품 이하(진현관)으로 면관을 구분하고 있다.

사현단(『삼례도』)　　작변복(『삼례도』)　　현면복(『삼례도』)

凡祔皆給休五日, 時享皆四日. 散齋二日於正寢, 致齋一日於
廟, 子孫陪者齋一宿於家. 始廟則署主而祔, 後喪闋乃祔, 喪二十
八月上旬卜而祔, 始神事之矣. 王公之主載以輅, 夫人之主以翟
車, 其餘皆以輿. 天子以四孟·臘享太廟, 諸臣避之, 祭仲而不臘.
三歲一祫, 五歲一禘. 若祔·若常享·若禘祫, 卜日·齋戒·省牲·
視滌·濯鼎鑊, 亨牲·實饌·三獻·飲福·受胙進退之數, 大抵如宗
廟之祀. 以國官亞·終獻, 無則以親賓, 以子弟.

무릇 부묘 제사에는 휴가 5일을 지급하고 시향時享에는 4일을 준
다. 산재散齋 이틀은 정침에서 하고 치재 하루는 묘에서 하며 자손
중 제사에 배종하는 자는 집에서 하루 밤 재계한다. 처음 묘에 부묘
할 경우에는 신주에 관직명과 이름을 쓴 뒤 부묘하고 그 뒤의 것은
상을 마친 뒤에야 부묘하는데, 상을 입은 지 28개월 상순에 점을 쳐
서 부묘하여 비로소 신으로서 섬기게 되는 것이다. 왕공王公의 신주
는 로輅에 싣고 부인의 신주는 적거翟車에 실으며 그 나머지는 모두
여輿에 싣는다.158) 천자는 사맹월과 납월에 태묘에서 제사하는데,
신하들은 이때를 피하여 중월仲月에 제사하고 납월에는 제사하지
않는다. 3년에 한 번 협 제사를 지내고 5년에 한 번 체 제사를 지낸
다. 부묘 제사 혹은 일반 제향 혹은 체제와 협제의 경우, 복일卜日

---

158) 왕공王公의 신주는 … 싣는다 : 여기에서 輅는 천자의 수레를 총칭한 것
으로, 천자의 수레에는 5로(옥로, 금로, 상로, 혁로, 목로)가 있다. 천자에
게 5로가 있다면 왕후에게는 五車(중적거, 염적거, 안거, 적거, 연거)가
있으며 그중 적거로 왕후의 수레를 대표한 것이다. 여는 수레 몸체를
말하므로 신주는 왕공(로) – 왕후(적거) – 그밖의 신주(여)로 구분하여 운
반한 셈이다.

(택일), 재계齋戒, 성생省牲(희생 점검), 시척視滌(희생 세척), 탁정확濯鼎鑊(솥과 가마 세척)이나 팽생亨牲(희생 삶기),[159] 실찬實饌(제수 진열), 삼헌三獻, 음복飲福, 수조진퇴受胙進退(제사고기를 바치고 물리기)의 횟수는 모두 종묘 제사와 같이한다. 국관國官(관리)이 아헌과 종헌을 맡으며 관리가 없으면 친척 혹은 자제가 한다.

其後不卜日, 而筮用亥. 祭寢者, 春·秋以分, 冬·夏以至日. 若祭春分, 則廢元日. 然元正, 歲之始, 冬至, 陽之復, 二節最重. 祭不欲數, 乃廢春分, 通爲四.

이후 택일을 하지 않고 점을 칠 때에는 해亥일을 사용한다.[160] 집에서 제사하는 사람은 춘분과 추분, 동지와 하지일에 한다. 만약 춘분에 제사하면 원일元日은 지내지 않는다. 그러나 원일은 새해 시작이고 동지는 양기가 돌아오는 시기로 이 두 절기가 가장 중요하다. 제사는 자주 지내지 않으려고 하니(祭不欲數)[161] 춘분을 빼고 모두

---

159) 팽생亨牲 : 제사에 올릴 희생을 삶는 절차인데, '亨牲'의 '亨'은 '烹'의 약자로 보는 것이 타당해보여 팽생이라고 번역하였다.

160) 점을 칠 때에는 해亥일 : 해일을 제사 길일로 설정한 것은 『儀禮』「小牢饋食禮」에 "孝孫某, 來日丁亥"에 근거한 것이다. 鄭玄의 注에 "정일은 반드시 정해일일 필요는 없다, 그날을 예로 들어 말한 것뿐이다. 『체우대묘례』에 '날짜를 정해일을 쓰는데, 정해일이 안되면 기해일, 신해일도 쓴다. 그래도 없으면 해가 들어간 날짜면 된다. 丁, 未必亥也, 直擧一日以言之耳. 『禘于大廟禮』曰, "日用丁亥, 不得丁亥, 則己亥·辛亥亦用之, 無則苟有亥焉可也."라고 하였다.

161) 제사는 자주 지내지 않으려고 하니 … : 『禮記』「祭義」의 "祭不欲數, 數則煩, 煩則不敬. 祭不欲疏, 疏則怠, 怠則忘"에 나오는 말이다. 제사는

4번(새해 첫날, 추분, 동지, 하지)으로 한다.[162]

祠器以烏漆, 差小常制. 祭服以進賢冠, 主婦花釵禮衣, 後或改衣冠從公服, 無則常服. 凡祭之在廟·在寢, 旣畢, 皆親賓子孫慰, 主人以常服見.

제사에 사용하는 제기는 검은 칠을 하여 평상시 사용하는 용기와는 조금 다르게 한다. 제복은 진현관(복)으로 하고 주부主婦는 비녀를 꽂고[花釵] 예복을 입었는데, 그 뒤 어떤 경우 의관을 바꿔 공복公服을 입기도 했고 공복이 없으면 평상복을 입었다. 종묘에서 제사를 지내거나 집에서 지내거나 막론하고 모든 제사는 제사를 마친 뒤친척이나 자손들이 모두 위로를 하는데, 이때 주인은 평상복으로 맞이한다.

若宗子有故, 庶子攝祭, 則祝曰:「孝子某使介子某執其常事.」通祭三代, 而宗子卑, 則以上牲祭宗子家, 祝曰:「孝子某爲其介子某薦其常事.」庶子官尊而立廟, 其主祭則以支庶封官依大宗主祭, 兄陪於位. 以廟由弟立, 己不得延神也. 或兄弟分官, 則各祭考妣於正寢.

자주 지내면 불경이고 소홀히 하면 태만이니 시의적절하게 지내야 한다는 취지이다. 예를 들면 봄 제사인 약 제사에는 음악을 연주하여 기쁘게 조상을 맞이하고 가을 제사인 증 제사에는 음악 없이 조상을 보내는 형식이다.

162) 『大唐開元禮』 권78 「六品以下時祭」에 같은 규정이 보인다.

만약 종자에게 일이 있을 경우 서자가 대신 제사를 지내고 축문에 "효자모孝子某가 개자모介子某로 하여금 상사常事를 집행하게 합니다"라고 한다. 통틀어 삼대에 제사하는데, 종자의 신분이 낮으면 상생上牲163)으로 종자의 집에서 제사하고 축문에 "효자모孝子某가 개자모介子某를 위해 상사를 올립니다"라고 한다.164) 서자이면서 품관이 높아 묘를 세운 경우 제사를 주관하는 자는 지서支庶165) 봉관封官으로 대종의 제사를 주관하는데, 형은 제위에서 배향한다. 동생으로 인하여 묘를 세웠을 경우 (형) 자신은 신을 영접할 수 없기 때문이다. 혹 형제가 각각 다른 관위를 가지고 있으면 각자 정침正寢에서 부모를 제사한다.

古殤及無後皆祔食於祖, 無祝而不拜, 設坐祖左而西向, 亞獻者奠, 祝乃奠之, 一獻而止. 其後廟制設幄, 當中南向, 祔坐無所施, 皆祭室戶外之東而西向. 親伯叔之無後者祔曾祖, 親昆弟及從父昆弟祔於祖, 親子姪祔於禰. 寢祭之位西上, 祖東向而昭穆南北, 則伯叔之祔者居禰下之穆位北向, 昆弟·從父昆弟居祖下之昭位南向, 子姪居伯叔之下穆位北向, 以序尊卑. 凡殤·無後, 以周親及大功爲斷.

고대 미성년자[殤]166)나 후손이 없는 자들은 모두 조묘에 합사하

---

163) 상생上牲 : 정현의 주에 의하면 서자가 대부일 경우 小牢(양과 돼지)를 말한다.
164) 만약 종자에게 … 라고 한다 : 이 규정은 『禮記』「曾子問」에서 공자가 한 말을 근거로 하고 있다.
165) 지서支庶 : 적장자가 아닌 衆庶 혹은 庶子들을 말한다.

였고 축문이 없고 절하지 않으며, 조상의 왼쪽에 신좌를 두고 서쪽을 향하도록 하였다. 아헌자가 작을 올리고 축을 하면서 작을 올리는데 일헌으로 그쳤다. 후대 묘제에서는 천막[幄]을 설치하고 정중앙에서 남쪽을 향하도록 하는데, 부묘한 신좌는 두지 않고 모두 제실 문 바깥의 동쪽에서 두고 서쪽을 향하도록 한다. 친백숙의 후손이 없는 자는 증조曾祖의 사당에 부묘하고, 친곤제親昆弟(친형제)와 종부곤제從父昆弟(사촌형제)는 조祖의 사당에 부묘하며, 친자질親子姪(친조카)은 부모의 사당[禰]에 부묘한다. 침제寢祭에서 신주의 위치는 서쪽을 상석으로 하며 조祖는 동쪽을 향하고 소목이 양쪽으로 남과 북을 향한다. 그러므로 백숙 중 부묘한 자는 부친의 신주 아래 목穆의 반열에 거하며 북쪽을 향하고 곤제와 종부곤제는 조 아래 소昭의 반열에 거하며 남쪽을 향하며 자질은 백숙의 아래 목의 반열에 거하며 북쪽을 향함으로써 존비의 차서에 따른다. 성년이 안되어 죽었거나 후손 없이 죽은 경우 기친복[周親],[167) 대공복까지로 한정한다.

古者廟於大門內, 秦出寢於陵側, 故王公亦建廟於墓. 旣廟與居異, 則宮中有喪而祭. 三年之喪, 齊衰·大功皆廢祭 ; 外喪, 齊衰以下行之.

---

166) 상상殤 : 관례나 계례를 치르지 못한, 즉 미성년자가 죽은 경우를 말한다. (『儀禮』「喪服」鄭玄의 주에 "殤者, 男女未冠笄而死可殤者")
167) 기친복[周親] : 여기에서 말하는 '周親'은 현종 이융기의 이름을 휘하여 '朞親' 대신 쓴 것이다. 기년복, 즉 1년의 상복을 의미한다.

고대 묘廟는 대문 안에 있었는데, 진秦나라가 능陵 옆으로 침(전)
寢을 옮기면서 왕공 역시 (능)묘墓에 묘를 지었다. 묘와 주거지가 달
라지니 궁중에서 상이 나도 (능묘에서) 제사를 지냈다. 다만 삼년상,
자최齊衰와 대공大功의 상일 경우는 모두 제사를 멈춘다. 대문 바깥
에서 상[外喪]이 났을 경우는 자최 이하는 제사를 지낸다.[168]

---

168) 삼년상 … 자최 이하는 제사를 지낸다 : 이 조항은 『禮記』「曾子問」에서
　　증자가 대부의 제사에 준비를 다 해놓고 중지하는 경우를 묻자 공자가
　　9가지 사례를 들어 중지한다고 대답한 데 따른 것으로 보인다. 즉 "천자
　　가 붕어했을 때, 황후가 죽었을 때, 국군이 서거했을 때, 국군 부인이
　　죽었을 때, 태묘에 화재가 났을 때, 일식이 생겼을 때, 삼년상을 당했을
　　때, 齊衰와 大功의 상을 입었을 때 모두 중지하는데, 外喪은 자최 이하
　　일 경우는 제사를 행한다"고 하였다. 공영달의 소는 "외상은 대문 밖의
　　상이다(外喪謂大門外之喪)"라고 하였는데, 자신의 직계 가족 외의 친
　　척의 상을 일컫는다. 그렇다면 표점이 '삼년지상'에서 쉼표가 아닌 나열
　　식 중점이 되어야 할 것이다. 또한 이 단락의 내용은 『구당서』「예의지」
　　에는 없는 구절이다.

참고문헌

『周易正義』『尙書正義』『毛詩正義』『周禮注疏』『儀禮注疏』『禮記正義』『春秋左傳正義』『春秋公羊傳注疏』『春秋穀梁傳注疏』『論語注疏』『爾雅注疏』『孟子注疏』『孝經注疏』(十三經注疏整理委員會 整理, 北京大學出版社, 2000년 12月 第1版)
『史記』『漢書』『後漢書』『三國志』『晉書』『宋書』『南齊書』『梁書』『陳書』『魏書』『北齊書』『周書』『南史』『北史』『隋書』『舊唐書』『新唐書』『舊五代史』『新五代史』『宋史』(中華書局 標點本)

『周官義疏』, 王皓 編, 『文津閣四庫全書圖典』, 商務印書館, 2017 所收.
『欽定禮記義疏』, 王皓 編, 『文津閣四庫全書圖典』, 商務印書館, 2017 所收.
東京大學東洋文化研究所, 『大唐開元禮: 附大唐郊祀錄』, 汲古書院, 1972.
『大唐開元禮: 中華禮藏·禮制卷·總制之屬』 第1冊, 浙江大學出版社, 2016.
董誥 等 編, 『全唐文』, 中華書局, 1983.
杜佑 撰, 『通典』, 中華書局, 1996.
陸德明, 『經典釋文』, 上海古籍出版社, 2013.
班固 著, (淸) 陳立 輯, 『白虎通疏證』, 中華書局, 1994.
徐堅 等 撰, 『初學記』, 中華書局, 1980.
徐松 輯, 『宋會要輯稿』, 中華書局, 1957.
徐松, 『唐兩京城坊考』, 中華書局, 1985.
聶崇義 撰, 丁鼎 点校, 『新定三禮圖』, 淸華大學出版社, 2006.
蕭統 編, (唐) 李善 注, 『文選』, 上海古籍出版社, 1997.
宋敏求 編, 洪丕謨 等 點校, 『唐大詔令集』, 學林出版社, 1992.
楊甲 撰, 『六經圖』, 文淵閣四庫全書本.
王溥 著, 『唐會要』, 上海古籍出版社, 1991.
王應麟, 『玉海』, 中日合璧本, 京都: 中文出版社, 1986.
王欽若 等 撰, 『冊府元龜』, 中華書局, 1994.
李誠, 『營造法式』, 人民出版社, 2006.

李林甫 等 撰, 陳仲夫 點校, 『唐六典』, 中華書局, 2014.

錢大昕, 『廿二史考異』, 上海古籍出版社, 2004.

鄭樵, 『通志二十略』, 中華書局, 1995.

陳祥道 撰, 『禮書』 全 32冊, 國家圖書館出版社, 2006.

陳暘(宋), 張國强 點校, 『樂書點校』, 中州古籍, 2019.

許慎 撰, (清) 段玉裁 注, 『說文解字』, 上海古籍出版社, 1988.

黃以周, 『禮書通故』, 中華書局, 2007.

甘懷眞, 『唐代家廟制研究』, 臺灣商務印書館, 1991.

姜波, 『漢唐都城禮制建築研究』, 文物出版社, 2003.

高明士, 『中國中古禮律綜論』, 商務印書館, 2017.

郭善兵, 『中國古代帝王宗廟禮制研究』, 人民出版社, 2007.

陶潔, 『堂而皇之: 中國建築・廳堂』, 遼寧人民出版社, 2006.

梁思成, 『中國建築史』(1945), 『梁思成談建築』, 北京: 當代世界出版社, 2006所收.

傅熹年, 『中國古代建築史』 제2권 兩晉・南北朝・隋唐・五代建築, 中國建築工業出版社, 2001.

史爲樂 主編, 『中國歷史地名大辭典』, 中國社科出版社, 2005.

孫晨陽, 『中國古代服飾辭典』, 中華書局, 2015.

楊鴻勛, 『宮殿考古通論』, 紫禁城出版社, 2007.

吳麗娛 主編, 『禮與中國古代社會: 隋唐五代宋元卷』, 中國社會科學出版社, 2016.

吳玉貴 撰, 『唐書輯校』, 中華書局, 2009.

王其鈞 主編, 『中國建築圖解辭典』, 機械工業出版社, 2014.

王效清, 『中國古建築述語辭典』, 文物出版社, 2007.

幼彬・李婉貞 編, 『中國古代建築歷史圖說』, 中國建築工業出版社, 2002.

張文昌, 『制禮以敎天下』, 臺灣: 國立臺灣大學出版中心, 2012 초판.

張一兵, 『明堂制度研究』, 中華書局, 2005.

錢玄, 『三禮辭典』, 江蘇古籍出版社, 1988.

崔圭順, 『中國歷代帝王冕服研究』, 東華大學, 2007.

許嘉璐 主編, 『二十四史全譯』(全91冊), 同心出版社, 2012.

김용천 등, 『의례역주』(1~8), 세창출판사, 2012~2015.

김택민 주역, 『역주 당육전』 상·중·하, 신서원, 2003.

세오 다쓰히코 저, 최재영 역, 『장안은 어떻게 세계의 수도가 되었나』, 황금가
      지, 2006.

와타나베 신이치로 저, 임대희·문정희 공역, 『천공의 옥좌』, 신서원, 2003.

왕치쥔 주편, 차주환 등 역, 『중국도해사전』, 고려출판사, 2016.

우홍 저, 김병준 역, 『순간과 영원: 중국고대의 미술과 건축』, 아카넷, 2001.

임종욱 외 1인, 『中國歷代人名辭典』, 이회문화사, 2010.

喬鳳岐, 「唐朝追贈之太子諡號及其釋義」, 『江漢論壇』, 2019-12-15.

李龍章, 「秦漢象郡辨析」, 『秦俑秦文化研究』, 陝西人民出版社, 2000.

尤煒祥, 「點校本『舊唐書禮儀志』疑義考辨擧例」, 『台州学院学报』 第38卷
      第5期, 2016年 10月.

原康, 「聞本『舊唐書』初印本與後印本的差異」, 『中國典籍與文化』, 2020年
      2期.

張得水·黃林納, 「與武則天有關的嵩山道教文物」, 『文物天地』, 2017年 7
      期.

周善策, 「封禪禮與唐代前半期吉禮的變革」, 『歷史研究』 2015年 第6期.

竹村則行, 「唐玄宗の「紀泰山銘」について」, 九州大學學術情報リポジト
      リ, 2007.

小島毅, 「郊祀制度の變遷」, 『東洋文化研究所紀要』108, 1989-02.

이성규, 「秦漢 帝國의 計時 行政」, 『歷史學報』222, 2014, 06.

당송 예악지 역주 총서

| 연구 책임 |

김현철

연세대학교 중국연구원 원장
중국 언어와 문화 전공자. 한국연구재단 중점사업 '중국 정사 당송 예악지 역주' 사업
연구책임자. 연세대학교 우수업적 교수상, 우수강의 교수상, 공헌교수상 및 우수업적
논문분야 최우수상을 수상
200여 편의 논문과 저역서 편찬, 『중국 언어학사』가 '1998년 제31회 문화관광부 우수학
술도서', 『중국어어법 연구방법론』이 '2008년 대한민국학술원 기초학문육성 우수 학술
도서', 『대조분석과 중국어교육』이 '2019년 학술부문 세종도서'로 선정

| 역주자 |

문정희

연세대학교 중국연구원 연구교수
연세대학교 사학과, 동대학원 석·박사 졸업
역서로 『天空의 玉座 – 중국고대제국의 조정과 의례』(공역), 『중국 고대 정사 예악지 역
주 : 사기·한서·위서·남제서·수서』(공역), 『중국 정사 외국전 역주 : 사기·한서·위서·
남제서』(공역), 『양한사상사』권1 상(공역), 논문으로 「고대 중국의 출행의식과 여행금
기」, 「일서日書를 통해 본 고대 중국의 질병관념과 제사습속」 등이 있다.

김현철

연세대학교 중국연구원 원장
연세대학교 중어중문학과 교수, 중국 언어와 문화 전공
주요 논문으로는 「몇 가지 중국어법 용어 정의문제에 대하여」, 「Imagined homogeneity:
Identity and geopolitical and geoeconomic influences in the linguistic landscape of Seoul」
등이 있고, 저역서로는 『중국어학입문』(공저), 『언어 연구와 언어 교육의 접점』(공저), 『언
어접촉을 통해 본 중국어 외래어』(공역), 『중국어어법 연구방법론』(공역) 외 다수가 있다.

당송 예악지 역주 총서 07

신당서 예악지 *1*

초판 1쇄 인쇄 2023년 8월 1일
초판 1쇄 발행 2023년 8월 16일

연세대학교 중국연구원 당송 예악지 연구회 편
연구책임 | 김현철

역 주 자 | 문정희·김현철
펴 낸 이 | 하운근
펴 낸 곳 | 學古房

주   소 | 경기도 고양시 덕양구 통일로 140 삼송테크노밸리 A동 B224
전   화 | (02)353-9908 편집부(02)356-9903
팩   스 | (02)6959-8234
홈페이지 | http://hakgobang.co.kr
전자우편 | hakgobang@naver.com, hakgobang@chol.com
등록번호 | 제311-1994-000001호

ISBN 979-11-6586-454-5 94910
      979-11-6586-091-2 (세트)

값 : 23,000원